人物叢書

新装版

松《まつ》平《だいら》信《のぶ》綱《つな》

大野瑞男

日本歴史学会編集

吉川弘文館

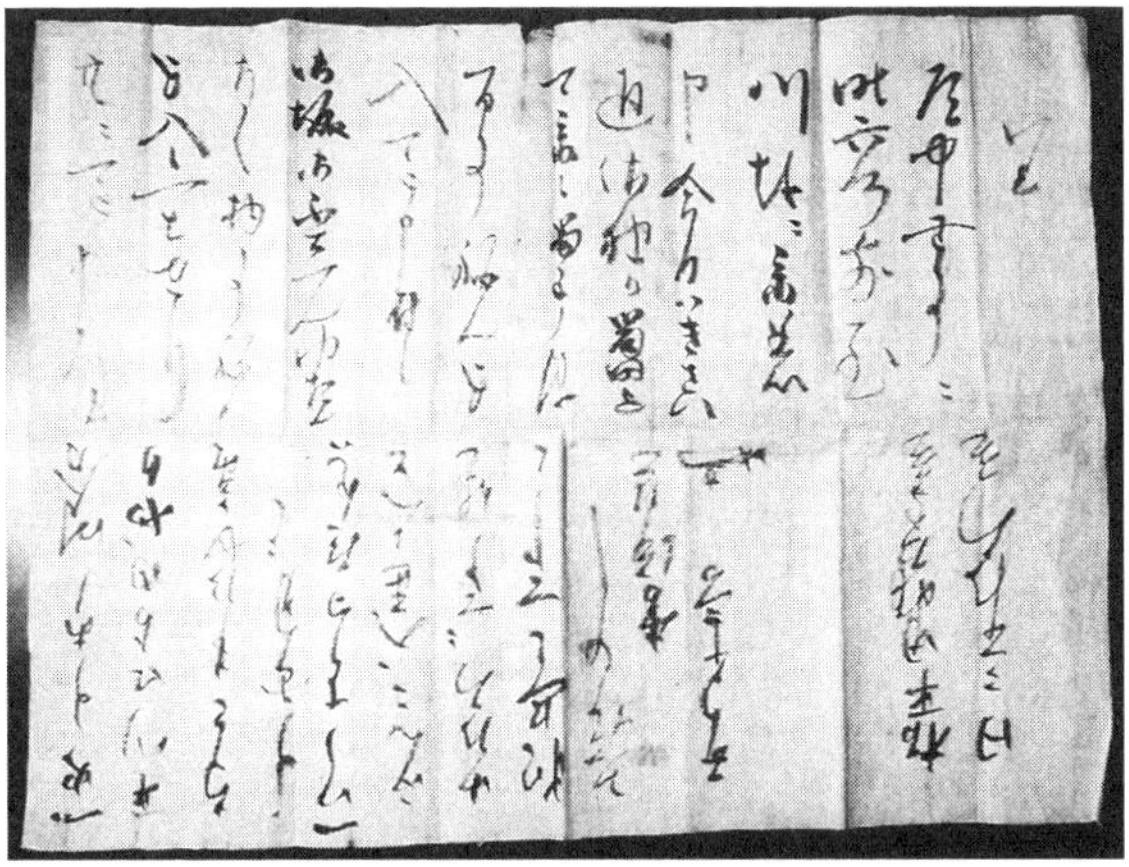

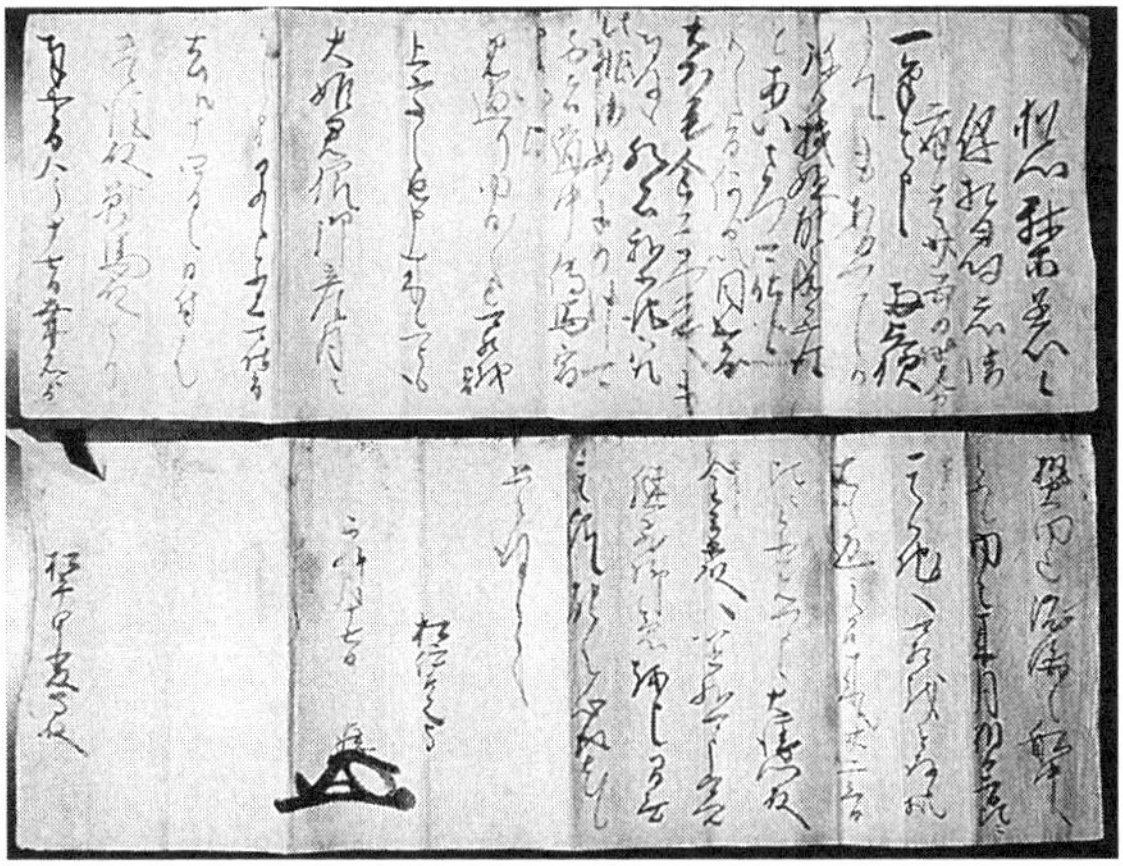

松平信綱自筆書状

(大河内元冬氏所蔵・豊橋市美術博物館受託大河内家文書)

写真上　寛永18年５月13日付，輝綱・吉綱宛

信綱は日光山東照社奥院廟塔の普請奉行を勤めるよう命を受け，12日江戸発駕，夕刻川越に着き，13日朝日光に向かった．信綱はこの時同時に江戸城二丸の普請奉行も勤め，留守中は輝綱が父に代わってこれを監督している．

写真下　寛永20年11月17日付，輝綱宛

水戸頼房女で家光養女の大姫の産月で参上すべき阿部忠秋・阿部重次の14日付の奉書が上洛帰途の桑名から熱田への船中に参り，22・23日頃江戸に到着と挨拶せよ．また猶々書に正綱・久綱へもこの状をお目にかけよとある．

松平信綱墓（埼玉県新座市野火止平林寺．新座市教育委員会写真提供）

はしがき

松平伊豆守《いずのかみ》信綱は「知恵伊豆」と呼ばれ、三代将軍家光《いえみつ》と四代家綱《いえつな》の二代にわたり老中《ろうじゅう》として活躍し、島原の乱を鎮定して、江戸幕府の確立・安定に大きな役割を果たしたことで有名である。「知恵伊豆」は彼の官途《かんと》の伊豆守に知恵が「出《い》づ（出る）」をかけたもので、才気溢れる彼の性格を表わしたものである。

しかし最近の教科書では大きく触れることはなく、わずかに島原の乱（これも最近教科書では島原・天草一揆という表現が増えてきている）を鎮定したことで登場する。高等学校日本史Bの教科書では、一一社のうち七社のものに記述があるが、島原の乱に関連しての記述である（二〇〇九年現在）。それでも以前は松平信綱についての記述はもっと少なかったから、最近は少し見直されているのかもしれない。

また小説やドラマなどの主役になることもなく、中村彰彦『知恵伊豆に聞け』（実業之日本社、二〇〇三年、文春文庫、二〇〇七年）が唯一小説の主人公として取り上げている。またこれを基に評伝として執筆した同『知恵伊豆と呼ばれた男』（講談社、二〇〇五年）は、多くの活字史料を使って丁寧に叙述した優れた作品といえる。さらに同様な評伝は岩田祐作『鎖国を完成させた男松平伊豆守信綱』（文芸社、二〇〇四年）があるが、氏の立場から島原の乱と長崎を中心とした叙述で、信綱を陰で支えた人物が長崎代官末次平蔵茂貞《すえつぐへいぞうしげさだ》であったと書いている。

このほかは伝記や評伝類が意外に少なく、明暦《めいれき》の大火とその後の火事で江戸屋敷が焼けたせいか関係史料も多くない。彼の肖像画は見当たらないし、平林寺にあって諸書にも紹介され、テレビ番組に登場する彼の木像は、実は大河内《おおこうち》松平家最後の藩主大河内信古《のぶひさ》像で、作者はかの高村光雲《たかむらこううん》である。

なお大河内眞《あつし》『大河内一族』（礫川、二〇〇九年）は大河内氏の内部からの著作であるが、明治以降の特に大河内正敏（眞の祖父）の叙述は興味深い。

このほか著述とはいえないが、インターネット上に「大河内松平氏の研究」というブログがあり、大河内氏のルーツ、松平正綱略年譜、松平信綱年譜、松平信綱の家臣団、その後の子孫たち、参考文献リストからなり、信綱年譜が最も詳しい。八〇枚を超す大量の情報で、参考文献からすると、活字化されている史料はほとんど網羅されており、かなり信頼するに足りるが、作成者が明記されていない。本書の記述についてはその文献に当たり直し、利用させて戴いたものもあるが、大部分は既知の史実である。

松平信綱に関して近世に編纂された伝記・評伝類は後期に作成されたもので、信憑性はやや劣るといえよう。国文学研究資料館受託三河《みかわ》吉田大河内家文書の「家乗《かじょう》」（内題「信綱公御一生之覚書」）および「家乗附録」は、ともに豊橋市立中央図書館に大口喜六寄附の写本があり、「家乗」は「信綱公御一生之覚書」、「家乗附録」は「信綱公御頓聞書」との題が付けられているが、内容は同文である。

近藤瓶城編「信綱記」（改訂史籍集覧第二十六、新加別記類七十一、近藤活版所、一九〇二年）は、その前半「聞書」の部分が「家乗附録」と同じ、次の「信綱公御一生之覚書」は「家乗」と同じ、そして「年譜」とこれに続く三三の一つ書きの逸話は「家乗」「家乗附録」にはない史料である。そしてこの「信綱記」は国立公文書館内閣文庫に旧昌平坂《しょうへいざか》本一冊として所蔵されている。

「事語継志録《じごけいしろく》」（国書刊行会編、続々群書類従《ぐんしょるいじゅう》・第三、同完成会、一九七〇年）は松平信綱の記事が極めて多い。ほかに真田増誉《ぞうよ》「明良洪範《めいりょうこうはん》」（国書刊行会、一九一二年）などにも話が載っており、これらにより「知恵伊豆」の面目が多く知られる。また私が所蔵する「豆州公《ずしゅうこう》名言覚書」下巻も同性格の史料写本であるが上巻を欠いている。

私は一九六三年川越市史編纂委員を委嘱され、八六年に全巻が刊行されるまで、頻繁に川越へ通って史料調査を行った。その過程で松平信綱の子孫で東京都新宿区在住の大河内信定氏宅に所蔵される大河内松平家文書を発見し、のちに当時の私の勤務先の文部省史料館（現国文学研究資料館）と愛知県豊橋市美術博物館にそれが分割寄託された。一部は『川越市史』史料編・近世Ⅰに収録し、『川越市史』第三巻近世編の叙述に利用したのである。なお『豊橋市史』第六巻に収載の「大河内家譜」も大河内家文書中のものの翻刻である。

本書の叙述に当たって『川越市史』第三巻近世編の記述と重複する部分もあるが、それらは私の叙述部分が主であるので了解されたい。

松平信綱に関しては三〇年に及ぶ老中としての活動から、この「大河内家譜」のほかの大河内松平家文書、『寛政重修諸家譜《かんせいちょうしゅうしょかふ》』や『徳川実紀《とくがわじっき》』『江戸幕府日記』に彼の記述があり、そして各大名家に残される老中奉書《ろうじゅうほうしょ》への連署加判《れんしょかはん》は極めて多い。最近の研究はこれら同時代的史料も多く利用されるようになり、本書ではこれらの成果もできるだけ取り入れて叙述していきたい。

本書の成立に当たっては、三河吉田大河内家文書の所蔵者大河内元冬氏ならびに母堂千代子氏をはじめこれを受託している国文学研究資料館・豊橋市美術博物館、また川越市立博物館、行田《ぎょうだ》市郷土博物館、川越氷川《ひかわ》神社ほかの諸機関に史料利用について協力を戴き、特に川越市立博物館、行田市郷土博物館において過去に行われた展示会の図録は大いに参考にさせて戴いた。さらに執筆に当たってかつての川越市史編纂室と編纂委員諸氏の調査・編纂結果を利用させて戴いた。記して謝意を表したい。

二〇一〇年七月

大野瑞男

目次

口絵

挿図

表

第一　出生そして正綱の養子

一　信綱の誕生と生地

出生

松平信綱は慶長《けいちょう》元年（一五九六）大河内《おおこうち》金兵衛久綱《ひさつな》の長男として生まれた。母は深井藤右衛門好秀《よしひで》（あるいは資正《すけまさ》）の女《むすめ》である。『新訂寛政重修諸家譜《かんせいちょうしゅうしょかふ》』第四（以下本書では『寛政重修諸家譜』とのみ記す）の松平信綱の項には「慶長元年生る。」とあるのみで、月日も生地も記していない。

武州で誕生

これに対して「大河内家譜」二（『豊橋市史』第六巻）には、慶長元年丙申《ひのえさる》《へいしん》十月晦日武州《ぶしゅう》に生まれたと記し、「家乗《かじょう》」（大河内元冬氏所蔵・国文学研究資料館受託）や「信綱記」（『改訂史籍集覧』第二十六）は二十九日武州に生まれたとする。また「大河内家譜」二は、あるいは遠州《えんしゅう》徳利里生まれともする。十月は大の月であるから日付は一日の違いがあるが、生地は武州とするのが妥当であろう。

名前

信綱の幼名は長四郎（三十郎ともいう）、諱《いみな》を初め正永《まさなが》といった（本書では正永の時代もすべて信綱に統一した）。

小室陣屋付近誕生説

父の久綱は、初め伊《い》奈《な》忠次《ただつぐ》配下の代官として伊奈氏の小室陣屋《こむろじんや》付近（現埼玉県北足立郡伊奈町小室）に居住していたので、信綱も当地で生まれたという伝承がある。伊奈忠次は小室領・鴻巣《こうのす》領で一万三〇〇〇石を拝領し小室に陣屋を設置した。この陣屋は岩付《いわつき》太田氏の出城であったと伝え、中世城郭の一部である障子堀《しょうじぼり》の一部が発掘されている。信綱が小室氷川《ひかわ》神社の別当寺《べっとうじ》真言宗《しんごんしゅう》永阿《えいあ》山密蔵寺吉祥院《さんみつぞうじきっしょういん》（現在は廃寺）で勉強し、その手習い本などが残され、吉祥院に奉納したと伝える短刀（銘「来国俊《らいくにとし》」）と黒漆地に金蒔絵《きんまきえ》を施した硯箱《すずりばこ》が残されている。なお現在は二点ともに所蔵者の氷川神社宮司関山知壹《ともかず》氏から埼玉県立歴史と民俗の博物館に寄託されている。「来国俊」は鎌倉末期の名刀工で、「来国俊」を納める箱には「永阿山密蔵寺吉祥院什物《じゅうもつ》」とあり、硯箱の蓋裏には「松平伊豆守《いずのかみ》公御硯箱　小室吉祥院什物」と記されている。

家光から拝領の刀

ところで寛永《かんえい》十二年（一六三五）六月二日、将軍家光《いえみつ》は新造の安宅丸《あたけまる》を見るために品川に行き、堀田正盛《ほったまさもり》・信綱・阿部忠秋《ただあき》は早舟に乗り指揮している（『徳川実紀《とくがわじっき》』第二篇）。大河内家文書「御拝領御腰物之書付」および『寛政重修諸家譜』の記載によれば、安宅丸船遊

明治の史実調査

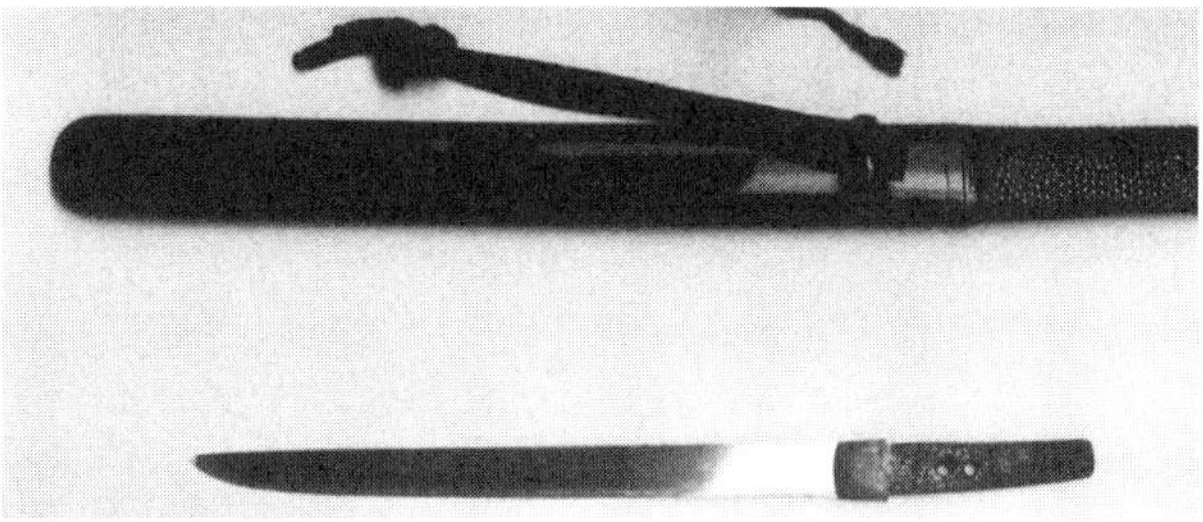

伝松平信綱より拝領の短刀（銘「来国俊」）と硯箱（小室氷川神社所蔵・埼玉県立歴史と民俗の博物館受託）

びの時、信綱は家光から「国俊」の腰物を拝領している。吉祥院に奉納した「来国俊」がこの刀に当たるとすれば、信綱の小室陣屋付近生誕説はかなり信憑性が高いといえようが、短刀「来国俊」の真贋については明確にできない。ただ家光から拝領した「国俊」は本物と考えられ、これが信綱の家に伝来したのは事実であろう。

伊奈町史資料調査報告書第五集『小室村誌』（小室村教育会編・伊奈町史編集室編、一九八九年）に載せる吉祥院十七代菊池主殿《とのも》の明治四十五年（一九一二）の史実調査によると、「松平伊豆守殿に係る由緒」に、伊奈備前守《びぜんのかみ》忠次の小室屋敷に厄介になっていた大河内金兵衛秀綱が、女子の誕生はあったが、男子を欲しくて当村産土神社《うぶすなじんじゃ》に誓願し、別当吉祥院に祈願させたところ、男子が誕生したという。これが信綱で、成長して吉祥院に入学、その後立身して寛永年中氷川社殿そのほか鳥居に至るまで再建したとし、また信綱が三歳のころ用いた来国俊の小脇差《こわきざし》一腰と吉祥院入学のころ用いた蒔絵の硯箱が寄進され、同院宛の書翰一通が菊池家に保存されていると記す。

しかし金兵衛久綱を秀綱と誤り、寛永十二年（信綱四十歳）に拝領した来国俊の小脇差を用いたのが三歳と記すなど、信憑し難い。

大正の史蹟調査

大正十四年（一九二五）には史蹟調査が行われ、その調査経過も『小室村誌』に記され、信綱当地誕生の口碑《こうひ》は拠るべき記録もなく、大河内家にも特別の史料がないとのこと、そこでこの口碑を信綱誕生地の確定として「伊豆天神之碑」を撰文し、信綱子孫の大河内正敏の篆額《てんがく》をもって建碑したのである。『小室村誌』は大河内松平家歴代により氷川神社社殿・鳥居の再建と修復料・祈禱料の下付があったと記している。

川越代官町生誕説

これに対して、川越鍛冶町名主中島孝昌が享和《きようわ》元年（一八〇一）に編述した『武蔵《むさし》三芳野《みよしの》名勝《めいしよう》図会《ずえ》』（川越市立図書館編『校注武蔵三芳野名勝図会』二〇〇四年）中巻には、川越の裏宿西側北の方、代官町・北町に隣り「大河内氏第蹟《やしきあと》」の項があり、「大河内氏、天正《てんしよう》・慶長之頃、河越近郷之御代官也、依《よっ》而《て》代官町の名も是より起る」と記し、「大河内氏」の下に割書きで「大河内金兵衛ハ、松平伊豆守信綱公之実父也。今大河内氏ハ、御旗本ニ其家有」と注記されている。また秋元家家臣板倉善左衛門良矩《よしのり》（寛延《かんえん》二年〈一七四九〉未完成のまま没）の著作「川越索麪《そうめん》」（『埼玉県史』資料編10・近世1地誌）は最も古い川越の地誌であるが、氷川神社前通りの道を宮の下といい、長さ一五〇間の両側屋敷二〇軒の宮の下代官丁は、伊豆守時代代官一六人がここに屋敷を下され軒を並べて住居したので代官丁というとある。とすれば大河内金兵衛とは関係がない。

大河内氏元服の地

また同じ『武蔵三芳野名勝図会』下巻に「大河内氏元服《げんぷく》之地」として、中松郷西側の久保町より突き当たりの屋敷を挙げる。この屋敷は昔野田村の名主権兵衛という者の屋敷で今奥山氏が住している。この屋敷の奥に五、六尺ばかり四方のところを大河内氏の子息の元服の地と言い伝える。天正・慶長のころ大河内金兵衛が河越代官町に住居の節、この権兵衛と仲良く、この者は長寿で子福者なので、金兵衛は子息をも長寿子福者にあやからせようとこのところで元服させた。今なお元服の地を清浄にしておくが、もし謬《あやま》って穢《けが》せば必ず凶事ありとて人々恐れて穢さないという。信綱は大河内金兵衛の子であるから、もしかしてこの元服の若者は信綱かもしれず、なお考えるべきであると記している。

この話は「川越索麪」にもあり、そこには大河内氏屋敷として裏宿の今永田氏屋敷は元大河内金兵衛がこの屋敷に居住した故こういうとある。

しかし次節で述べるように、大河内金兵衛久綱は伊奈忠次の家老的存在であり、その年貢割付状は伊奈町より北の行田《ぎょうだ》市などに存在していることからも、信綱の小室陣屋付近での誕生説の方が有力である。

二　実父大河内久綱

大河内の系譜

大河内氏は清和《せいわ》源氏で、かの源三位《げんさんみ》頼政《よりまさ》の末裔と伝える。頼政と二男兼綱《かねつな》は治承《じしょう》四年（一一八〇）宇治平等院《うじびょうどういん》の戦いで討死したが、兼綱の子顕綱《あきつな》は当時わずか二歳で母に抱かれ、尾張国《おわりのくに》中島から三河国額田郡《ぬかだぐん》大河内郷に来たり住み、長じて大河内源太と称し、吉良氏《きらし》の先祖足利義氏《あしかがよしうじ》に仕えた。その子孫は三河に広がって、長縄《ながなわ》・臥蝶《がちょう》・秋池・窪田・杉・桃井など諸流の大河内氏に分かれた。臥蝶大河内氏の十一代秀綱《ひでつな》は吉良氏に仕え、三河寺津《てらつ》城《じょう》にいて、三河一向一揆《いっこういっき》に際して吉良義昭《よしあき》が一揆に荷担しようとしたのに反対したというが、吉良勢とともに松平元康（のちの家康）と戦った。

徳川家康に仕える

その後吉良氏の家臣との対立があり、秀綱を討とうとする者一三人を薙刀《なぎなた》で倒し、吉良氏を脱して伊奈忠政《ただまさ》の下に身を寄せ、家康に召されて仕え、遠江国《とおとうみのくに》山名郡稗原《ひえばら》の地を賜り、三遠両国の租税の事を管したという（「大河内家譜」一）。

大河内久綱

秀綱は天正十八年（一五九〇）徳川家康の関東移封に際しては、武蔵国高麗郡《こまぐん》のうちで七一〇石余の領地を与えられた。秀綱の子が金兵衛久綱で信綱の父である。元亀元年（一五七〇）一月十五日三河に生まれ、慶長十五年（一六一〇）十月家康に仕え、元和《げんな》四年（一六一八）九月十三日父秀綱が死去したので家を継いだ。寛永十二年（一六三五）十一月十四日評定所《ひょうじょうしょ》の式日《しきじつ》およびのちの年寄《としより》（老中）・若年寄・留守居《るすい》・寺社奉行・町奉行・勘定頭《かんじょうがしら》（勘定奉行）・作事《さくじ》奉行・大目付《おおめつけ》の職掌に当たる有司の管掌事項が制定されたが、関東中御代官方ならびに百姓等の御用訴訟の担当は、右衛門大夫《うえもんたゆう》（松平正綱）・播磨《はりま》（伊丹康勝《いたみやすかつ》）・半十郎（伊奈忠次）・金兵衛（大河内久綱）・源左衛門（曽根吉次）の五人が一月ずつ二番にして承ることを定められた。

地方奉行

すなわち地方《じかた》奉行（勘定頭、のちの勘定奉行）として租税の事をつかさどり、関東のうち四八万石を管轄したという。寛永十四年十月十六日家光が信綱邸に渡御《とぎょ》の時行平《ゆきひら》の刀を賜り、久綱も燕士釜を献じている。翌十五年十二月五日に職務を免され、正保《しょうほう》三年（一六四六）四月三日に没した。

伊奈忠次の文書を集めた和泉清司『伊奈忠次文書集成』（文献出版、一九八一年）には慶長九年と推定される六月二十三日の「宇都宮造営材木証文」が伊奈忠次・内藤清成《きよなり》・青山忠成《ただなり》より神大夫・白祝・大金兵衛に宛てられている文書が収録されており、唯一の大河内秀綱に関する文書である。蒲生《がもう》秀行《ひでゆき》が宇都宮から会津に移って、大河内秀綱が宇都宮を預かり、鹿沼《かぬま》に代官所が設けられ、秀綱が赴任して慶長八年八月まで駐在している（『栃木県史』通史編4・近世一・『鹿沼市史』『宇都宮市史』）。

代官大孫十と深八九

埼玉県行田市酒巻《さかまき》の中村和彦家文書（行田市郷土博物館所蔵）には、慶長十三年三月の「武州騎西《きさい》之郡忍領《おしりよう》之内酒巻村御検地《ごけんち》水帳《みずちよう》」七冊のほか、慶長・元和・寛永期の年貢割付状が十数通残されている。このうち慶長十六年・十七年の酒巻之郷年貢割付状の差出人は大孫十・深八九の二人の代官である。また慶長十六年の荒木之郷年貢割付状（行田市荒木木元喬家文書・行田市郷土博物館所蔵）、同年の忍領佐谷田《さやだ》村および佐谷田吉見《よしみ》の年貢割付状（埼玉県立文書館所蔵久保家文書）の差出人も同じく大孫十・深八九となっている。

深津八九郎の罷免

大孫十は後述するように大河内久綱のことであるが、深八九は代官深津八九郎である。「駿府記《すんぷき》」の記事に、慶長十八年十一月十八日、家康の鷹野《たかの》（鷹狩）の路次において百姓らが目安を上げ、深津八九郎と百姓とが家康の御前において対決を遂げた。家康は直ちにその訴えを聞き、深津はその私曲によって代官を召し上げられ、その跡は高木九助・小栗庄右衛門・遠藤豊九郎・天野彦右衛門に仰せ付けられたとある（『当代記・駿府記』続群《ぐん》書類従《しょるいじゅう》刊行会）。

五人の代官

酒巻之郷（酒巻村）年貢割付状の慶長十八年・十九年・元和二年の差出人は、大河内孫十郎・天野彦右衛門・小栗庄右衛門・高木九助の四人連名で、元和二年のものは順序が大河内・高木・小栗・天野となっている。元和六年・寛永二年の二通は大河内孫十郎・服部《はっとり》惣左衛門・豊嶋《としま》十左衛門・小栗庄右衛門・天野彦右衛門の五人連名である。元和九年の新木（荒木）村の割付は同じ五人で、順序は後ろから大河内・服部・天野・小栗・豊嶋となっている。

まずこれら人名について検討しよう。天野彦右衛門は諱忠重《ただしげ》、忍近郷の代官で忍・鴻巣の鷹場支配、正保元年八月二十二日忍で死去している。小栗庄右衛門は諱正勝《まさかつ》、天正十八年忍城番、慶長十八年十一月十八日代官となり、寛永三年三月二十日死去している。慶長十八年の割付状の発行日付は十一月二十七日であるから矛盾はない。高木九助は諱正綱《まさつな》で、慶長十一年忍城の守衛の仰せを受け、寛永九年十一月十日忍城で死んでいる。

服部惣左衛門は諱直次《なおつぐ》といい履歴は記されていない。豊嶋十左衛門は諱勝直《かつなお》で家康に仕え、上総に二〇〇石を与えられ代官となり、寛文《かんぶん》二年（一六六二）死去している。彼が代官支配をしたのが上総《かずさ》かそれ以外かはわからない（『寛政重修諸家譜』）。

大孫十は久綱

さて大孫十ないし大孫十郎の大は大河内氏の片名字《かたみょうじ》であるが、慶長十八年以降の大孫十郎の黒印《こくいん》はいずれも同じで、重郭円印の中の印文が明らかに「久綱」と読める。また慶長十六年・十七年の大孫十は花押《かおう》があり、その黒印は大孫十郎の黒印と異なるが残念ながら重郭円印内の印文は明確でない。こうしてみると大孫十郎は大河内久綱である。『寛政重修諸家譜』では久綱の通称は金兵衛を名乗る前は「孫太郎」とあり、その父秀綱も同様である。恐らく久綱の「孫十郎」を父秀綱の「孫太郎」と混同誤記したのかもしれない。また久綱は慶長十五年より家康に仕えているので、慶長十六年・十七年時点での大孫十も久綱である。

年貢割付状の花押と印文

元和元年十一月十一日埼玉郡古宮村、同二年十二月一日稲荷台村、寛永元年十一月十一日樋遣川《ひやりかわ》村の年貢割付状の差出人はいずれも大河内孫十郎で花押と黒印があり、印文は「久綱」である。寛永九年十一月十五日の明願寺《みょうがんじ》村年貢割付状は差出人大河内金兵衛と名が替わり、花押と印には久綱の印文がある。そして同日の外田ケ谷村と江面《えづら》村の年貢割付状は差出人が大河内金兵衛・南条金左衛門・小泉平三郎・曽根長兵衛の四人連記、翌十年十一月七日の除堀《よけぼり》村および同月十日の江面村も同じ四人、同十六年十一月二十日樋遣川村年貢割付状の差出人は南条・小泉・曽根与五左衛門の三人連記となっている（『加須市史』資料編1・『久喜市史』資料編Ⅱ近世1）。南条金左衛門は則門《のりかど》、小泉平三郎は吉《よし》綱《つな》、曽根長兵衛は不明、曽根与五左衛門は吉重《よししげ》で、久綱に属して職を助けている（『寛政重修諸家譜』）。

代官頭の衰退

さて代官頭彦坂《ひこさか》小《こ》刑《ぎょう》部《ぶ》元正《もとまさ》は慶長十一年農民に不正を訴えられ改易《かいえき》となり、同じく代官頭伊奈忠次は同十五年六月十三日（十六日とも）六十一歳で死去し、大久保長安《ながやす》も同十八年四月二十五日の死後処罰されている。こうして慶長末年には強力な権勢を誇った代官頭の勢力が衰退し、その下にあった下代官・小代官らが自立していく。

相代官制

この時期の割付状発行人は二ないし五人で、代官頭の下にあった下代官・小代官らと思われる、しかしその権力はまだ弱く、複数で支配する相代官制《あいだいかんせい》を執っていたものとみえる。

三　母深井氏と一族

深井好秀の女

信綱の母深井藤右衛門好秀（あるいは資正）の女は寛永六年（一六二九）九月十九日に死去し、江戸小石川の浄土宗無量院《じょうどしゅうむりょういん》に葬られ、龍泉院殿月窓了清大姉《りゅうせんいんでんげっそうりょうせいだいし》と号した。

深井氏の系譜

深井氏の本姓は長尾といい、越後《えちご》長尾氏と同族の白井長尾氏である。長尾景春《かげはる》の次子景行《かげゆき》の子六郎次郎景孝《かげたか》が武蔵国《むさしのくに》深井（埼玉県北本市深井）で生まれたことから「深井」を称した。好秀（資正）の高祖父長尾伊玄入道《いげんにゅうどう》景春は上杉管領家《かんれいけ》に仕え、その曾孫深井対《つし》馬守正繁《まのかみまさしげ》（また景吉《かげよし》）が好秀の父である。好秀も入道して道意《どうい》と号し、武州鴻巣生出塚村に仕して、岩槻城《いわつきじょう》主太田三楽《さんらく》の子北条源五郎氏資《うじすけ》の後見をし、北条氏没落後家康にまみえたが奉仕せずに卒した。その曾孫藤右衛門吉成《よしなり》以来代々信綱家に仕えている（「大河内家譜」一二）。

深井好秀

好秀は太田氏資の偏諱《へんき》を賜り資正を名乗ったが、のちに好秀と改名している（『鴻巣市史』）。永禄《えいろく》十年（一五六七）氏資が里見氏《さとみし》との戦いで死んだのちは北条氏房《うじふさ》の配下にあった。天正《てんしょう》十六年（一五八八）八月十四日、同十七年八月十六日の深井対馬守・同藤右衛門宛の植え立て林についての太田氏房印判状《いんぱんじょう》写があり、深井藤右衛門・佐枝若狭とその百姓中に御領所《ごりょうしょ》粕壁《かすかべ》の諸役不入と大普請役《だいふしんやく》・棟別役《むなべつやく》の勤仕を命じた太田氏房印判状写もある（『新編埼玉県史』資料編6・中世2古文書2）。すなわち粕壁（春日部）の代官職を務めていたのである（『戦国遺文後北条氏編』）。

北条氏滅亡後の動向

天正十八年後北条氏の滅亡後、好秀の父対馬守正繁（景吉）は、武蔵忍《おし》城主となった松平忠吉《ただよし》（家康四男）に仕え足立郡箕田《あだちぐんみのだ》に陣屋を構え、戦乱で荒廃した周辺村落の再開発を行ったという。またその子のうち源左衛門はのちに忠吉の清須《きよす》転封《てんぷう》に従ったと伝えられる。のち深井氏は中山道《なかせんどう》鴻巣宿の草分名主となっている（根岸茂夫「武蔵における譜代藩の形成」村上直編『論集関東近世史の研究』名著出版、一九八四年）。正繁の三男源左衛門資勝《すけかつ》は松平忠吉に三〇〇石で召し抱えられ、清洲移封に従い二〇〇〇石を加増された。

好秀の死

好秀は家康に拝謁したが出仕せず、隠棲後慶長九年（一六〇四）十一月十六日市宿村で病没している。その父景吉はそれより遅く同十六年二月十一日に死去している。そして深井宗家は好秀の末弟正家が相続した。

好秀には三男四女があった。大河内久綱に嫁して信綱を生んだのはその長女であり、婚姻の時期は天正十八年から文禄三年（一五九四）の間であろう。

好秀の子孫

深井一族の子孫は、先述の鴻巣宿名主になった家のほか、信綱の母の同母弟主膳吉親《しゅぜんよしちか》が慶長七年藤堂高虎《とうどうたかとら》に仕えている。十七年藤堂姓を許され、大坂の陣に従って元和元年（一六一五）四〇〇〇石を与えられ、寛永七年の大坂城普請を監督し、慶安《けいあん》三年（一六五〇）に没した。その子たちは嫡流以外は深井姓を称し、子孫に至るまで藤堂家の家老職を務めている。

深井吉成

深井藤右衛門吉成はその藤堂吉親の二男で三之助を称した。寛永十六年信綱が川越に移るに及んで、当時十三歳であった吉成が信綱に抱えられ、同二十年一〇〇〇石で奏者《そうじゃ》番《ばん》となり、のち二〇〇〇石となり、慶安四年家老職に就いた。吉成は堀田正盛家臣市川治右衛門忠真の未亡人と再婚している。

好秀四女の家系

深井好秀の四女で藤堂吉親の妹は金井甚兵衛隆治《たかはる》に嫁いだが、隆治の死後子茂兵衛資《すけ》成《なり》は母方の姓深井を称し、寛文六年（一六六六）正月十一日信綱の五男信興《のぶおき》の家老となり、以後子孫は信興を祖とする高崎藩に仕えている。

四　養父松平正綱

さて、信綱は慶長六年（一六〇一）叔父松平右衛門大夫《うえもんだゆう》正綱の養子となる。

松平正綱

正綱は信綱の祖父大河内金兵衛秀綱の二男として、天正四年（一五七六）六月十二日遠江国長江村（あるいは鎌田村）に生まれた。つまり実父久綱の弟に当たる。正綱の母は鳥居掃《かも》部助《んのすけ》某の女である。

家康に見出される

正綱は初め諱を正久といった。天正十年五月六日家康が放鷹で三州田中へ行ったとき、自宅前で遊ぶ正久を見てその容貌が敏蒙であるので成長したら召し出すとの上意で、文禄元年（一五九二）家康に奉仕した。家康の命で天正十五年松平正次の養子となり、十六松平の一つ長沢松平の称号を受け継いでいた。慶長元年六月三日相模国《さがみのくに》淘綾郡《ゆるぎぐん》万田郷《まんだごう》で采地三八〇石余を賜った。このころ正綱が具足《ぐそく》を威《おど》したことを聞いた家康は、薄禄では武器の用意は心に任せられないだろうとして、召し替えの兜を賜り、関ヶ原の陣にはこの兜を着して戦いに従っている。同七年十月二日山城国《やましろのくに》久世郡《くぜぐん》・綴喜郡《つづきぐん》などのうちで五〇〇石を宛行《あてが》う旨の黒印を下されている。

右衛門佐・右衛門大夫

慶長八年二月二十五日、家康の将軍宣下《しょうぐんせんげ》の拝賀参内《さんだい》の供奉に列し、三月二十五日従《じゅ》五位下《ごいのげ》右衛門佐《うえもんのすけ》に叙任された。寛永二年（一六二五）七月二十五日の加恩での『徳川実紀』での記載はまだ右衛門佐で、翌三年六月十六日の『本光国師《ほんこうこくし》日記《にっき》』に「松平右衛門大夫」記載の初出が見られる。なお彼は文書に「右衛門」とのみ記し、その区別は明確でない。

駿府城が火災に罹《かか》ったとき、正綱は納戸《なんど》より晒布《さらしぬの》を取り出して結び合わせ石垣の数か所に垂らし、城中の人をこれによって逃がし得たのを、その指揮よろしいと賞されている。

勘定頭に就く

正綱は幕府創業当初からの勘定頭を務め、慶長十四年には幕府会計の総括を命じられ、板倉重昌《しげまさ》・秋元泰朝《やすとも》とともに近習出頭人《きんじゅうしゅっとうにん》の地位にあった。翌十五年十月十四日三河幡《は》豆《ず》郡のうちで新恩三〇〇〇石を賜い、家康自筆の黒印を下され、領知は都合三八八〇石余となった。のち放鷹の地に秀忠《ひでただ》が肴を献じたとき家康の気色がよくなかったのを正綱がとりなしたので家康の旨に叶い、その計らいに秀忠から清拙《せいせつ》の画讃《がさん》、牛乗祖師の掛物を賜っている（『寛政重修諸家譜』）。

慶長十九年大坂冬の陣に供奉し、書院番・小姓組を支配して家康の側に控えたが、妻山口左馬頭《さまのかみ》弘定《ひろさだ》の女を離別している。これは弘定が豊臣《とよとみ》方の家臣で大坂方に付いたからである。元和元年（一六一五）の夏の陣にも従ったが、河内若江《かわちわかえ》の戦いに死んだ弘定の首を直訴して賜り若江に葬っている（「大河内支流譜」一）。

家康死去後の地位

正綱は元和二年三月二十一日三河の内で七八〇石を加賜された。そして四月十七日の家康死去に際し本多正純《まさずみ》・秋元泰朝・板倉重昌とともに遺言を聞き、駿河久能山《するがくのうさん》での葬儀に棺の側に供している。家康の死去により駿府政権が解体し、江戸の秀忠政権に統一されると、勘定所機構も江戸に一元化される。駿府政権の勘定頭であった正綱は江戸に移り、秀忠政権の勘定頭であった伊丹康勝とともに江戸政権の勘定頭となった。家康の遺骸日光山移葬の時に従い、元和六年五畿内《ごきない》・紀伊《きい》・丹波《たんば》・但馬《たじま》の国々を巡検、民間の訴訟を聞き佐野主馬吉綱《しゅめよしつな》とともに裁判に当たった。七年六月十八日秀忠女和子《まさこ》の入内《じゅだい》に酒井忠世《ただよ》・土井利勝《としかつ》らと乗輿に従い、九年七月家光上洛にも供奉《ぐぶ》した。

大名となり甘縄に住す

寛永二年七月二十五日一万七四〇〇石余の加増があって三河・武蔵・相模・大和《やまと》において新墾田を合わせて二万二一〇〇石余を領し、相模国甘縄《たまなわ》を居所として大名に列した。三年秋秀忠・家光上洛にも供し、九月六日二条城行幸御用を務めた。これより先書院番・小姓組番頭を兼ね務めている。四年松平下野守忠郷《しもつけのかみただ さと》の城地を収めるので会津に赴き、五年四月秀忠日光社参に供奉している。九年十月二十三日徳川忠長《ただなが》の領地没収に際して永井信濃守尚政《しなののかみなおまさ》とともに駿遠両国に赴き諸事を沙汰《さた》し、十一月二十一日帰府した。

家光の折檻と赦免

大御所《おおごしょ》秀忠が死んだのちの寛永十年九月、正綱と伊丹康勝は家光の折檻を受け出仕を止められた。その理由は、松平真次《まさつぐ》の知行割付にかかわること、正綱の大名への貸金、康勝の佐渡《さど》支配問題にあったと推定されている。翌十一年天海《てんかい》の執り成しでようやく赦免されたが、失脚前年寄並の権勢を誇っていた両人の地位は大きく変化し、その権限の多くは彼らよりあとで勘定頭になった伊奈忠治《ただはる》・大河内久綱・曽根吉次が掌握することとなった。両人は幕政から全く排除されてはいないが、家光はこの一件を契機に自由に動かしうる勘定頭を創出しようとしたのであろう（藤井譲治『江戸幕府老中制形成過程の研究』校倉書房、一九九〇年）。そして正綱はこれ以後勘定目録の裏判からはその名が消えるのである（大野瑞男『江戸幕府財政史論』吉川弘文館、一九九六年）。

日光山登山のこと

同十三年七月晦日鳥居左京亮忠恒《さきょうのすけただつね》の城地を収めるにより上使松平出雲守勝隆《いずものかみかつたか》とともに出羽国《でわのくに》山形に至り、十二月十一日朝鮮通信使が日光山参拝により秋元泰朝・板倉重昌と日光に至り沙汰している。

十四年十月十六日家光が信綱邸に渡御の時、貞宗《さだむね》の刀を賜い、正綱も永則《ながのり》の脇差と肴を献じ、御台所《みだいどころ》へ定家十二月の和歌ならびに金の丁字《ちょうじ》釜・手筐《てばこ》を進上している。

十五年二月三日先に日光山に火災があったので日光に至り秋元泰朝と議して計らうよう台命を蒙り、八月十一日関東国々の山野訴訟のことを沙汰すべき命を受ける。

正綱は寛永十七年社参の時、台駕に先立ち日光山に至る。また十八年日光山東照社廟塔再建奉行となり、十九年社参に先行し、二十年相輪樘《そうりんどう》普請《ふしん》の奉行を務めた。十月三日には天海が没したので日光山に登山、葬送のことを監督した。

正保元年（一六四四）十一月一日暇を賜り三河国の領地に赴き、仰せによって鳳来寺《ほうらいじ》・大《だい》樹寺《じゅじ》等を検し、二年三河国瀧山《たきやま》に東照社を勧請するのでこの地を検視した。六月二十七日、日光東照社石垣普請落成により賞せられ、七月二十日の風雨や地震の検分にも登山している。十一月十一日東照宮号宣下により勅使が日光山に至ったので赴き、四年二月一日来年東照宮三十三回忌法会には酒井忠勝《ただかつ》と相計ることを命じられ、四月奉幣使《ほうへいし》日光登山の時も日光に至る。翌慶安《けいあん》元年（一六四八）四月東照宮三十三回忌法会には太田備中《びっちゅうの》守資宗《かみすけむね》とともに台駕に先立ち日光山に至り諸事を沙汰した。

慶安元年六月二十二日七十三歳で没し、法名は俊庵宗徳高林院と称し、岩槻平林寺に葬られたが、のち同寺の野火止《のびどめ》移転に伴い改葬された。正綱は日光山の造営・祭礼に預かり、江戸と日光を往来すること二四年、寛永二年以来日光街道・例幣使《れいへいし》街道・会津街道に杉苗二〇万本を寄付したことで知られ、碑が建てられている。長寿だったので徳松(綱吉)髪置きの時、白髪を奉っている(『寛政重修諸家譜』「大河内支流譜」一)。

信綱が養子となる逸話

さて信綱が正綱の養子になるについては次のような話がある。ある時正綱が一人でいると、三十郎(信綱)が来て、「某《それがし》代官の子で口惜しい。恐れながら御名字を下され養子にしてほしい」と願った。正綱は笑って、「今幼少の身分で本名を捨て我らが名字を望むのはどうしてか」と尋ねると、「私の本名では上の近習を勤めることは叶い難い、何とぞ養子にもなれば御座近く御奉公できるかもしれない」と答えた。正綱は不便《ふびん》に思い、「なるほど、望みのように養子にしよう。けれども一通り父母に申してのちになり字を遣わそう」と挨拶した。この旨両親に話し事が済んだので、信綱甚だ悦び、「今日よりは松平三十郎なり」と言った。

第二　家光小姓から大名へ

一　生い立ちから大名まで

家光に付属

信綱は慶長《けいちょう》八年（一六〇三）九月三日初めて秀忠《ひでただ》に拝謁、十一月正綱《まさつな》に従って伏見《ふしみ》に行き、十五日家康にお目見えしたというが（『豊橋市史』第六巻「大河内家譜」二）、家康は江戸にいたと思われる。翌九年七月十七日家光《いえみつ》が生まれるとその二十五日に召されて家光に付属され小姓となり、合力米三人扶持を賜った。時に数え九歳であった。十年十二月三日二人扶持を加えられ五人扶持となった。

奇特な小児

ある時秀忠が大奥へ信綱に剱《つるぎ》を持たせ、夜詰過ぎて丑《うし》の刻《こく》時分（午前二時ごろ）秀忠が表へ出御《しゅつぎょ》しようとすると、長廊下の暗いところに信綱が伺候《しこう》して居眠りをしていた。秀忠が剱を引き寄せ持ち帰ろうとすると、信綱は誰とも知らず目を覚まし「やるまじき」と秀忠に取りついた。秀忠は奇特な小児だと感心し、この心一生放すなと褒めた。

屛風の破損

また次の間で信綱より年長の者たちが戯れ、秀忠秘蔵の屛風《びょうぶ》を破ってしまった。秀忠がこれを見て何者の仕業と尋ねるが、戯れた連中は言葉もなく、信綱が自分がやりましたと申し上げ、よくぞ正直に言上したと却って褒められ、重ねてたしなむようにと上意があった。いずれも十歳ばかりの時である。

老中歴々の前での振る舞い

これも十歳前後の時か、老中《ろうじゅう》酒井忠世《ただよ》・土井利勝《としかつ》・青山忠俊《ただとし》そのほか歴々がいるところで、お召しと聞き箸を投げ捨て膳を跳ね越し走って御前へ出る。正綱はこれを見て宿所へ帰って信綱を呼び、今日の御台所《おだいどころ》の体たらくを見て尾籠《びろう》なことである。思ってもみよ、忠世殿はじめ老中歴々が座し給うなかに前後をわきまえぬ振る舞いは言葉に絶えぬ無礼千万なことと涙を流した。ほかよりは無礼と見えても今日に限らず、お召しの時は脇も見ず誰が側にいるかも思わず少しも早く出たいとの心で、御前のことを一心に大切に思い、他念なく急ぐ旨を述べたので、正綱は大いに悦び感涙したという。

迷路の機転

また江戸葭原で稲葉正勝《いなばまさかつ》らとよしきりという鳥を捕ろうとして、夕日が西へ傾き道を失い日暮れて城へ帰り難いのでどうしようというとき、十歳ばかりの信綱が、日の入りは西であり御城の方角であるから日の入るを目当てに出られよと言い、難なく出られ城に入ることができた（『続々群書類従』第三「事語継志録」）。

雀取りの主命

慶長十一年のこと、秀忠の寝所の屋根に雀が巣を営み雛がかえっていた。幼い家光は信綱に命じてこれを捕らえさせた。人が言うには、日中は逃げる恐れがあるので夜間がよいと。信綱は日没を待ちひそかに廂《ひさし》を伝って巣を取ろうとし、大きな音を立てて庭に落ちてしまった。秀忠は刀を取って出、夫人は燭《しょく》を持って従った。秀忠が捕らえてみれば信綱であり、頭を下げて謝罪した。そそのかす者あろうと問うに答えず、秀忠は大きな袋を持ち寄せてその中に信綱を封じ込め、長押《なげし》に縛り責めたがなお言わなかった。ために信綱は一夜その中に座し、翌暁秀忠は政庁に臨んで顧みなかった。夫人はこれを憐れみ侍女をもって食を与えた。昼を過ぎ退庁の秀忠は再び詰問したが、罪を謝すのみでほかを言わなかった。秀忠も夫人も家光の命と察し、後来を戒めて放免したが、夫人を顧みて、「彼幼くして主命を重んじ、忠勇このようであるには、のちに必ず有為の士になるであ

徳川家光画像（財団法人徳川記念財団所蔵）

ろう」と言った（『徳川実紀』第二篇・『明良洪範』）。

元服

慶長十五年二月三日袖を塞ぎ、十六年十一月十五日前髪を落として元服《げんぷく》し、十八年一月二十八日井上正就《まさなり》の女《むすめ》を娶った。

養生生活

さて信綱十五、六歳のころとあるから慶長十五、六年に当たるであろう。信綱は長く煩い、拝領の切米を返上したいと言上すると、ゆるゆると養生し合力米もそのまま拝領せよと仰せがあり、在郷へ引っ込み、胃を病んでいるのか食欲がなく、秤に飯を盛り一〇粒二〇粒ずつ増しながら食べて全快した。

鉄砲場での忠節

家光が鉄砲場で鉄砲を放ったところ立ち消えした。弾薬の込め方が悪い故と思い傍らに置き失念していたところふと銃口の方へ身を向けた。その時信綱は病後で遠くへ控えていたが、走って筒を足で蹴りのけると発火して弾丸が発射された。皆奇特なことと感嘆し、青山忠俊は信綱を招き、只今の振る舞いは言葉に尽くせない忠節で、御家人数万人ありといえども及びがたいと涙を浮かべて褒め称えた。また家光の寝所の次の間に寝てる時は戸を足で踏んで出入りに気を遣った（「事語継志録」）。

家光を看病

慶長末年家光は疱瘡《ほうそう》にかかった。病は重く、信綱は昼夜奉仕し、衣服を解かずに看護に努め月代《さかやき》が伸びていた。家光は彼に支えられて厠《かわや》に上ろうとし、手を頭に加えたところ、家光の手は膿《うみ》をもっていたので、逆毛が手を刺し痛んだ。家光は怒って信綱を罵ると、信綱は謝り頭巾を出して紅絹《もみ》の裏を返して頭に被せたので、刺すことなく家光は大変喜んだという。

三本扇の謂れ

元和《げんな》六年（一六二〇）一月二十日采地《さいち》五〇〇石を賜り、これまでの扶持米は収められた。ところで家光の代、二の丸廊下橋のそりの勾配を決め難き時、信綱は扇子を開き一面ずつ畳み入れ、家光の気に入ったところをもって勾配を決めたので、諸人は感心したという。これは堀の橋とも、日光神橋ともいわれるが、これによって五〇〇石が与えられることになったといわれ、信綱出世の始まりで、家紋も三本扇としたという（「家乗附録」「信綱記」「明良洪範」）。

信綱に改名、伊豆守となる

この年十二月下旬正綱に実子左門《さもん》、諱《いみな》は正次《まさつぐ》（のちの利綱《としつな》）が生まれたので、信綱は正次にこの家を継がせ、自立する志を立てて、諱を正永《まさなが》から信綱と改めた。同九年六月十五日御小姓組《おこしょうぐみ》（御花畠御番ともいう）番頭《ばんがしら》となり、新恩三〇〇石を賜った。七月家光の上洛に供奉《ぐぶ》し、京都で従五位下《じゅごいのげ》伊豆守《いずのかみ》に叙任《じょにん》した。

小姓組番頭

この年家光子飼いで側近の阿部忠秋も小姓組番頭となった（堀田正盛は遅れて寛永三年）。秀忠の親衛隊から選抜された旗本が家光の親衛隊の母体となり、元和九年家光将軍宣下のための上洛を期に家光の小姓組・書院番としての陣容を整え、信綱らが小姓組番頭となったのである。このことは将来彼らが年寄として大名支配など幕政運営に携わる上で、軍団指揮能力のあることを自明の前提とし、かつそれが諸大名以下の了解でもあったという（小池進『江戸幕府直轄軍団の形成』吉川弘文館、二〇〇一年）。

信綱は寛永《かんえい》元年（一六二四）五月十六日一二〇〇石を加賜された。同三年七月家光上洛に再度供奉し、『寛政重修諸家譜《かんせいちょうしゅうしょかふ》』によると同四年正月五日相模国高座《さがみのくにこうざ》・愛甲《あいこう》両郡のうちにおいて八〇〇〇石の加恩あり、すべて一万石となり大名に列し、一橋門内において屋敷を賜った。

相模国内加増の誤伝

しかし相模国内にはこの年信綱所領となった痕跡は全くない（『神奈川県史』通史編2・近世〈1〉）。信綱が所領を与えられたという愛甲郡と高座郡の村々には、寛永四年現在信綱領が設定される余裕が全くなかった。県域内への寛永四年信綱領設定を疑問とするのであるが、その正確な年次は寛永十年五月五日である。この日信綱は老中《ろうじゅう》に昇進し、一万五〇〇〇石を加増されて三万石の武蔵国忍城《むさしのくにおし》主となった。忍城周辺の中心所領に対して、県域内の所領はそれを補う飛地として与えられたとする。

領地加増は寛永十年

『新編相模国風土記稿』（大日本地誌大系）の高座郡のうち新戸《しんど》村・当麻《たいま》村は寛永十年信

綱に賜り、十六年また代官所になったことが記され、田名村も寛永十年信綱領、亀井野村は寛永十六年信綱再改め(検地)、大島村も年は寛永二十年と誤ってはいるが信綱支配を記す。結局寛永四年ではなく十年に信綱領となったのである。

領地の内訳

寛永十年に加増された村は、高座郡では新戸・磯部・下溝・当麻(現神奈川県相模原市南区)・上溝・田名(現同市中央区)・大島・上九沢(現同市緑区)の八か村、座間宿・座間入谷(両村は寛文年間座間村が分村成立とある)・新田(以上現座間市)の三か村、それに亀井野(現藤沢市)が寛永十年忍藩領とあるが(平凡社『神奈川県の地名』日本歴史地名大系14)、愛甲郡については不明である。なお新田については疑問がある。『角川日本地名大辞典』神奈川県の藤沢市・愛甲郡寒川町・同滑川村にはそれらの記事がない。信綱の所領で確認できるのが、既述した座間宿村など一一か村であるが、全体の推定合計石高が七三〇〇石余であるから、もう二、三か村が忍領に編入されたことになる。

徳川忠長の遺領を取得

寛永九年徳川忠長改易後彼の相模国所領は幕領となり、津久井領日連村(現藤野町)出身の代官守屋行吉の支配となり、翌寛永十年五月に松平信綱の所領となっている。

相模国領の年貢率

神奈川県域における忍領村々の具体的な支配はわからない。現存する資料は、県内に忍領が設定された年、寛永十年十一月十日付の高座郡田名村年貢割付状《ねんぐわりつけじょう》が唯一のものである（『相模原市史』第五巻）。それによると、当時の田名村の水田八九石三斗三升八合に対し、藩が課した年貢は六三石九斗九升六合で、この年貢率は七一・六％となり、また本畑は三四六石六斗六升四合に二三一石九斗四升八合で六八・一％という高率な年貢を賦課している。新田へは四五％、また新畑は少し低く二五％であるが、全体として高率な年貢賦課である。十六年正月五日信綱は六万石をもって武蔵国川越《かわごえ》へ転封《てんぷう》し、右の所領は幕領となり、代官守屋行吉の支配に代わった（『神奈川県史』通史編2・近世〈1〉）。

上野国領白井・阿保村

さらに信綱は寛永七年五月十七日に上野国《こうずけのくに》白井・阿保《あぼ》両村のうちにおいて五〇〇〇石を加賜された。この時、彼は長男輝綱《てるつな》を伴って両村を巡視し、伊香保《いかほ》温泉に浴している。群馬郡白井村（現群馬県渋川市）は白井・中郷・上白井・吹屋などの村々で、中世の白井保の一部をなす。ここにある白井城には天正《てんしょう》十八年（一五九〇）徳川家康の入国に際して、本多康重《やすしげ》が二万石で配され、慶長六年三河岡崎《みかわおかざき》に移封《いふう》されると次いで戸田康長《やすなが》が入封《にゅうふう》、翌年下総《しもうさ》古河《こが》に移る。元和二年西尾忠永《ただなが》が白井に入り、同四年彼が常陸《ひたち》土浦に移ると、本多康重の二男紀貞《のりさだ》が一万石で入封した。同九年紀貞が没すると無嗣断絶となる。阿保村についてはその地名もわからず特定できない。

上白井村の年貢

信綱はこの地を加増されたのであろうが、寛永八年・九年に上白井村で年貢割付状を発給《はっきゅう》している（『子持村誌』子持村誌編さん委員会、一九八七年）。同村はそれまで代官岡上《おかのぼり》甚右衛門景親《かげちか》が支配していた。寛永六年十二月十一日の岡上の年貢割付状が残されている。そして寛永八年十一月十九日の上白井村年貢割付状（ともに『群馬県史』資料編13近世5、一九八五年）では差出は「松伊豆」すなわち松平信綱で下に花押《かおう》と黒印《こくいん》がある。花押は奉書《ほうしょ》などに用いる花押で、印は印文「信綱」の小さい印（印章Ⅱ）と思われる（『子持村誌』挿図写真による）。割付状には村高が記されず、田畠の位ごとに反別があり、その下に田は米取、畑は永取が記される反取法《たんどりほう》を採っている。反別総計は田六反九畝一歩、畠五二町六反一畝二八歩、計五三町三反二九歩の畠がちの村で、ほかに新田が八町二畝一七歩あり、年貢は合わせて田は米三石一斗七升八合、畠永一三九貫一〇文である。そして同十年信綱が忍城主となるに及び、上野国領は再び幕府領とされたのである。

二　年寄並・六人衆ついで老中

宿老並となる

寛永九年（一六三二）一月二十四日大御所《おおごしょ》秀忠が没し、家光親裁が始まる。信綱と義父正綱はともに秀忠遺銀四〇〇枚を賜っている（『徳川実紀』第二篇）。信綱は四月十三日家光の日光山参詣に供奉した。そして十一月十八日信綱は宿老並《しゆくろうなみ》（老中並《ろうじゆうなみ》）に勤仕《きんじ》すべき命を蒙り、なお小姓組番頭を兼ねた。肥後国《ひごのくに》熊本城主細川忠利《ただとし》は、信綱が「御年寄なみ」になったので十二月十日綿一〇〇把と黄金一枚の馬代を祝儀として六（六丸、光尚）に判をさせ使者を送るよう申し付けている（『熊本県史料』近世編「部分《ぶわけ》御旧記」）。

家光近侍三人の申し渡し

『江戸幕府日記・酒井家本』によると、これより前の六月四日手水番《ちようずばん》大久保惣三郎教《のり》勝《かつ》・同土屋金弥之直《きんやこれなお》・同渡部大学吉綱《よしつな》・小姓滝河大学利貞《としさだ》・同神尾内匠元珍《たくみもとはる》を中奥《なかおく》で奥小姓に命じる仰せに、永井尚政・内藤忠重《ただしげ》・青山幸成《ゆきなり》の三人の年寄とともに松平伊豆守信綱・阿部豊後守忠秋《ぶんごのかみただあき》・堀田加賀守正盛《ほったかがのかみまさもり》が申し渡しをしている。とすると家光に近侍するこの三人がこの年に小姓組番頭としてある役割を果たしていたといえる。

細川忠利の認めた信綱の才覚

寛永十年正月二十九日の豊後国日出《ひじ》木下右衛門大夫延俊《うえもんたゆうのぶとし》宛細川忠利書状に、江戸での御用は稲葉正勝ではなく伊丹康勝《いたみやすかつ》に頼むがよかろう、当出頭のこと、貴殿は松平正綱との間がよいので信綱に頼むのが然るべきである。新しい出頭人で門派少なく取り入りがよくて埒《らち》が明く人故に、将軍家光が取り立てた人で、そのうえ無病で年も若く二代までは御用を叶うであろう。そのうえ心を尽くされなくとも才覚の行い、正綱流に分別なされる。必ず家のために金銀を切らさぬことが肝要に存ずると書いている（東京大学史料編纂所編『大日本近世史料・細川家史料』十七)。その才覚は早くから認められているのである。

六人衆

同年三月二十三日、信綱は阿部忠秋・堀田正盛・三浦正次《まさつぐ》・太田資宗・阿部重次《しげつぐ》とともに政治を議し、いささかの御用向は六人が相談して達すべきことを命じられた。これを「六人衆」と称しのちの若年寄に相当する。同十年四月十九日、信綱と堀田正盛の二人を御数寄屋方《おすきやかた》職人支配とし、同時に稲葉正勝と太田資宗に猿楽舞々《さるがくまいまい》支配、阿部忠秋と三浦正次に御腰物方職人支配を命じる上意があり、酒井忠世屋敷において酒井忠勝から申し渡された。

老中となる

同年五月五日土井利勝・酒井忠勝とともに奉書に判形《はんぎょう》を加え、政事を預り聴《き》くように命じられ老中となったが、小姓組番頭は元のごとくとされた。阿部忠秋・堀田正盛も同時に「松平伊豆守並ニ」年寄に仰せ付けられている(『江戸幕府日記』)。

忍城を賜る

そして同日一万五〇〇〇石から三万石に加増され、武蔵国忍城を賜って城主となり、忍城付の与力《よりき》二〇騎・同心五〇人を預けられた。これについては次章で詳述する。

松平伊豆守並の意味

忠秋と正盛の「伊豆守並」就任については、細川忠利の書状に「御年寄衆にてはこれ無き由」とあり、二人が「御年寄衆」ではないという情報を榊原飛驒守職直《もとなお》から得ていて、幕府内でも「年寄」とは見ていなかった向きもあり、必ずしも年寄衆と同じではなかったようである。同年七月五日付の豊後目付堀利政に宛てた細川忠利書状には、忠秋・正盛が「御年寄衆同然に御加判」が命じられたことが記される。しかし二人の奉書への加判の初見は、翌寛永十一年三月五日の仙石政俊宛の上洛についての奉書である。両人の「松平伊豆守並」の地位は酒井忠世・土井利勝・酒井忠勝ら年寄と格差があっただけでなく、信綱との間にも一線が画されていた。しかし両人はこの後も「六人衆」として活動していることから「六人衆」からの離脱ではない（藤井讓治『江戸幕府老中制形成過程の研究』校倉書房、一九九〇年）。

秀忠死後の幕閣構想

さてこの時期の幕閣の状況について見ると、寛永九年正月十日大御所秀忠は西丸筆頭年寄であった土井利勝を将軍家光付とし、自分の死後の幕閣中枢部の動揺を最小限に止めようとした。さらに秀忠は譜代《ふだい》大名筆頭の井伊直孝《なおたか》と家康外孫の松平忠明《ただあき》を彼の死後幕政に参与することを命じた。

複雑な幕閣体制

秀忠の死によって秀忠に付属した西丸年寄制は解体するが、家光は西丸年寄を本丸年寄に吸収合体させた。井伊直孝・松平忠明の幕政参与と本丸・西丸年寄の合体は幕閣を複雑なものにした。年寄連署奉書《れんしょほうしょ》には加判《かはん》しないものの儀礼の場では最上位を占める直孝と忠明がおり、次に秀忠大御所時代に本丸・西丸年寄連署奉書に加判した酒井忠世・

酒井忠勝と西丸筆頭年寄の土井利勝とが位置し、その下位に旧西丸年寄であった永井尚政・青山幸成と家光付年寄であった内藤忠重・稲葉正勝がいた。この再編された年寄制を翌年の初めにかけて家光は改変していく。

筆頭年寄酒井忠世

寛永九年五月家光は筆頭年寄酒井忠世に西丸留守居を命じ、彼を政権の中枢から排除しようとしたが、忠世はそれを牽制し、奉書の加判を続け種々の申し渡しに当たるなど年寄筆頭の地位に留まり、家光も認めざるを得なかった。しかし七月二十四日家光の増上寺参詣に供奉した忠世が中風《ちゅうぶう》に倒れた。病状はそれほど重くなく回復したが、家光は一年余り忠世を幕政から遠ざけた。

稲葉正勝の重用とその死

これに対し家光は幼年時代から側にあった稲葉正勝を重用し、同九年十一月二十三日相模国小田原八万五〇〇〇石の城主として、知行《ちぎょう》面でも土井利勝・酒井忠勝らの年寄衆に劣らぬものとし、幕政運営の中核に据えようとした。寛永十年になると、二月西丸年寄青山幸成を遠江国掛川《とおとうみのくにかけがわ》二万六〇〇〇石、三月本丸年寄内藤忠重を志摩国鳥羽《しまのくにとば》三万五〇〇〇石、西丸年寄永井尚政を山城国淀《やましろのくによど》一〇万石の城主として年寄の列から外した。こうした動きのなかで稲葉正勝に続く子飼いの家臣の年寄（老中）就任の道を探り、まず手始めに信綱を登用したのであろう（藤井譲治『徳川家光』吉川弘文館、一九九七年）。そして

「老中」の語

信綱らを登用したところから、前代までの「年寄」と区別するために「老中」の語が定着したのである。しかし稲葉正勝は病気がちとなり、十一年正月二十五日三十八歳の若さをもって死去してしまう。

家光の上洛準備

寛永十年五月十六日信綱と大目付井上政重《まさしげ》・柳生宗頼《やぎゅうむねより》は近江国水口《おうみのくにみなくち》御殿地見分を、十八日来年家光上洛準備のため東海道と京都御殿修補と供奉衆旅宿の処置を命じられ、二十日江戸発足、京都を経て大坂・奈良・堺も巡見し六月二十八日帰府した。十一月密旨を受け上総国《かずさのくに》佐貫《さぬき》に行くが、家光弟忠長配流《はいる》の地を予定してのことのようである。

寛永十一年三月三日、「老中職務定則」と「若年寄職務定則」が定められた。

老中職務定則

「老中職務定則」は、禁中方《きんちゅうかた》ならびに公家《くげ》門跡衆《もんぜきしゅう》、国持《くにもち》や惣大名一万石以上の御用・訴訟、奉書判形、御蔵入代官方御用、金銀納方ならびに大分の遣い方、大造の御普請・作事と堂塔建立、知行割、寺社方、異国方、諸国絵図の条々御用・訴訟を承り言上すべしと、酒井雅楽頭《うたのかみ》忠世・土井大炊頭《おおいのかみ》利勝・酒井讃岐守《さぬきのかみ》忠勝へ宛てられている。

若年寄職務定則

「若年寄職務定則」は、旗本の御用・訴訟、諸職人の御目見ならびに御暇、医師方御用、常の御普請・作事、常の下され物、京・大坂・駿河そのほか所々御番衆・諸役人御用、一万石以下と組外れの者御用・訴訟を承り言上すべしと、松平伊豆守信綱・阿部豊後守忠秋・堀田加賀守正盛・三浦志摩守正次・阿部対馬守《つしまのかみ》重次・太田備中守資宗の六人衆へ宛てられている。

行政裁判事務の円滑化

これによると、酒井忠世・土井利勝・酒井忠勝の三人の年寄衆だけでは職務が停滞するので、職務を年寄と六人衆と町奉行に分割したのである。こうして幕府の行政裁判事務は万事迅速かつ円滑に処理されるようになった。

上洛に供奉

同十一年六月の家光の上洛には嫡子輝綱を伴い、江戸より駿府に至るまで、速やかに上旨を承るために歩いて台駕に従った。二十七日駿府城で諸番士の行軍を指揮したので感賞あって盃と刀を賜った。これより信綱と堀田正盛が騎馬で台駕の左右に従い、閏七月二十九日京都で阿部忠秋・堀田正盛とともに従四位下に叙せられた。

将軍諸職直轄制

十二年の後半には再び行政事務の停滞が起こり、家光は苛立《いらだ》って、十月二十九日老中信綱・阿部忠秋・堀田正盛が兼帯していた小姓組番頭兼務を免じている。そして十一月寺社奉行・勘定頭・留守居などの職制を設け、前年の法度《はっと》で老中が管掌することになっていた権限を分離させ、それらを将軍自らが直轄する体制とした。十五日土井利勝・酒井忠勝・信綱・阿部忠秋・堀田正盛の五人が一人ずつ月番を定めて御用・訴訟を勤めるよう命じられ、御用・訴訟の承《うけたまわり》日《び》と評定所《ひょうじょうしょ》の寄合日や将軍の御用日を定例化し、この将軍諸職直轄制は翌年まで円滑に運営される（藤井譲治『江戸幕府老中制形成過程の研究』）。

信綱は十二月三日駿府城火災後の監督のため駿府に赴いた。十三年四月の日光大造替完成による家光社参の時は、江戸に留まり未成就の江戸城普請監督を、十二月朝鮮通信使の日光参詣には惣奉行として随行を命じられた。

家光の養生生活

寛永十四年正月二十一日家光は「虫気」に襲われ、飲酒が原因の鬱病にかかり、七月ごろまで治療を続けた。その後も不眠の状態が続き、日々能・踊り・碁・将棋で過ごし、御三家・老中・六人衆らが家光のために茶や膳を献じ、能や風流を催した。九月十八日には家光が猿楽を観たあと、信綱と阿部忠秋は風流踊りを御覧に備えた（『徳川実紀』第三篇・『寛政重修諸家譜』）。十月に入ると家光の養生は鷹野へ移っていった（藤井譲治『徳川家光』）。

家光の信綱邸渡御

そして同年十月十六日家光が信綱邸に渡御し、信綱の出世とその信任を物語る晴れの日を迎えたのである。饗膳を供し猿楽および踊りを催し興を添えたので盃を下され、吉岡助広の刀、時服三〇領・黄金一〇枚ならびに住吉と名付ける鞍置きの馬を賜い、子息・養父正綱・実父久綱・家臣まで賜物があった。信綱も長光《おさみつ》の太刀、鞍置き馬一疋、綿五〇〇把を献じ、御台所に烏丸《からすま》光宏《みつひろ》筆の古今集《こきんしゅう》、中院通村《なかのいんみちむら》筆の栄花物語《えいがものがたり》、金紗《きんしゃ》三筥《はこ》・伽羅《きやら》綿などを進じた。

十一月二十七日信綱と戸田氏鉄《とだうじかね》がキリシタン一揆《いっき》の討伐の命を受けたが、これについては第四で述べる。

大老制と老中権限の強化

島原の乱を鎮圧し、帰府してのちの寛永十五年十一月七日阿部忠秋・阿部重次とともに大番および寄合等を指揮すべき旨仰せを蒙った。そしてこの日土井利勝と酒井忠勝は年寄職を赦され、朔望（一日・十五日）のみ出仕し、大政のことは登城し老臣と会議することを命じられ、月番からも外された。いわゆる大老制《たいろうせい》の成立である。藤井譲治は、この幕政機構の再編は土井利勝と酒井忠勝が老中の地位を去り、松平信綱・阿部忠秋・阿部重次が老中になった点よりも、寛永十二年の家光による諸職直轄制が否定され、老中の権限・機能が大幅に強化され、家光—老中—諸職というヒエラルヒッシュな組織へと再編されたとする（『江戸幕府老中制形成過程の研究』）。この時、土井利勝は六十六歳、酒井忠勝は五十二歳で、忠勝は老年とはいえないが、二人の間に確執があり、二人とも日常の幕政運営から外したのであろう。二人は大老就任により日常的な奉書加判は免除され、「禁中方」と「大成御用」にのみ関わることとなった。

土井利勝・酒井忠勝をはずす

利勝は寛永十六年正月一日殿中で中風に倒れ、同年七月五日・十七年六月三日の「かれうた渡海禁止」の奉書に加判したのみで、以後病気は完全に回復しないまま、同二十一年七月十日死去した。

なお利勝死後も忠勝は、明暦二年（一六五六）三月十九日の大老辞職まで「禁中方」と「大成御用」の奉書には加判している。すなわち先の「かれうた渡海禁止」の奉書だけでなく、寛永二十年九月の明正天皇譲位、後光明天皇即位の「禁中方」に関する奉書のほか、正保二年（一六四五）越前松平忠昌死去に伴う跡式申し渡し、同四年六月二十四日付蹴鞠訴訟裁許、同年七月二十日付黒船渡航禁止、慶安元年（一六四八）六月二十七日付大坂城番の決定と交替を報じた奉書など「大成御用」に加判している（藤井讓治『江戸幕府老中制形成過程の研究』）。また家綱が将軍を襲うと、承応二年（一六五三）六月二十三日の禁中火事を報じる二十七日の奉書を始め、禁中作事、築地手伝い日傭人足賦課や禁中泉水・蘇鉄移植など「禁中方」についての何通かの奉書、牧野親成を所司代板倉重宗へ差し加えや隠元禅師対顔などの「大成御用」に加判している（大野瑞男「近世前期老中奉書の研究―松平信綱加判奉書を中心に―」『東洋大学文学部紀要史学科篇』二七号、二〇〇二年）。

しかしこの時の二人の大老就任は、後世にいう老中上座に位置して大きい権限を有する大老制としてはまだ成立しておらず、寛文六年（一六六六）三月二十九日の酒井忠清の大老就任によってそれが果たされるのであろう。

三　知恵伊豆の面目

老中時代の逸話

ここでは「知恵伊豆」の実像に迫ってみよう。小姓の時代の逸話はすでに記述したので、主に老中になってからの話である。以下は大河内《おおこうち》家文書「家乗附録《かじょうふろく》」の「聞書《ききがき》」に載せる話である。なおこれは「信綱記」ないし「事語継志録《じごけいしろく》」などにも収載されている。これらの記録には非常に多くの逸話が収録されている。ここではほんの一部を紹介するにとどめる。

家光の灸点

家光が灸点をするとき藁みこが近辺になく遅々に及んだ。信綱は御次の床畳の裏薦《うらこも》を切りほどいてみこを取り求め差し上げた。

鹿狩・鷹狩時の頓智

家光が北野で鹿狩《しかがり》の時、せこの衆の方へ出御の上意があったが、草深い野中で方角がわきまえがたく、信綱に向かいいかが仕るべきやと番頭衆が言うと、折節《おりふし》初冬の日中なれば、日を後ろに負いて出られよとあり、素早く出集まって、さても信綱の頓智《とんち》なりといわれた。また家光が麻布筋へ鷹野の時、折節溜池の中に鳥を追い立てよとの上意に、礫《つぶて》に打つべき石土くれもなくいかが致すべきと御供衆が申すと、信綱の下知《げち》で、近くの

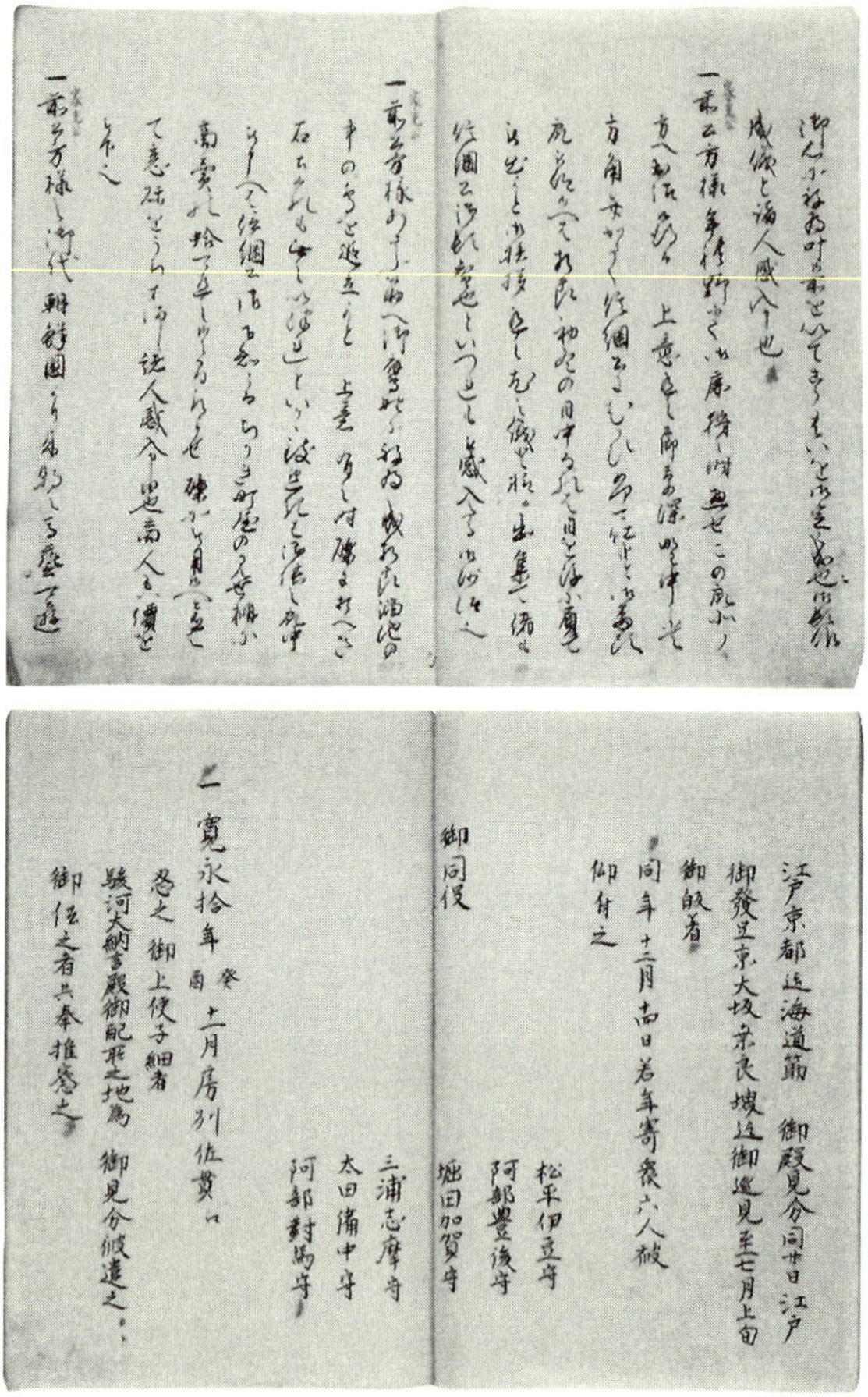

江戸京都迄海道筋　御殿見分同廿日江戸
御發足京大坂奈良堺迄御巡見至七月上旬
御皈着
同年十二月廿日若年寄衆六人被
仰付之
松平伊豆守
阿部豊後守
堀田加賀守
御同役
三浦志摩守
太田備中守
阿部對馬守

一　寛永拾年癸酉十二月房州佐貫口
忍之御上使子細者
駿河大納言殿御配流之地爲御見分被遣之
御供之者共奉推察之

「信綱記」(国立公文書館内閣文庫所蔵)

町屋の店棚に商売の蛤《はまぐり》があり、取り寄せて礫《つぶて》に用いよとあり、ことごとく礫を打ち済ませ、商人には価《あたい》を下した。

糸の長さを積もる

夜詰のころ家光がすごく長い糸を巻いたものを、この長さがいかほどか急いで積もって参れと命じた。小姓衆が細工部屋へ持参して積もり見たがすぐにはわからず、そこに信綱が来て易いこととて、その糸を一〇尋《ひろ》ほど秤にかけ、また全部を貫目にかけて算盤《そろばん》で積もりその長さを申し上げたところ、御機嫌残るところなかった。

練り土の法

家光時代、天守《てんしゅ》類焼につき修復の奉行を信綱に命じたが、信綱宅で作事奉行らと相談の時、天守の白壁が雨風に落ちても見えないように、下塗りより白土にて塗れば破損あっても繕わずに済む。しかるに寒暑風雨にあっても損じない練り土の法はあるかと尋ねた。しかとした法も出ないまま、信綱が言うには、火事がなくても天守の破損は当年に当たると思い、二〇年前より練り土の法を吟味させ、五色をこしらえて寝間の庭に曝しておいたとして張枕ほどの形の練り土五つを奉行衆の前に出し、この練り土の法をもって天守を塗り立てれば風雨にも損ぜず天守の破損もなくなる。また紅葉山御霊屋《もみじやまおたまや》も土を塗ったところが木立ち多く雨の湿り気強く度々の土落ちは見苦しい。これはチャン（瀝青）塗りがよいとて、小さい木をチャン塗りにしたもののうちはげないものを出して見せたので、その志に皆感じ入ったという。

信玄の兵法より家康の武略を重視

ある夜咄に学問の話が出た。そのころ小幡勘兵衛《おばたかんべえ》とて武田流兵法を旗本に教える人あり、これを聴かない者はなかった。信綱は信玄《しんげん》は名将であっても終に天下を取る人ではなかった。家康は古今の名将であるとし、「信玄の兵法を習はんより聞かんより権現様《ごんげん》の御武略の事を聞、四書五経《ししょごきょう》をきかんより御代々の御家の御法度を知たる人に聞給はゞ、差当りて身の徳と成へし」と言ったのである。

紙札発行を拒絶

また金銀を土蔵・文庫に納めて、紙札（紙幣）をもってこれに代える意見を述べた者に対し、信綱は「それは人を殺す基也」と言い、紙札の偽造はたやすいので、犯人誅罰に暇もなくなってしまうと答えたという（「家乗附録」聞書・「信綱記」）。

東福門院の願いを退ける

寛文年中東福門院より御用につき信綱を召し十余箇の願いを仰せになったが、信綱はこの事を皆仰せ付けられ難いと復奏した。わざわざ召し寄せた甲斐もなく信綱が早く下向したのを、酒井忠勝が招いて、「貴方今度門院御所の願いを言上に及ばずと即答したのを、人々発明なりと称している。その願いの筋を承りたい」と言った。信綱が一か条ずつ申し開いた次第を語ったのを忠勝が聞き、「豆州《ずしゅう》よく聞き給え。十余か条は重いお願いなればこそ貴方を召し寄せられたのだ。しかし仰せ付けられ難き故貴方の答え尤《もっと》ものことであるが、女院《にょいん》の宣旨《せんじ》なれば理非《りひ》ともに関東へ伺い申さるべきことである。人にもよるが、当家代々尊崇ある女院の御所望であるから、そのうちの一、二か条の苦しからざることをそのとおりにしてこそ然るべきである。一旦に申し上げるは上を蔑《ないがし》ろにするに似てる。京都でも将軍家に対しその恐れは少なくない。たとえ当座に理非明らかなればとて、どうして軽々しく復奏申されたのか」と難じたので、さすがの信綱も言葉なく赤面したが、その翌年病死した。女院御所を軽んじた罰と世には申したが、実は忠勝の言葉を深く恥と思い病根となったからである（「明良洪範」）。信綱が最後に上洛したのは、万治《まんじ》三年雷火により被災した大坂城修補のために大坂に赴いた帰途立ち寄った八月であり、この話は一年違っている。十五日東福門院に召され御簾《みす》を隔てて拝謁し、官女をもって五か条の下問があり、信綱が謹答して御感を蒙るとあるが（『寛政重修諸家譜』）、この時のことであろうか。

第三　武蔵忍藩主

一　忍藩主となる

城持ちの大名

寛永《かんえい》十年（一六三三）五月五日信綱は武蔵国忍《むさしのくにおし》三万石の城主となり、初めて城持ちの大名となった。同時に忍城付の与力《よりき》二〇騎・同心《どうしん》五〇人を預けられた。

なお新井白石《あらいはくせき》『藩翰譜《はんかんふ》』には、この時二万六〇〇〇石になり、同十一年十月二十一日三万石になった由を記している。しかしこの根拠は明らかでない。

忍城

忍城は戦国時代十五世紀の中ごろ、成田顕泰《あきやす》によって築城されたとされる。荒川水系の河川が流れ込み地下水が湧出する湿地に築かれた城で、顕泰・親泰《ちかやす》・長泰《ながやす》・氏長《うじなが》と四代にわたって成田氏の居城となった。天正《てんしょう》十八年（一五九〇）豊臣秀吉《とよとみひでよし》の小田原北条氏攻めの一隊石田三成《みつなり》の率いる二万の軍勢の攻撃を受けたが、小田原落城まで持ちこたえ、七月十四日に降伏し、豊臣方に引き渡された。

家康の関東入国

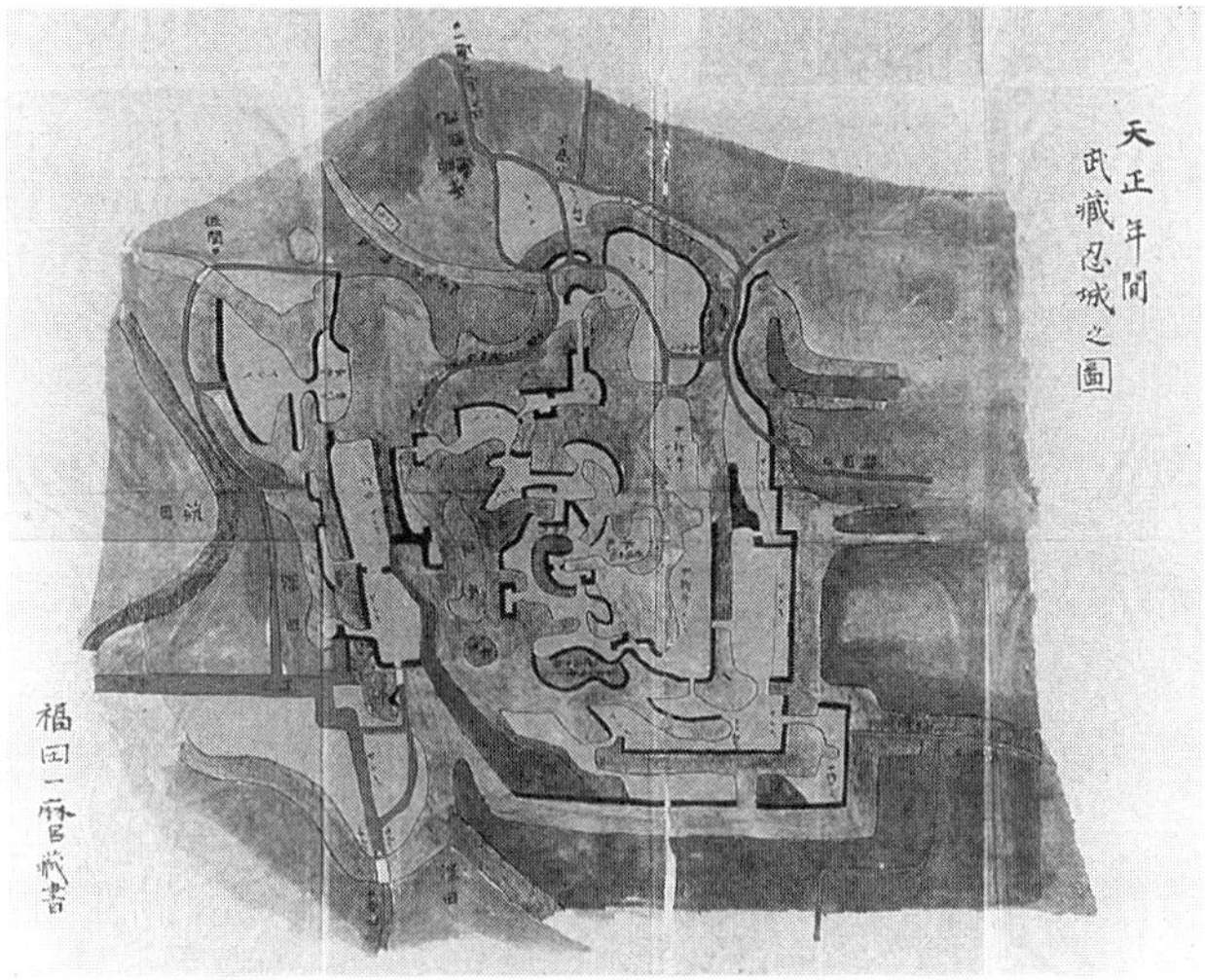

天正年間武蔵忍城之図（個人蔵・行田市郷土博物館保管）

松平家忠が忍に入城してから阿部家が城の整備に着手する間までの様子を描いたもの．家康の来訪を示す権現様の語があり，家康の死後描かれた．

七月十七日後北条氏を降して小田原に入城した秀吉は、徳川家康《いえやす》に三河《みかわ》・遠江《とおとうみ》・駿河《するが》・甲斐《かい》・信《しな》濃《の》の五か国を離れて、後北条氏の旧領である関東の伊豆《いず》・相模《さがみ》・武蔵・上総《かずさ》と上野《こうずけ》・下総《しもうさ》の大部分、下野《しもつけ》の一部分に国《くに》替《が》えを命じた。家康はその命を奉じ、八月一日を期して関東に入国し、江戸を本拠とした。その石高は二四〇万二〇〇〇石と在京賄料として与えられた近江《おうみ》・伊勢《いせ》・駿河の一一万石余であった。

松平忠吉と家忠

忍の地には家康の四男福松丸《ふくまつまる》（松平忠吉《ただよし》）が一〇万石（一説に一二万

石）をもって封ぜられた。また家康が忠吉に付けた家老が小笠原和泉守吉次《おがさわらいずみのかみよしつぐ》で、吉次の妻は忠吉の乳母《うば》である。彼は文禄《ぶんろく》三年（一五九四）会《あい》の川を閉め切り利根川を東に遷《うつ》し、忍領内の寺領安堵を行った。天正十八年八月二十六日深溝《ふこうず》松平の松平家忠《いえただ》は忠吉が幼少のためその警備を命じられ、二十九日忍城に入城した。そして忍領は幕府代官が支配したのである。九月七日埼玉郡上川上村など九か村一万石の知行書出《ちぎょうかきだし》を与えられたが村高は記載されておらず、検地《けんち》のうえ過不足があれば知行を増減するとの但し書きがあった（『新編埼玉県史』資料編17および「家忠日記」）。この所領は忍城の西方に離れていた。翌十九年正月二十六日より伊奈忠次《いなただつぐ》が検地を行い、三月十七日家忠は代官所として一二か村一万石を預けられたが、このなかには前年与えられた知行地五か村が含まれていたので、家忠は知行の替地《かえち》を度々催促し、六月六日新知行一万石の割り渡しを受けたが、忍城の東北の利根川・会の川沿いに位置していた。家忠は橋の修復、鷹部屋・馬小屋・熊谷堤《くまがやづつみ》の普請《ふしん》を行った（根岸茂夫「武蔵における譜代藩の形成」村上直編『論集関東近世史の研究』名著出版、一九八四年）。

一方忠吉の家臣たちは忍に屋敷を構えて、城内は家忠らと忠吉家臣が混在居住していた。天正十九年六月ごろから忍領の支配にかかわり、九月八日には忠吉の家臣寺西藤五郎が忍領奉行として派遣されている。家忠は二十年正月下総小見川《おみがわ》で五〇〇〇石が渡されたが、残り五〇〇〇石の処置を残して文禄元年二月下総国上代《かじろ》に移り、その跡は松平忠吉が支配した。家忠は関ヶ原の戦いの前伏見城《ふしみじょう》を守って戦死している。忠吉は関ヶ原の戦いで秀忠《ひでただ》遅参のなか井伊直政《なおまさ》と先陣を争い負傷した。その後慶長《けいちょう》五年（一六〇〇）十月尾張清須《おわりきよす》に移った。

無主の城

その後、忍城は無主となったが廃城とはならず、武蔵国深谷《ふかや》城主酒井忠勝《ただかつ》が忍領二万石を併せ領した寛永三年三月から四年十一月の一年九か月を除いて、三〇年以上も番城として存続し、城代や城番が派遣された。忠吉の知行していた忍領村々は代官が支配するところとなった。これらに携わったのは代官頭伊奈忠次と彼の代官といわれる袴田《はかまだ》七右衛門および地方奉行《じかたぶぎょう》大河内《おおこうち》金兵衛秀綱《ひでつな》らである。

大河内氏の実績

秀綱は関東入国後は武蔵国高麗《こま》郡内《ぐんない》に采地《さいち》七一〇石を与えられ、租税賦課・徴収の実務を担当した。慶長六年下野国鹿《か》沼《ぬま》に代官所が設けられ、大河内金兵衛が赴任、同十三年今宮の再建棟札《むなふだ》に「当所代官所大河内金兵衛秀綱」とある（『鹿沼市史』前編）。子の金兵衛久綱も忠次に従って忍周辺の地方支配を担当し、慶長十五年十月御家人に加えられ家康に仕えた（『徳川実紀《とくがわじっき》』『寛政重修《かんせいちょうしゅう》諸家譜《しょかふ》』）。こうして忍城近くには久綱の慶長検地の実績が残った。『新編武蔵風土記稿』

には忍近郊で慶長十三年以降一一か村に久綱の検地実施の形跡があり、一方伊奈忠次の検地も一二か村確認でき、袴田ら忠次配下の代官による検地も見られる（本間清利『関東郡代』埼玉新聞社、一九七七年）。慶長十七年七月二十六日忍代官深津八九郎と大河内孫十郎（久綱）は駿府に至り、その年の関東の田畠の状況について下問に答えている（『駿府政事《すんぷせいじ》録《ろく》』）。

城代高木広正の入城

慶長六年菅沼小《すがぬまこ》大膳定利《たいぜんさだとし》が忍城を賜り、翌七年まだ移らない前に卒した。定利は関東入部後は二万石の封地を賜い、上野国吉井城に住していたのである。そこで忍城は高木筑後守《ちくごのかみ》（最初九助）広正《ひろまさ》を城代とした。広正の家は三河国高木を領し、広正は永禄《えいろく》三年（一五六〇）家康に仕え、天正九年歩卒二〇人を預けられ、関東に移ると歩卒三〇人を増し預けられている（『寛政重修諸家譜』）。同十八年五〇〇石を加増され、歩卒五〇人を支配、さらに同二十年武蔵・下総で加増を受け、二〇〇〇石を知行していた。そして家康から忍城を守衛すべき旨本多正信《まさのぶ》をもって命じられたが、老年と眼疾により宥免を願い、辞することあたわず忍城辺三〇〇〇石および菅沼小大膳定利の家人《けにん》二〇騎・同心《どうしん》三〇人を預けられ、養老の采地として埼玉郡のうちで一六〇〇石を賜った。この時天野彦右衛門忠《ただ》重《しげ》と小栗庄右衛門正勝《まさかつ》も同心一〇人ずつを預けられているが、二人はのちに忍領の代官を務めている。広正は同十一年七月二十六日忍で死去した。

城代と同心

高木広正の子甚左衛門正縄《まさつな》も最初九助といい、慶長四年父広正の病死後二〇〇〇石の地を賜い家督《かとく》を継ぎ、歩卒五〇人を預けられて忍城代を仰せ付けられた。正縄の子甚左衛門正則《まさのり》（最初九助）も正縄死後、寛永十年五月九日松平信綱に忍城を下されても、城を受け取るまでは暫く城番を命じられた。その後与力二〇騎・同心二〇人は城に残し置き勤番させ、残る五〇人は江戸へ召し連れ、割組になったとある。これは寛永十六年信綱の跡阿部豊後守忠秋《ぶんごのかみただあき》が忍城を賜った時に、与力・同心を富士見宝蔵番の与力・同心としたことを指すのであろう。江戸に呼ばれた同心は四ッ谷塩町通に屋敷を下され、表通は町家に仰せ付けられたがそのところを忍町という。城に残した同心二〇人は古来より地方知行であったと記す。

忍城付の与力

忍城付の与力二〇騎は、一〇〇〇石石野新蔵、五〇〇石花井治左衛門、以下二〇〇石一人、一六〇石一人、一二〇石一人、八〇石一人、七〇石一人、五〇石九人、四〇石三人、三〇〇石明知行で、合計は三〇〇〇石である（高木酒《みき》之《の》丞《じょう》正栄《まさひで》記《き》「忍城代之事」豊橋市美術博物館受託大河内家文書、同文書を以下豊橋大河内家文書と略記）。

番城時代忍領は幕領として代官支配を受けた。当初伊奈忠次と大河内久綱らが支配し、慶長十二年から十四年にかけて検地を実施、忍領内の村高を確定し年貢割付状《ねんぐわりつけじょう》を発給《はっきゅう》した。こうして幕府支配が貫徹し近世的な体制が確立したのである。

二　信綱の領地と年貢

寛永十二年の普請高辻帳

寛永十年（一六三三）信綱に付けられた三万石の領地の詳細は明らかではないが、寛永十二年二月の「忍領在々御普請役高辻帳《たかつじちょう》」の写がある（埼玉県行田《ぎょうだ》市酒巻中村和彦家文書・行田市郷土博物館所蔵）。これは今度利根川・荒川の堤・井堀・川除《かわよけ》以下の普請を以前のように申し付けるので、この帳面の村々から人足を出し普請《ふしん》するよう申し付けたものである。宛名は大河内金兵衛久綱で、差出は土井利勝《としかつ》・酒井忠勝・松平信綱・阿部忠秋の四人の老中《ろうじゅう》と勘定頭《かんじょうがしら》伊奈忠治《いなただはる》である。その惣高は一〇万八〇五八石八斗六升七合で、うち忍領之内が二七か村・高二万石、忍領之内御領所（御料所＝幕府直轄領）が二四か村・高二万七四八〇石三升一合、松平伊豆守《いずのかみ》知行が一四か村・高一万九九八七石九斗二升、寄合《よりあい》給人衆《きゅうにんしゅう》之知行が四七か村・高三万九〇二九石七斗五升六合、高木九助知行が三か村・高一五六一石一斗六升、村数の総計は一一五か村（重複を含む）となる。

信綱の忍領

松平伊豆守知行は表に示したが、三万石のうちこの帳面に載せる高は一万九九八七石九斗二升で六六・六％と三分の二を占めている。この帳面以外の知行村高一万一二石八斗はどこにあるのであろうか。

酒巻村宛て年貢割付状

実はこれより前の寛永三年十二月十二日・同四年十一月十一日・同五年十一月十五日および同九年十一月十五日の武蔵国埼玉郡酒巻村に宛てた年貢割付状がある（前述の酒巻

寛永12年の松平信綱忍領表

	村数	石　　高
惣高	115	108,058.867
忍領之内	27	20,000
忍領之内御領所	24	27,480.031
松平伊豆守知行	14	19,987.92
内訳　熊谷		2,024.542
下忍		1,359.695
小針		469.627
谷之郷ノ内		1,212.982
石原		1,261.333
中里		812.848
持田		3,709.2
皿尾		558.032
池守		1,634.955
下河上		1,277.101
大塚		582.534
下奈良		1,266.24
池上		1,773.304
須賀		2,045.527
寄合給人衆之知行	47	39,029.756
高木九助知行	3	1,561.16

注）村数の総計は重複を含む．御領所は幕府直轄領．

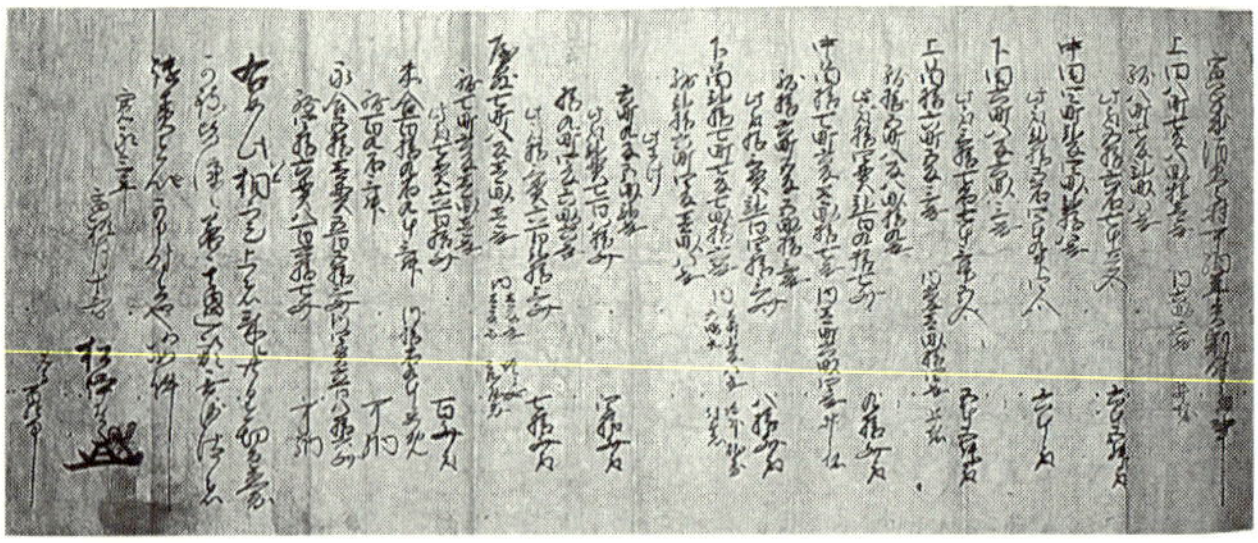

寛永三寅年酒巻村可納年貢割付之事（行田市郷土博物館所蔵）

寛永10年５月信綱忍城主就任以前同３年に信綱領となった酒巻村名主中村家に伝来．日付の下に「松伊豆」の署名と花押・印がある．なお，継目印は大河内久綱黒印．

中村和彦家文書）。これらの差出人の署名は、寛永三年が「松伊豆（花押《かおう》・重郭長小黒印）」、同四年と九年が「松伊豆（花押・重郭円形黒印）」、寛永五年が「伊豆守（花押・重郭円形黒印）」となっている。花押は後代まで奉書《ほうしょ》などに用いたものと同じで、寛永三年のものの印文は判読できないが、他のものの印文は「信綱」（印章Ⅱ）と読める。

忍城拝領前からの所領

寛永二年十一月三日の年貢割付状の差出人は小栗庄右衛門・天野彦右衛門・豊嶋《としま》十左衛門・服部惣左衛門・大河内孫十郎の五人であるから、寛永二年と三年の間に支配が変わったことがわかる。とすれば、酒巻村は信綱が忍城を拝領する前から信綱領であった訳である。

領地の加増

信綱は元和《げんな》六年（一六二〇）正月二十日にそれまでの扶持《ふち》を改め、五〇〇石の領知を宛行《あてが》われ、同九年六月十五日に三〇〇石を加増され、八〇〇石となったが、領地の所在は『寛政重修諸家譜』の記事の限りでは明らかでない。そして寛永元年五月十六日一二〇〇石を加えられて二〇〇〇石となったが、この時の領地も不明である。

同四年正月五日相模国高座《こうざ》・愛甲《あいこう》二郡のうちにおいて八〇〇〇石の加恩があって一万石を領して大名となったとする。しかしこの事実については前節で述べたようにそのまま信用してよいか問題がある。次いで同七年五月十七日上野国白井《しらい》・阿保《あぼ》両村のうちで五〇〇〇石の加増があって一万五〇〇〇石となったが、その記述に従えば、一万五〇〇〇石のうち少なくとも一万三〇〇〇石は相模・上野両国にあって武蔵国の石高は多くても二〇〇〇石にしかならない。

寛永二年十一月から三年の間に信綱領になった酒巻村の石高は、寛永十二年二月現在六六八石七斗一升七合である。

下池守・中池守村の年貢割付状

寛永十年信綱の所領になってから同十五年までの忍領の年貢割付状はいくつかの村に残されている。まず武蔵国埼玉郡下池守村《いけもりむら》および中池守村に、寛永十年から十五年ないし寛永十一年から十五年までの年貢割付状がそれぞれある（行田市下池守棚沢よ志子家文書・行田市郷土博物館所蔵）。

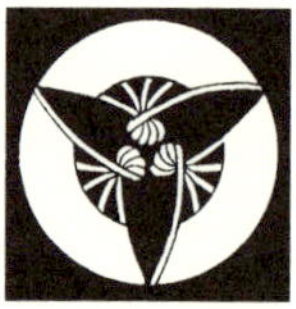
三本開扇

浮線綾

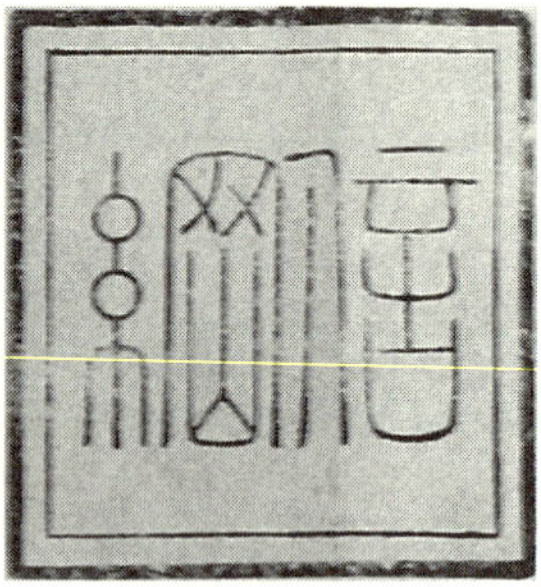
印章Ⅰ

印章Ⅱ

印章Ⅲ

松平信綱の印章と家紋

両村とも発給月日と差出人の署名などは同じである。差出人の署名などは寛永十年と十一年は「伊豆（花押・印）」である。「伊豆」は言うまでもなく松平伊豆守信綱であり、花押は奉書に用いた花押で、印は重郭円印で印文は「信綱」（印章Ⅱ）である。そして継目印《つぎめいん》・訂正印は「信綱」（印章Ⅱ）と「久綱」の二つが捺され、久綱は信綱の実父で代官の大河内金兵衛久綱である。寛永十二年・十三年は差出人「伊豆・印」で花押はない。印は単郭円印（印章Ⅲ）で印文は判読できない。継目印・訂正印は「久綱」印のみである。寛永十四年分の発給日は十一月十五日で、差出人名は「伊豆代大金兵衛」とあり、継目印・訂正印も「久綱」印のみである。大金兵衛は大河内金兵衛久綱であるが、信綱の名がないのは、島原の乱の勃発による。

同年十一月九日松倉長門守《まつくらながとのかみ》領分肥前国《ひぜんのくに》島原のキリシタン宗徒が蜂起したことが豊後国目付《めつけ》より注進《ちゅうしん》があって、板倉内膳正《ないぜんのかみ》重昌・石谷《いしがい》十蔵貞清が上使として派遣されることになり、二十七日になると信綱も戸田左門氏鉄《とださもんうじかね》とともに仕置のために派遣されるのである。したがって年貢割付の代理を父久綱が務めたのである。寛永十五年は差出人「伊豆・印」で花押はない。印は単郭円印（印章Ⅲ）で継目印・訂正印は「久綱」印と印章Ⅲが使用されている。

持田村・大塚村の年貢割付状

そして武蔵国埼玉郡持田村新右衛門分の寛永十年から十五年までの年貢割付状も全く同様で（行田市福田家文書）、埼玉郡大塚村の同じく寛永十年から十五年までの毎年の年貢割付状も同様である（埼玉県立文書館所蔵松岡家文書）。

『武蔵田園簿』

『武蔵田園簿《でんえんぼ》』はいわゆる正保郷帳《しょうほうごうちょう》作成時に作成を命じられたが、記載内容から慶《けい》安《あん》二年（一六四九）から三年時のものとされる（林巌「『武蔵田園簿』における抓《つか》み高について」『歴史手帖』六）。この抓み高は村高が石で終わり石以下がなく、内訳も石単位しか記されていない。信綱知行の「武蔵野高」二〇〇石はこの抓み高で知行に加えられた未開発地である。その後野火止用水の開削による新田開発により、検地を経て正確な村高が付けられる。『武蔵田園簿』記載の入間郡《いるまぐん》村数は一八五村、その内抓み高の村は五五村（二九・七％）、信綱領の抓み高村は一七村、高麗郡村数は八四村、その内抓み高の村は六村（七・一％）、信綱領の抓み高村も六村、比企郡村数は一三〇村、その内抓み高の村は一六村（一二・三％）、信綱領の抓み高村は六村、埼玉郡村数は三六三村、その内抓み高の村は二九村（八％）、信綱領の抓み高村は一村のみである。こうしてみると、信綱領埼玉郡は抓み高がほとんどなく、正保四年（一六四七）の検地縄入《なわい》れの結果が表われていると思える。しかし入間郡久下戸《くげと》村の寛永十一年の村高は一〇三四石九斗四升五合であり、『武蔵田園簿』記載高と一致するのに対し、慶安元年検地による村高は一五〇三石一斗二升で大幅に増加している（大野瑞男「近世前期譜代藩領農村の特質―川越領を中心に―」寶月圭吾先生還暦記念会編『日本社会経済史研究』近世編、吉川弘文館、一九六七年）。『武蔵田園簿』記載の村高は入間・高麗・比企《ひき》三郡すなわち川越城付領は抓み高の村が多く、慶安元年の検地結果に基づくものではないといえよう。

高い年貢高の背景

さて関東において寛永期に老中クラスの大名が入封した城付領の多くは、番城の時期幕府代官によって統一的な農政が行われたのち、その確立後大名の統治に委ねられた。忍領六か村の年貢高の変動を見ると、信綱が忍に入封《にゅうふう》したころからその高さが指摘されており、寛永十六年阿部忠秋入封後に最高の収取率を示している（大舘右喜『幕藩制社会の形成過程の研究』校倉書房、一九八七年）。

高年貢率の背景には、幕府が諸大名に課した軍役・普請役の過重性もあったが、江戸近辺の譜代大名が江戸城の外郭に当たる居城を守衛し、幕閣として勤役し定府する経費などや軍役負担により、政治的・軍事的に幕府を支える必要性があったからであろう（大野瑞男「関東における譜代藩政の成立過程」『関東近世史研究』一五、一九八三年、根岸茂夫「関東譜代藩領の形成」『歴史手帖』八―一、一九八〇年）。

三　家光の狩猟

家光の狩猟・川狩

ここでは次節で詳述する国立歴史民俗学博物館所蔵「江戸図屛風」に描かれる家光《いえみつ》の鷹狩や猪狩などの狩猟や川狩について取り上げよう。

洲渡谷御猪狩御仮屋

「洲渡谷《すとのや》御猪狩御仮屋」の画面は、狩猟の獲物を料理して食する野外の饗宴を描く。狩場の近くに仮屋を設け、正面を竹矢来《たけやらい》と簡単な生垣で区切る。その入口の正面に建てた一棟が仮屋で、そのなかに家光がおり、縁には侍座の者が控え、庭上に筵《むしろ》を敷いて猪の肢《あし》が並べられている。猪の肢は参加者への下賜品らしく、侍から手渡された肢を手に持って退出する者がいる。仮屋には白地に剣酢漿《けんかたばみ》の紋を染め出した幔幕《まんまく》が張られ、幕の内外の警備は厳しい。仮屋の隣の幔幕内では賄い方の料理人たちが三個の大鍋を火にかけ調理に忙しい。酒器や膳椀が高く積まれ、豪快な野宴の準備が整えられていく。

川越御川狩御仮屋

「川越御川狩御仮屋」の画面は、川狩と川狩後の宴席準備の光景である。川狩は川や沼で大がかりに網を張ったり、かいぼりをしたりして魚を捕らえるのである。家光が川越付近で川狩をしたという文献は見当たらない。川越に近い伊佐沼《いさぬま》か荒川であろうか、水中に網を張り勢子《せこ》たちが外から網の中に魚を追い込んでいる。陸上では仮屋を設けて家光がそのなかで獲物を上覧のうえ、調理方が料理をしている。

川越鞭打ち

「川越御鞭打《むちうち》」の鞭打ちとは、当時流行していた武術競技の一種で、捶打ちとも書いた。鞭とは刀剣ほどの長さに切った割竹を皮袋の中に入れた一種の袋竹刀《しない》で、これで竹刀打ちの技を競う。徒歩でも行ったが、騎乗して馬上撃剣の錬磨ともした。武術に熱心であった家光は、江戸城内や近臣の屋敷に御成《おな》りの時、また鷹狩などで郊外に遊んだ機会に、馬術や鉄砲などの習練とともにこの鞭打ちをしばしば行っている。『梅津政景日記《うめづまさかげにっき》』には元和八年（一六二二）四月に四日から十一日まで家光がこれを行っている記事がある。この屏風での家光は曲彔《きょくろく》に座し緋傘の下で見物している（『川越市史』第三巻近世編）。

養生の意味が強い鷹狩

家康が江戸周辺から駿府《すんぷ》に至るまで、各所で鷹狩を行ったことは有名であるが、秀忠《ひでただ》も家光も鷹狩や猪狩を行い、家光は家康に劣らず鷹狩を好んだ。家光が川越・鴻巣《こうのす》方面に泊まりがけで鷹狩・猪狩に出かけたのは八回でそう多くない。そして家康や秀忠は主に十月から十二月の冬季に行っているのに対し、家光は主に二月から三月初めと春に行っているのが異なる。家康・秀忠が娯楽や健康保持のためとともに、政治支配とも密接にかかわっていたが、家光は虚弱な体質であったから健康保持を目的とした養生のための意味が強かった。

鷹狩の変化

そして寛永九年（一六三二）秀忠死後は家光の鷹狩に変化が見られる。それまでの宿泊を伴う鷹狩が見られなくなり、江戸周辺五里以内の地に限られ、日帰りのものとなった。すなわち寛永五年十月二十八日江戸城近郊五四村に鷹場《たかば》に関する法令を触れ出した。ここに定められたのは、鷹遣いの者の改めに監視と注進、鷹場内での鷹の継ぎ立て義務と不審者の留め置きの禁止で、鷹遣いについての義務を初めて明文化した。これは幕府の鷹場の成立を示すものではないことは幕初以来家康・秀忠・家光が関東各地で鷹狩を行っていることからも明らかである（根岸茂夫『将軍の鷹狩り』同成社、一九九九年、蛭田晶子「寛永五年『鷹場令』考」『日本歴史』七三九号、二〇〇九年）。

『徳川実紀』の家光の遊猟記録

『徳川実紀』などが記す家光の鷹狩・猪狩などの記録を見ると、元和四年十二月家光が初めて川越城に行った時で、城主酒井忠利《ただとし》が迎えている。同六年九月十六日東金《とうがね》へ狩し、七年は三月一日から、八年は八月二十一日から二十八日まで、九年二月にも川越辺に放鷹しているが、八年については鷹狩の記事はない。寛永二年二月十八日川越辺に鷹狩、水尾谷《みおのや》養竹院の垂糸《しだれ》桜の花の下に稲葉丹後守正勝《いなばたんごのかみまさかつ》を亭主として茶亭を設け、柳生《やぎゅう》新左衛門宗矩《むねのり》が和歌を詠み、儒臣林道春信勝《じゅしんはやしどうしゅんのぶかつ》が詩を作って奉じ、忠利の川越城に宿泊し、二十四日江戸城に帰っている。寛永三年二月六日から川越辺の遊猟あり、川越で鹿狩をし、酒井忠利の川越城に宿って高櫓で眺望し、鴻巣辺で鴈《がん》・鴨・兎を狩り、鴈鴨を大御所に進じ、二十四日江戸城に帰っている。寛永四年二月三日は鴻巣へ放鷹している。

寛永七年唐犬を献上

寛永四年十一月十四日酒井忠利が没して川越城主は子の忠勝となり、彼が寛永十二年閏七月六日若狭国小浜《わかさのくにおばま》へ転じるまで忠勝が城主の時代である。この時代も家光は川越には都合三回鷹狩に赴いている。まず同五年二月二十一日川越に放鷹し、二十四日鹿狩、養竹院の桜花を賞し、三月二日帰城している。七年は正月十一日の葛西に次いで、二月二十四日鴻巣辺に鷹狩に行く。出城前に水戸中納言頼房《みとちゅうなごんよりふさ》より松平伊豆守信綱について唐犬《とうけん》二頭を献じられた。二十五日には川越三保野谷《みおのや》養竹院で庭前の垂糸桜を賞し歌を詠じた。その歌は「白糸を　かけ乱したる　みをのやの　桜をけふの　主とぞみる」というので儒者林道春が詩を賦して献じた。これについて六歳の榎本《えのもと》弥左衛門が「上様、川越へ鹿狩に御成也。たうけん（唐犬）数多参り候。此の御犬共を朝晩高沢川端へ引き出し、川入れなど成され候」と記し、さらに唐犬が町を通ると、父が家へ帰るところを見つけ、「父様を犬が喰う、危ないから早く内へ入りなさい」と泣き声をあげて二階の物干しから呼んだと書いている（『榎本弥左衛門覚書』）。弥左衛門が見た唐犬は、水戸頼房が松平信綱を通じて家光に献じた二頭である。家光は鴻巣から川越まで鷹狩をしながら、三月二日に帰城している。

寛永八年の狩

翌寛永八年の狩は、正月九日雪見がてら王子村辺に鷹狩をしている。二月十八日に家光が川越へ放鷹するに当たって、十六日に大御所《おおごしょ》秀忠が黄鷹《きだか》・蒼鷹《あおだか》を進じ、十七日家光は西丸に渡って秀忠に辞見した。十八日川越への道中雁三を西丸に進じた。十九日酒井下総守忠正《ただまさ》が川越の狩場に遣わされ、謝使として三浦志摩守正次《しまのかみまさつぐ》が、二十一日狩場より堀田加賀守《かがのかみ》正盛が使いとして大御所に雁を進じている。二十二日は川越から鴻巣に渡り、西丸より本多美作守忠相《みまさかのかみただすけ》をして問わせている。二十四日稲葉丹後守正勝を使いとして謝している。二十九日には狩場より来た内藤伊賀守忠重《いがのかみただしげ》が秀忠に拝謁、答詞を承って再び川越に赴き、狩場より佐野左《さ》京亮《きょうのすけ》正直《まさなお》をもって雁三が進ぜられ、大御所より黄鷹・蒼鷹が進じられた。家光はその謝使として池田帯刀長賢《たてわきながかた》を派遣している。三十日には西丸より狩場へ青山大蔵少輔《おおくらしょうゆう》幸成《ゆきなり》を使いとして菓子・魚物を進上した。この間美尾谷養竹院を賞している。三月一日先の御使いの謝礼として酒井山城守重澄《やましろのかみしげずみ》を遣わし、今日帰城の予定であったが、北風が烈しくそのうえ風邪の心地なので滞留する由阿部豊後守忠秋をもって大御所に伝えた。よって大御所より森川出羽守重俊《でわのかみしげとし》をもって気色《けしき》の伺いがなされた。二日川越にて不予《ふよ》により酒井雅楽頭《うたのかみ》忠世が迎え、森川重俊が帰り平快の由を伝え、川越よりも稲葉正勝が爽快となった旨を告げてきた。明日帰府の仰せ出があり、三日夕狩場より西丸に入り大御所に対面した。そして家光の泊まりがけの狩猟はこれが最後となった。

憩息所の巡察

寛永十四年十月一日家光は鷹場内の憩息所（御殿・御茶屋）の実態を把握すべく、鷹関係の諸事を統括していた信綱にその巡察を命じた（『徳川実紀』第三篇）。家康時代に築かれた御殿・御茶屋はほとんどが老朽化しており、同十六年六月二十日に修理奉行を任命したが、これらの施設はあまり利用されず、次の家綱《いえつな》さらに綱吉《つなよし》の時代に取り壊されるものが多かった。これら御殿・御茶屋は将軍の上洛・鷹狩・日光社参の際に宿泊・休憩する施設として設置された。このうち鷹狩のために設けられた御殿は、武蔵の鴻巣・蕨《わらび》、下総の船橋・中田・千葉、上総の東金、相模の中原などである（永井哲夫「『寛永十年巡検使国絵図日本六十余州図』の御殿・御茶屋」『日本歴史』七三七号、二〇〇九年）。

鷹を放つ

家光死去後の慶安四年（一六五一）四月二十九日幕府は今年の巣鷹の献上の停止を命じ、鷹を求めて各地に派遣されていた鷹匠や鳥見を江戸に召喚した。また五月十四日には鷹の諸事を統括していた信綱が、将軍が鷹を使うまでは必要な鷹以外は放つべきことを鷹匠に命じた。この結果二十日には鷹五〇居《すえ》が放たれたのである（『徳川実紀』第四篇）。

四 「江戸図屏風」と信綱

江戸図屏風

国立歴史民俗博物館所蔵の「江戸図屏風」は、家光の数々の事績を描いた六曲一双《ろっきょくいっそう》の豪華な絵画で、明暦《めいれき》三年（一六五七）の大火で灰燼に帰す以前の寛永期の江戸の繁栄を伝えている。縦は一六二・五センチ、横は各隻三六六センチで、合計の横幅は七三二センチになる。この屏風は戦後林一夫氏がある人から譲り受け、その後国が購入し、国立歴史民俗博物館が創設されるに及んで移管されたものである。

家光が描かれる

この図で家光は、各所に緋傘《ひがさ》に顔を隠しあるいは建物の中や乗物の中にいる人物として一三ほどの場面に描かれている。狩猟関係が六、馬上・駕籠による行列三、鞭打ち二、参詣二の場面である。描写している年代は、秀忠廟（「台徳院殿御廟所《たいとくいんでんごびょうしょ》」「台徳院殿御仏殿」）や徳川忠長《ただなが》屋敷（「駿河大納言殿」）、天海《てんかい》屋敷（「大僧正」）があり、寛永十三年（一六三六）十二月に来日した朝鮮通信使が描かれ、「向井将監《しょうげん》武者舟懸御目候所」の幕府軍船の中に寛永十一年に完成した安宅丸《あたけまる》が描かれていないなど、ほぼ特定の年代が想定される。

江戸名所図屏風との比較

これと同年代寛永初期の江戸市街を描いた、出光美術館所蔵の八曲一双の「江戸名所図屏風」がある（内藤正人『江戸名所図屏風』小学館、二〇〇三年）。こちらは左右両隻の下方に多数の遊び場が描かれている。左隻手前には若衆歌舞伎《わかしゅうかぶき》、人形浄瑠璃《じょうるり》、軽業《かるわざ》などの芝居小屋や湯女《ゆな》風呂、右隻手前には吉原（元吉原）の遊郭が見える。総じて「江戸名所図屏風」は町人の生業や遊びの場所として江戸を捉え、遊郭・芝居小屋に加え、祭礼・喧嘩・男色《なんしょく》・遊山など賑やかで猥雑《わいざつ》な風景を描いている。これに対して「江戸図屏風」はこうした描写は少なく、将軍家光の事績顕彰という目的から、江戸がもつ公儀的要素が強いのである（水本邦彦『徳川の国家デザイン』小学館日本の歴史十、二〇〇八年）。

この図は小学校六年生の社会科教科書にも登場するものがあるほど有名で、「日本橋のにぎわい」の挿図があるという。なお国立歴史民俗博物館のホームページのなかにある「江戸図屏風」のキッズサイトにも、「江戸図屏風にかくされた秘密？」があり、後述する黒田日出男説によって説明がされている。

洛中洛外図屏風

「洛中洛外図屏風《らくちゅうらくがいずびょうぶ》」が多く描かれているのに対し、この図はほかにこれに類する絵図がなく、したがって非常に多くの情報を我々に伝えてくれる（鈴木進ほか『江戸図屏風』平凡社、一九七一年、諏訪春雄・内藤昌編著・宮睦夫編『江戸図屏風』毎日新聞社、一九七二年、小沢弘・丸山伸彦編『図説江戸図屏風をよむ』河出書房新社、一九九三年、水藤真・加藤貴編『江戸図屏風を読む』東京堂出版、二〇〇〇年）。

左隻の景観

この図は金雲を随所にたなびかせていて「洛中洛外図屏風」を彷彿とさせる。そして中央に、すなわち右隻《うせき》の六扇から左隻《させき》の一・二・三扇の上部から中央部にかけて大きく江戸城が描かれ、周囲を取り巻くように大名屋敷が、その下部に日本橋を中心に町屋が、そして周辺に寺社が描かれている。左隻四・五・六扇下部には江戸湾に「向井将監武者舟懸御目候所」と押紙《おしがみ》があって、幕府の軍船が多数浮かんでいる。向井将監は幕府の御《お》船手《ふなで》である。江戸の郊外は、左隻は目黒・池上・樋物屋（碑文谷）・品川まで、そして六扇上部に遠く富士山が描かれる。

右隻の景観

右隻は、吉祥寺《きちじょうじ》・湯島天神・神田明神・東照大権現《とうしょうだいごんげん》宮（上野）・浅草・谷中などの寺社や、角田川（隅田川）・不忍池《しのばずのいけ》・王子・板橋・中山道《なかせんどう》・川越街道など、そして遠く洲渡谷・鴻巣・川越まで大きなスペースを割いて描かれている。

一扇に「洲渡谷《すとのや》御猪狩御仮屋」「洲渡谷御猪狩」「鸛巣《こうのす》（鴻巣）御殿」、二扇に「鸛巣御鷹野」「川越御川狩御仮屋」「川越御城」、三扇に「鸛巣ニ而隼遣候所」「三好之（三芳野）天神」「川越御鞭打」、四扇上部に「川越街道」と、洲渡谷・鴻巣・川越が描かれている。洲渡谷は武蔵国横見郡須戸野谷新田のことで鴻巣宿持添えの飛地である。かつて家康が鹿狩を行った地という。現在の埼玉県比企《ひき》郡《ぐん》吉見《よしみ》町《ちょう》明秋《めいしゅう》付近と思われる。

これらの地域は家光がしばしば鷹狩・猪狩・川狩・鞭打などに出かけた土地であり、右隻五扇の「三官司之御猪狩」や左隻の「目黒追鳥狩」などもそうである。とりわけ川越・鴻巣には多く出向いている。なお三官司の地名はどこかわからないが、石神井《しゃくじい》や大宮に宛てる見解もある。

鴻巣御殿と川越城

右隻の鴻巣御殿と川越城はひときわ異彩を放っている。鴻巣御殿は主に鷹狩の際の休泊施設として使用された。入口では捕らえた獲物を人足たちが御殿に運び、御殿内でも二人の鷹匠が鷹の世話をしている。宿場内の家々には紋付きの幔幕がかけられ、鷹狩に

制作年代と注文主

江戸図屏風（川越城付近，国立歴史民俗博物館所蔵）

随行した大名や家臣らが宿舎として借り受けたことを示すのであろうか。

さてこの図に描かれた川越城は松平信綱による改修以前の初期の姿を表わしている。土塁に囲まれて簡素な櫓があり、屋根はこけら葺きが多い。城内の左手には三好之天神（三芳野天神）がある。このことについては第五において詳述する。

「江戸図屏風」の画面内容がさまざまな局面から読み取りが進められていくなかで、この絵図の制作年代と注文主の検討が行われている。

まず水藤真によると（「『江戸図屏風』製作の周辺—その作者・製作年代・製作の意図などの模索—」『国立歴史民俗博物館研究報告』三一集、

一九九一年）、「江戸図屏風」は寛永十年末から十一年初めの状況を描いたもので、同九年正月大御所秀忠の死、そして十一年正月に台徳院殿（秀忠）霊廟に参って、名実ともに将軍となるまでの家光の事績を描いているとする。そして制作年代もほぼ同時期であったとする。また一〇一ある押紙の検討から、注文主は家光恩顧の大名か、幕府自身であった可能性が高いとしている。

黒田日出男説

この説を継承・発展させたのが黒田日出男で、その著書『王の身体　王の肖像』（平凡社、一九九三年、ちくま学芸文庫、二〇〇九年）は「誰が、何時ごろ、江戸図屏風をつくったのか？」でその謎解きをしている。

まず注文主は、寛永十年末・十一年の景観を把握でき、家光とごく近い関係にあって狩猟・鞭打などの際の行動を詳細に知り得る立場にいて、この屏風を使用する機会があり、屏風中に自分の屋敷が描かれており、変形されたり組み合わせられたりしていても金雲中にある蝶紋を家紋《かもん》とする大名であるとし、これにすべて該当するのは松平信綱である。制作年代は押紙を制作当初からのものとして、それと画面内容から、寛永十年から同十一年六月二日まで、制作目的は名実ともに将軍となった家光の御代始めの姿を描き、将軍御成に際しての調度として使用したと推定している。

信綱の屋敷

このうち江戸城平川口御門《ひらかわぐちごもん》の前の大名屋敷は押紙は付いてないものの、信綱の江戸屋敷とされることにおいては問題はない。大分県臼杵《うすき》市教育委員会所蔵（原本臼杵市立臼杵図書館所蔵旧稲葉家資料、複製発行之潮、二〇〇七年）『寛永江戸全図』は寛永十九年十一月から二十年九月の間の時期の状況を描いたものと推定され、旧来最古とされてきた「正保江戸図」と比較して格段に詳密で記載内容も遺漏なき描図である。また三井文庫所蔵（現在は三井記念美術館に移管）『明暦江戸大絵図』（之潮、二〇〇七年）は、明暦三年正月の江戸大火後に描かれた絵図であるが、大火前に制作された絵図に大火後の改造を入れており、明暦三年十月中旬から四年二月中旬の間の状況を描いているとする。これらの絵図においても同所の屋敷に「松平伊豆守」と書かれ場所は一致する。といってもこのことで直ちに信綱が描かせたとはいえない。

景観の年代

しかしここで確認しておきたいのは、この屛風の景観の年代は信綱が忍城主であって川越城とは全く関係ないこと（黒田は押紙「川越御城」の表記は家光の城ないし信綱の城とするが）、家光が川越に遊猟し川越城に宿泊した最初は元和四年（一六一八）十二月、最後は寛永八年二月から三月であり、いずれも酒井忠利、次いで忠勝が城主の時代である。『徳川実紀』によればこれらの狩猟には信綱は全く扈従《こじゅう》していない。また信綱が川越城主の時代は泊まりがけの川越辺狩猟はない。黒田が屏風を使用する機会とする家光の信綱邸御成は、寛永十四年十月十六日ただ一回のみでこれも忍時代である。

金雲中の蝶紋

金雲中にある蝶紋は一羽の揚羽蝶《あげはちょう》と二羽が向き合っている対蝶《むかいちょう》の二つで、合わせて三羽の蝶である浮線綾《ふせんりょう》（三蝶の内十六葉菊、浮線蝶ともいう）の信綱の大河内松平家の家紋とする説である。これもこじつけとさえいえるが、『新訂寛政重修諸家譜』家紋（続群書類従完成会、一九九二年）では、浮線綾のほか、長沢松平正綱の家の家紋は三本扇の丸および三蝶の内十六葉菊、信綱の子孫信明《のぶあきら》の家紋は丸に三蝶の内十六葉菊および三本開扇の丸とある。そして浮線綾はのちに丸を加えたとある。これに対して『寛永諸家系図伝《しょかけいずでん》』第三では、大河内の家紋は浮線綾、正綱と信綱は三本扇の丸を紋とすとある。すなわち大河内は浮線綾で、正綱・信綱は三本扇の丸紋が正式の家紋であるが、浮線綾も用いるとみられる。なお明治になると大河内姓に復すが、家紋も大河内の浮線綾に戻し、三本扇も併せて用いるようになった。正確にいうと大多喜《おおたき》大河内松平家、吉田大河内松平家、高崎大河内松平家の家紋は微妙に異なり、三本扇では親骨は大多喜家は真っ直ぐなのに、吉田家は曲がっており、高崎家は扇の上部（端）が丸くなく折れて角張っている。浮線綾は吉田家は丸で囲んでいる（信綱の印章と家紋参照）。

印章と旗印・馬印

黒田が記すX線によって検出された「伊豆蔵印」ないし「伊豆家証」と読めるとする印は、豊橋市美術博物館受託大河内家文書「御代々様御印影之扣《ひかえ》」にある信綱から信古《のぶひさ》までの印章の中に類似のものすらない。したがって明らかに信綱の印ではない。またこのように官途を印にする例は全く知らない。洲渡谷御猪狩の旗印に三本扇のものがあり、信綱の家紋であるとするが、信綱の旗印《はたじるし》と馬印《うまじるし》は登《のぼ》り梯子《はしご》、指物《さしもの》は角取紙《すみとりがみ》ねりにて三枚ずつ（竹に真四角の白紙を多数）であってこれも異なる。

伝来関係

黒田が記すところ、「江戸図屏風」の保存のよさは、滅多に使用されない屏風絵として保管・保存されたので、伝来関係は、戦前に「さる大名家」から出て某家に伝わり、戦後において林一夫氏の手に渡り、国が購入したのであり、黒田の仮説では「さる大名家」に当たるのは当然松平信綱の子孫ということになる。しかし松平信綱の直系の子孫大河内元冬氏の母堂千代子氏の話によると、「江戸図屏風」が自宅にあったという記憶も言い伝えもなく、「江戸図屏風」について述べた著者らの調査や問い合わせもかつてないとのことである。また明治以降の大河内家はこの屏風を手放さなければならない経済状況にはない。大河内眞《あつし》氏（千代子氏甥）の書かれた『大河内一族』（礫川、二〇〇九年）にもその記述はない。そしてもし信綱江戸屋敷にこの屏風が保存されていたとするなら

ば、彼の時代にも二度の火災があり、その際焼けてしまった可能性が高い。したがって
この黒田の仮説は肯定し難いのである。

丸に剣酢漿の紋

さて右隻一扇・二扇の上部に、かなりの大きさで幔幕の中で調理している場面が描かれている。一扇は「洲渡谷御猪狩御仮屋」、二扇は「川越御川狩御仮屋」の押紙があり、家光が川越付近で行った川狩や猪狩の獲物を料理している情景である。この両方の幔幕に「丸に剣酢漿《けんかたばみ》」の紋がくっきりと染め抜かれている。ところがこの紋所はよく知られている小浜酒井家の紋である丸に剣酢漿とは微妙に違っている。酒井家の紋は三本の剣の一本が上を向いているのに、この幔幕の紋の剣は下を向いている。また酒井家の剣は黒く塗り潰されているのに、この剣は白抜きである。似て非なるもの、意図的に形を変えたのか、また表現が正確ではないなど誤解や憶測を呼んだ。しかしそれは酒井山城守の紋と一致するというのである（水藤真・加藤貴編『江戸図屏風を読む』）。

酒井忠澄

寛永八年三月一日江戸に戻る予定であった家光は、強風と体調不良から帰城を延期した。この時、川越から江戸の秀忠への使者に立った人物が酒井山城守忠澄で、家光に同行していた。酒井忠澄は金森出雲守可重《いずものかみよししげ》の七男として慶長十二年（一六〇七）飛驒国《ひだのくに》に生まれ、元和八年秀忠にまみえて小姓《こしょう》となり、台命により酒井忠勝が家号を冒《おか》し、のち従《じゅ》

五位下《ごいげ》山城守、下総国生実《おゆみ》二万五〇〇〇石に封ぜられた。寛永十年勘気《かんき》を受け水野勝成《かつなり》に預けられ、五月十三日行跡よろしからず死を賜うところ多病により改易《かいえき》となった人物である（『徳川実紀』第二篇・『寛政重修諸家譜』）。なお室《しつ》は井上正成《まさなり》の女《むすめ》で信綱室の妹になる。

酒井忠勝が描かせたか

結論的にいえば、「洲渡谷御猪狩御仮屋」と「川越御川狩御仮屋」の幔幕の家紋に類似の家紋をもつ当時川越城主であった酒井忠勝が描かせたと推定する村井益男説に賛成するのである（「江戸図屛風の歴史的背景」『江戸図屛風』平凡社所収）。前節で述べたように、家光は鷹狩などで何度も川越城へ立ち寄り宿泊したほか、江戸の酒井邸にも頻繁に臨み、その回数は前後九五回に及んだという。家光が忠勝を厚く信任していたことが、この屛風の成立に深く関係すると思われる。

なお黒田日出男の近著『江戸図屛風の謎を解く』（角川選書、二〇一〇年）では、歴博本「江戸図屛風」については信綱が描かせたという趣旨は前著と変わらず、叙述の中心は明暦大火の前に描いたとする「江戸天下祭図屛風」にある。この左隻三扇に「まつ平いつの守（松平伊豆守）」の屋敷が描かれ、部屋の中心に明らかに信綱と思しき人物が描かれているとする。前に僧侶がおり、背後からは煙草盆を持った小姓がやってくるというが、煙草嫌いの信綱とは考えられず、この仮説は成り立たないと思う。

第四　島原の乱と「鎖国」

一　朝鮮外交と信綱

柳川一件

寛永《かんえい》八年（一六三一）対馬《つしま》宗氏《そうし》の重臣柳川調興《やながわしげおき》は当主宗義成《よしなり》に、知行《ちぎょう》と歳遣船《さいけんせん》の権利の返還を申し出た。義成は調興の要求を拒絶し、調興は幕府年寄《としより》土井利勝《としかつ》に義成の横暴を訴え、次いで義成が調興を訴えた。これが柳川一件と呼ばれる宗氏の御家騒動《おいえそうどう》の発端で、審議の過程で調興が国書改竄《かいざん》などを暴露し、近世の日朝関係における最大の事件に発展した。

宗氏と日朝関係

柳川氏の出自は明らかではないが、戦国時代末期柳川調信《しげのぶ》の時に急速に台頭して、宗氏家臣団の筆頭にまでなり、朝鮮と日本の政界に人脈をもち、徳川家康《いえやす》は宗氏と日朝関係の統制のために調信の孫調興を人質として駿府《すんぷ》に置いた。一方、宗氏は中世の日朝関係において特権的な地位を固め、将軍使節まで対馬から派遣していた。文禄《ぶんろく》・慶長《けいちょう》の役すなわち豊臣秀吉《とよとみひでよし》の朝鮮侵略後もその関係は続き、日朝講和についての相互認識の齟《そ》齬《ご》から、その弥縫策《びほうさく》として国書の偽造・改竄などの処置をとらざるを得なかった（荒野泰典『近世日本と東アジア』東京大学出版会、一九八八年）。

宗義成の尋問

幕府はまず事件が解決するまで対馬・朝鮮間の船の往来を止め、対馬に上使を派遣して事実関係を調査し、宗・柳川双方の関係者を江戸に召喚して尋問を進めた。

寛永十年五月五日酒井阿波守忠行《あわのかみただゆき》の屋敷に老中《ろうじゅう》が列座し、宗義成を召して柳川調興のことを問うていて、十二日義成が再び忠行の屋敷に至ると、来年の上洛供奉《じょうらくぐぶ》を命じられ、調興のことは京都から帰ってから沙汰《さた》すると仰せ下された。この五月五日は信綱が老中に任命された日で、列座のなかに信綱の姿があったのであろう。

国書改竄問題

十一年の上洛に義成が供奉したのち、十月二十日老中土井利勝《としかつ》の屋敷に老中が列座し、義成を召して調興の訴えるところを尋ね、他日また利勝が義成を問うている。

十一月一日また糾問あり、五日利勝をもって僧玄方《げんぽう》および調興の党松尾七右衛門智保《ともやす》を捕らえ拷問するよう鈞命があった。こうして国書改竄問題の尋問がなされたのである。八日利勝と信綱の家臣を対馬に派遣し、僧玄方・松尾智保以下数人を捕らえさせた。義成も家臣多田源右衛門を遣わしている。晦日にはまず義成の家臣を利勝の屋敷に召し、このたびの裁決が決しないうちは、すべての船の釜山《ぶさん》よりの往還を禁じた。しかし朝鮮がその理由を知らないと疑うこともあろうと、使者を遣わして告知した。よって黒木総左衛門と大浦助大夫《すけだゆう》をして朝鮮に告げ、調興も太田勘兵衛を遣わした。

信綱邸で審議を準備

寛永十二年三月になると四日と七日に信綱邸に土井利勝・酒井忠勝《ただかつ》ら老中が協議している。これは柳川一件審議の準備であろう。

柳川一件の裁決

そして三月十一日江戸城に御三家《ごさんけ》以下在府諸大名を集め臨席させて、双方が対決し、家光《いえみつ》が親裁《しんさい》して柳川一件の解決が図られた。召喚されたのは宗義成・柳川調興・松尾智保の三人で、家光に対面する形で縦一列に並び、それぞれに取次《とりつぎ》・側役・横目《よこめ》等が配されている。取次は義成に酒井忠勝、調興に信綱が配されているのみであり、対決は事実上義成と調興との間で行われた。調興が屈したのちに、家光から義成に対する下問があり、義成の釈明が終わって、義成の無罪、調興以下の有罪が宣告された。翌日義成は土井利勝邸に呼ばれ、老中列座のもと対馬と肥前《ひぜん》の領知を従来どおり安堵《あんど》され、来年中に朝鮮通信使を来聘《らいへい》すべきことを命じられた。同日以酊庵《いていあん》長老規伯《きはく》玄方は利勝に召喚されて南部への配流《はいる》を、調興は信綱から津軽《つがる》への配流を申し渡され、その日のうちそれぞれの大名に引き渡された。同日夜松尾父子等の斬首が命じられ、彼らは対馬送還後処刑された。

十四日義成は再び登城を命じられ、家光から直接に、義成の無罪が明らかになったので諸事従来どおり安堵のこと、寛永元年の朝鮮「通信使」の際の過誤は諸事調興に委ねるのが先代からの仕来《しきた》りであったことが明らかになったので寛恕《かんじょ》すること、今後は朝鮮通用は油断なく指図し、諸事内意を受けて処理すべきことが申し渡された。またこれに関して同日付で利勝・忠勝・信綱から宗義成宛六か条の条目《じょうもく》が仰せ渡されている。

日朝外交体制の改革

こうして宗氏は柳川一件という危機を乗り切り、朝鮮外交に柳川氏を介在させて処理する体制を否定し、宗氏が実務を直接管掌しそれを幕府が管理する新たな体制を明示した。翌年の通信使の来聘が設定されたのである（荒野泰典『近世日本と東アジア』）。

通信使の来朝

この後徳川将軍の呼称を「日本国大君《たいくん》」とし、国書に日本年号を採用し、かつ以酊庵規伯玄方の配流により対馬には外交僧がいなくなったので、幕閣や以心崇伝《いしんすうでん》に嘆願の結果京都五山僧《ござんそう》三人による輪番制《りんばんせい》を開始して幕府の監視が及ぶこととなり、日朝外交体制が改革され、それまでの「回答兼刷還使《かいとうけんさつかんし》」に替えて、翌十三年「通信使」の名目としては初めての朝鮮国王使節が来日した（荒野泰典編・日本の時代史14『江戸幕府と東アジア』吉川弘文館、二〇〇三年）。

「馬上才」の招請

それより前寛永十一年十二月家光は宗義成に朝鮮の「馬上才（乗馬曲芸団）」の招請を命じた。朝鮮は宗氏の要請に応えることに決し、翌十二年正月「馬上才」一行は釜山を出発、対馬に滞在した。朝鮮では柳川一件の審議が進行中であること知っており、幕府の馬上才派遣要請の意図を、①朝鮮の日本に対する交隣の誠偽の確認、②宗氏の朝鮮通交における能力の確認と推察した。朝鮮では最も優秀な演技者二人を選び、駿馬三頭とともに日本に送った（田中健夫『前近代の国際交流と外交文書』吉川弘文館、一九九六年）。そして柳川一件の解決後、対馬滞在中の朝鮮「馬上才」一行は江戸に招かれ三月晦日到着している。四月二十日家光に謁見したのち騎馬術を披露したが、『徳川実紀《とくがわじつき》』第二篇によると、八代須（八重洲）河岸場でその技をさせた。和田倉曲輪《わだくらくるわ》の壁上に桟敷《さじき》を構え、家光は黄羅《きら》紗《しゃ》の羽織を召し、御三家以下に見物を許した。馬曲は一番立乗、二番乗下がり、三番片《かた》鐙乗《あぶみのり》、四番仰乗、五番倒乗。終わって大目付《おおめつけ》が仰せを伝え、銀一〇〇〇枚・時服《じふく》五〇を賜った。桟敷では饗宴が催され三家が陪席した。

土居普請の逸話

「信綱記」が記すところによると、家光が朝鮮より来朝の馬芸を上覧するので八代須河岸八丁の地を馬場に定め、境に土居を築き立てるよう普請奉行《ふしんぶぎょう》衆に命じた。日数がないので遠くから土を運んで築くのは叶い難く、龍《たつ》の口《くち》の堀端を掘って築こうと老中にうかがったところ、信綱はそうしては跡が目立ちよくないので、和田倉のうちに材木が積み置いてあるのをもって組み立て、その上に木舞《こまい》をかき壁土で塗れば二日三日のうちは芝も悪くならないと言い、早速この土居が見事にでき諸人は感じ入ったとある。この記述は先の『徳川実紀』の記事と一致するのである。以後「馬上才」の来日は通信使の際の恒例となる。

寛永十三年の通信使来朝

かくして井伊《いい》直孝《なおたか》が中心となって準備し、寛永十三年泰平を祝う朝鮮通信使が来朝した。江戸城で家光に拝謁する儀式でも直孝が将軍の上意を使節に伝えている（彦根城博物館図録『戦国から泰平の世へ—井伊直政から直孝の時代—』二〇〇七年）。使節の日光山参拝により信綱はその経営や作法を監督すべき命を十二月十二日に受け、十二月十六日江戸を発駕日光に赴き、二十一日信使の東照社参拝を見て、二十四日に帰府している。朝鮮礼曹《れいそう》は書を贈り土宜方物を寄せ、信綱も返書と音物《いんもつ》を贈っている。十二月二十七日付の「日本国臣伊豆守《いずのかみ》源信綱敬答」と記した礼状の写が知られる。井伊直孝宛の崇禎《すうてい》九年（一六三六）八月十一日朝鮮国礼曹参判書契写《さんはんしょけいうつし》（東京大学史料編纂所所蔵）もある。通信使一行は二十九日江戸を発足帰国の途に付いた。二十八日付の土井利勝・酒井忠勝・信綱の連署奉書《れんしょほうしょ》は、大坂町奉行久貝正俊《くがいまさとし》・同曽我古祐《そがひさすけ》・大坂金奉行新見正勝《しんみまさかつ》・同深津正但《ふかつまさただ》に宛て朝鮮官使に銀三五五〇枚を納戸《なんど》頭《がしら》手形《てがた》をもって下すとあるから、家光からの賜与銀であろう。丁《ちょう》銀《ぎん》一五二貫六五〇匁で金にすれば三〇五三両となる。大坂で渡す予定であろうか。また二月十五日（翌年か）の宗義成宛の信綱書状に「三使に一紙に三筆で掛物《かけもの》を書かせてほしい」とあり、老中としてのおねだりだろうか（東京国立博物館所蔵「朝鮮信使記録」寛永十三年）。

寛永二十年の来聘

寛永二十年七月十八日の来聘の時は、信使が日光東照宮に参詣、銅鐘を捧げ陽明門《ようめいもん》の前に懸けられた。この撞鐘は出来次第朝鮮から大坂まで差し登せとある（「朝鮮信使記録」寛永二十年）。この時、天海や信綱・阿部忠秋《ただあき》・松平正綱らも従った。礼曹は書翰と土産を信綱に贈り、八月三日賜暇の時、信綱から返翰と音物を送っている。この時期に大老《たいろう》であった酒井忠勝《ただかつ》に宛てた書契も残っており（小浜市立図書館所蔵酒井家文書）、忠勝の肩書きは「日本国執政《しっせい》源公讃岐守《さぬきのかみ》」とあり、年号は明の崇禎十六年二月を用いている。料《りょう》紙《し》に朱文方印を捺した書契は御三家・大老・老中・宗家にも献呈された。

明暦元年の通信使来聘

明暦《めいれき》元年（一六五五）十月二日の通信使の来聘は家綱《いえつな》の将軍襲職の賀に来朝した。この時点から通信使の名分は日本将軍襲職祝賀と定まり、寛永十三年以来三回にわたった日光参詣もこの年が最後となる。十月三日に酒井忠清《ただきよ》と信綱が使節の旅館に労をねぎらい、八日に御礼の饗応があり信綱が裁いた。礼曹参判申翊全《しんしょうぜん》の書翰は井伊直孝・保科正《ほしなまさ》

朝鮮国礼曹参判申 翊全 奉書

日本国従四位下侍従兼伊豆守源姓松平氏公　閣下

遠聞

貴大君光紹

前烈我

王殿下思続旧好委差使价奉幣弛賀兼齎扁額

御筆及香燭燈籠楽器用薦

大猷院廟堂因並焚香于

大権現廟堂所以彰

貴大君奉

先之誠也惟冀

奉宣

新化克扶

洪祚不腆副帖想在

勿却統希

盛諒不宣

乙未年四月　日

礼曹参判申 翊全

松平信綱宛朝鮮礼曹書契

之《ゆき》・酒井忠勝・酒井忠清・松平信綱らに宛てられ、二十五日賜暇の回翰贈物も先例のとおりである。信綱宛の礼曹の書契の写しが次のように残っている（豊橋大河内《おおこうち》家文書）。酒井忠勝にも同様の書契が発せられている（小浜酒井家文書）。

　こうして柳川一件を契機に、信綱は日朝外交体制の確立に一定の役割を果たしたのである。

二　島原の乱

島原の乱

寛永十四年（一六三七）十月下旬、肥前国高来《たかく》郡島原領および肥後国《ひごのくに》天草郡の農民らがキリスト教を信奉し、天草《あまくさ》四郎《しろう》時貞《ときさだ》を首領として蜂起し、有馬《ありま》郡《ぐん》原の古城に立て籠もった。いわゆる島原の乱の始まりである。近年高等学校の日本史教科書は島原・天草一揆《いっき》と称するものも見られるが、これらキリスト教徒が幕府の転覆を謀ったものではないことからこういうのであろう。またこの乱は島原だけでなく天草地方でも一揆が起きたことから島原・天草の乱との言い方もあるが、本書では島原の乱と記述することにする。

島原の乱関係史料

島原の乱関係史料としては、まず信綱が上使を務めた関係から「三河《みかわ》吉田大河内家文書」（大河内元冬氏所蔵・国文学研究資料館受託、一部豊橋市美術博物館受託）の中に相当数がある。そして動員された九州諸大名に関係史料が極めて多く、肥前国佐《さ》賀《が》鍋島《なべしま》氏《し》のものは『佐賀県近世史料』第一編第二巻「勝茂公御年譜《かつしげこうごねんぷ》」「勝茂公譜考補」、肥後国熊本細川氏のものは『熊本県史料』近世編「部分御旧記《ぶわけごきゅうき》」軍事部などに大量の史料が収載されている。細川氏のものは『細川家史料』にも見ることができる。また鶴田倉蔵編『原史料で綴る天草島原の乱』（本渡市、一九九四年）は、乱の起きる直前から処置が終わるまでの、幕府や九州諸藩関係者の書状・日記・書き上げ・覚書《おぼえがき》等約一六〇〇点を抽出、日付順に収録したものである。そのほか「嶋原一揆松倉記《まつくらき》」「嶋原天草日記」「山田右衛門作以言語記」（『続々群書類従《ぐんしょるいじゅう》』第四）などがあるが、執筆に際してはこれらを参照しても一々出典を挙げていないことがある。

幕府、一揆鎮圧を命令

『江戸幕府日記・酒井家本』には十一月九日、松倉長門守《ながとのかみ》領分肥前国島原でキリシタンの輩が立ち起こり宗門《しゅうもん》一味《いちみ》せしめ長門守居城の町屋や在所へ放火し有江有馬というところに立て籠もったという由を豊後国目付衆《めつけしゅう》より注進があったと記す。

幕府は板倉重昌《しげまさ》と目付石谷貞清《いしがいさだきよ》を追討のために派遣し、松倉勝家《かついえ》と豊後府内の日根野《ひねの》吉明《よしあき》に帰国を、鍋島勝茂と寺沢堅高《かたたか》の留守居に一揆鎮圧加勢を命じた。なお重昌子重矩《しげのり》が父とともに出陣することを信綱に願ったが、深夜なれば上げがたいとて帰した。そこで阿部忠秋に懇願し、忠秋は仰せを待たず奥の女房に言い置き出立させている。また細川忠利《ただとし》・立花宗茂《むなしげ》・有馬豊氏《とようじ》・中川久盛《ひさもり》・稲葉《いなば》一通《かずみち》・木下《きのした》延俊《のぶとし》は在府といえども、留守居が承け届け、その地へ加勢すべき旨を豊後目付へ伺ったとの注進があった。十二日に使番松平甚三郎を一揆騒乱の様子を巡察するため島原に派遣、十四日には細川忠利・黒田忠之《ただゆき》・五島盛利《ごとうもりとし》・木下延俊・稲葉一通・中川久盛・有馬直純《なおずみ》・立花宗茂・鍋島勝茂・有馬豊氏の面々の子息か舎弟をその領分へ遣わし仕置するよう、そして相良頼寛《さがらよりひろ》・伊東祐久《すけひさ》・松浦鎮信《まつらしげのぶ》・寺沢堅高・久留島通清《くるしまみちきよ》・秋月種春《あきづきたねはる》は暇を下され領内の仕置を命じられ、翌日には長崎辺が無為により榊原職直《さかきばらもとなお》・馬場利重《とししげ》を赴任させている（『徳川実紀』第三篇・「江戸幕府日記」）。なお重昌は三河深溝《ふこうず》一万五〇〇〇石の小大名で、石谷貞清は旗本であるから、九州の諸大名を指揮する上使としては役不足と言わざるを得ない。

島原・天草地方のキリシタン

島原・天草地方は有馬晴信《はるのぶ》・小西行長《こにしゆきなが》という熱心なキリシタン大名の統治がなされ、その後松倉・寺沢氏の支配に替わりキリシタンの迫害が厳しくなり、信者は大勢に従い棄教した。しかし島原藩松倉勝家の苛酷な支配から「転《ころ》び」から「立ち帰り」すなわち棄教《ききょう》から信仰に戻る者が増えた。立ち帰りキリシタンは寺院の檀家《だんか》から離れることを表立って宣言するのであったが、天草四郎を擁立した一党の活動が背景にあった。キリシタン一揆はデウスを絶対のものと見なし、寺社の破壊、僧侶・神官への攻撃、そして信仰の強制を行った。一揆の副将格山田右衛門作の「山田右衛門作以言語記」（『続々群書類従』第四）によると、一揆の首謀者五人の牢人《ろうにん》が「天人」すなわち全知全能の神から派遣された使者として天草四郎を擁立したのが一揆の始まりという。天草大矢野の千束島《せんぞくとう》の五人の牢人たちは、追放された宣教師の予言に、その時から二六年後（寛永十四年）に出現する幼い「善人」の天の使が、天草の牢人益田《ますだ》甚兵衛好次《よしつぐ》の子四郎時貞十六歳で、カリスマとして崇められ、一揆の大将となるのである。右衛門作は旧有馬家家臣で絵師でもあった。彼は旧主有馬直純の働きかけによって幕府軍と内通したことが露顕し、一揆に殺されるはずのところ、小倉藩《こくらはん》小笠原忠真《おがさわらただざね》の家臣に捕らえられ命永らえた。のち信綱に連れられて川越切支丹《きりしたん》屋敷に住んだと考えられる。

一揆勢の行動

寛永十四年十月二十五日島原領で蜂起したキリシタンは、島原藩代官林兵左衛門らを殺害し、鎮圧に向かった藩の軍勢も一揆勢に圧倒され島原城に撤退、一揆は数日にわたり城を包囲攻撃する。その二日後肥後国天草領でもキリシタンが蜂起した。天草は唐津《からつ》藩《はん》寺沢堅高領で、富岡城代三宅重利《みやけしげとし》は十一月十四日討死し、一揆勢は富岡城を包囲した。しかし結局は退却し、元有馬晴信の居城であった原城に籠城したのである（神田千里『島原の乱』中公新書、二〇〇五年）。

信綱と戸田氏鉄と派遣

十一月二十七日、島原・天草の土民一揆に対し、信綱および美濃国大垣《みののくにおおがき》一〇万石戸田氏鉄《うじかね》が誅伐の台命を受け、十二月二日夜二丸において暇を申すとき、家光着御の羽織と力黒と名付けた料馬および時服二〇領・黄金五〇枚を賜い、西国より注進の書状は途中披見後江戸へ言上し、かの地で人夫伝馬《てんま》等の用に備えるため白紙の朱印《しゅいん》数通を下された。三日信綱は恩賜の羽織を着し拝領の馬に乗り、十八歳になった男輝綱《てるつな》を具して江戸を出発した。率いる士卒は一三〇〇余人、かの地での扶持米《ふちまい》御用のため勘定組頭《かんじょうくみがしら》能勢《のせ》四郎右衛門頼安・勘定山中喜兵衛信三を、また医師生野徳生庵を率いたのである。与力《よりき》二〇騎・同心《どうしん》五〇人など都合二〇〇〇人余が忍城《おしじょう》の留守を守った（『寛政重修諸家譜』『大河内家譜』二・『徳川実紀』）。

乱後処理のため派遣

ところで十一月二十八日付の土井利勝・酒井忠勝・阿部忠秋三人の老中連署奉書が備《びん》後国《ごのくに》福山の水野勝成《かつなり》に宛てられている。これによれば、「今度嶋原天草きりしたん蜂起之儀今程は相済み申すべく候、然れば彼の跡以下御仕置として　上使松平伊豆守ならびに戸田左門《さもん》これを差し遣はされ候」（下総結城水野家文書）とあり、二人はいわゆる第二次征討軍としてではなく、一揆鎮圧後の仕置つまり乱後処理のために派遣されたことがわかる。実戦経験がなく、かつ九州の事情もわからない信綱が派遣されたのは、老中として幕府を代表し、また九州を意識してのことであろう。

信綱派遣の理由

この時期の幕閣を見ると、老中は土井利勝・酒井忠勝・松平信綱・阿部忠秋・堀田正《ほったまさ》盛《もり》で、年齢は利勝六十五歳、忠勝五十一歳、信綱四十二歳、忠秋三十六歳、正盛三十歳

島原到着までの経路

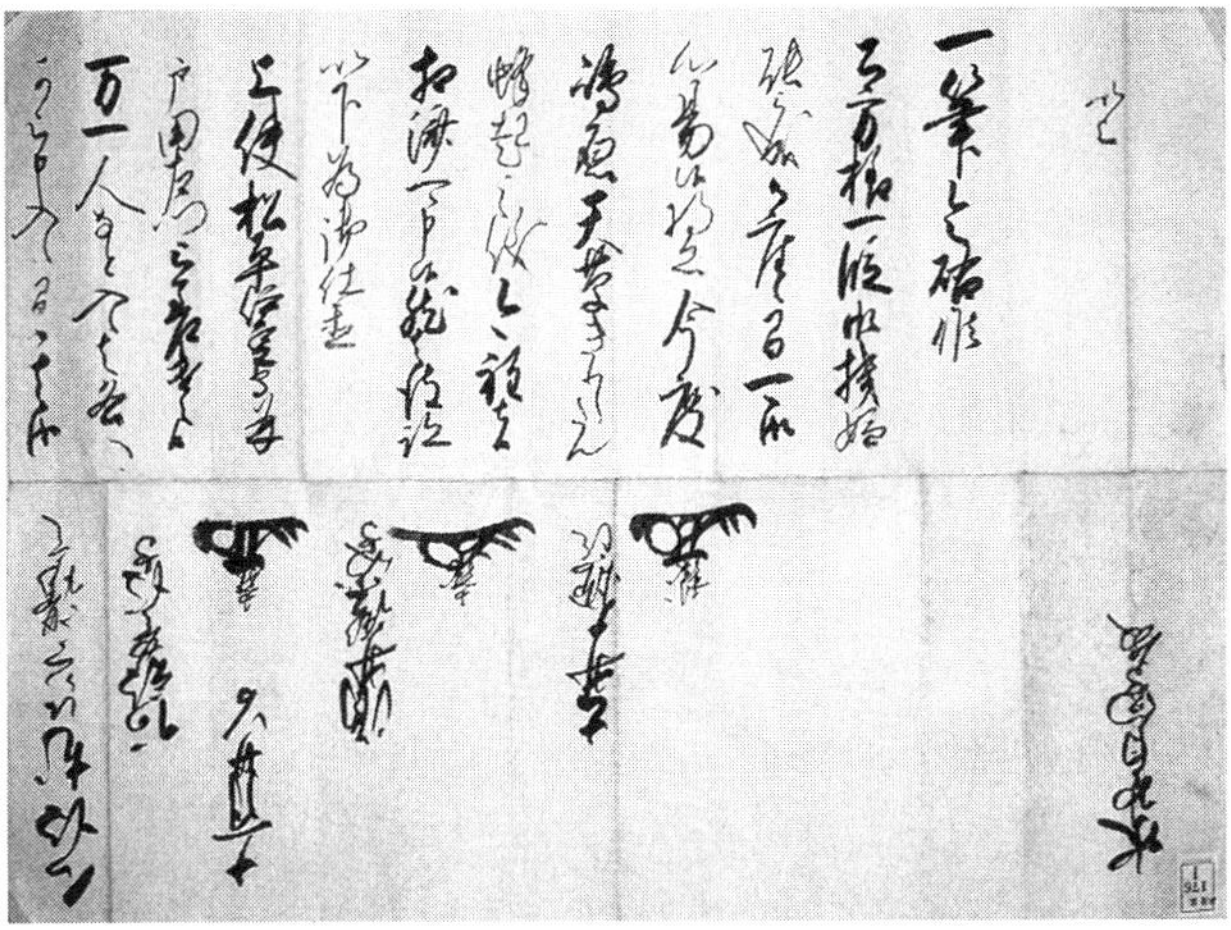

結城水野家文書老中連署奉書（茨城県立歴史館保管）

寛永14年11月28日付，土井利勝・酒井忠勝・阿部忠秋から水野勝成宛．

で、利勝はもちろん忠勝も当時としては老年であり、かつ幕閣の中心であるから派遣は無理であろう。若手では信綱が年長であり、かつ前節で述べたように、朝鮮問題で対外関係の経験があるので上使に選ばれたと思われる。

信綱は熱田《あつた》に至ると、軍勢を輝綱に預けわずかの士を従え発足した。速やかに伏見《ふしみ》に至って所司代《しょしだい》板倉重宗に謁し公用を談ずるためで、甲賀《こうか》忍者が水《みな》口《くち》より率いた。十二月十四日伏見に至ると、重宗は伏見奉行小堀遠江守政《こぼりとおとうみのかみまさ》一《かず》宅に来り御用を対談した。東福門院《とうふくもんいん》和子《まさこ》より羽織二領を賜り、信綱の姉婿天野長三郎長重《ながしげ》が京都より来り従い、また氏銕と二男淡路守氏経《あわじのかみうじつね》・三男三郎四郎氏長《うじなが》が軍勢を率いて来会したが、嫡子采女正《うねめのしょう》氏信《うじのぶ》は大垣城の留守を守るため参加していなかった。十六日戸田氏銕とともに大坂に至り、城代阿部備中守正次《びっちゅうのかみまさつぐ》・定番《じょうばん》稲垣摂津守重綱《いながきせっつのかみしげつな》と計り、大坂城の大筒玉薬《たまぐすり》等を代官中坊《なかのぼう》長兵衛時祐《ときすけ》・鈴木三郎九郎長常に預けて有馬に遣わした。信綱と氏銕は大坂に三日逗留し、大坂船手小浜民部少輔光隆《おはまみんぶしょうゆうみつたか》に山陽《さんよう》・山陰《さんいん》・南海《なんかい》・西海《さいかい》の諸大名より軍勢渡海の船を出させ、うち七〇艘を請け取った。

板倉重昌の戦死

十二月十九日信綱は紀伊頼宣《きいよりのぶ》の出す八〇挺立ての船、輝綱は蜂須賀阿波守忠英《はちすかあわのかみただひで》の六〇挺立ての船に乗り大坂川口を開帆、頼宣より付けられた使者市川甚右衛門・吉田三右衛門・山中作右衛門・田屋五郎左衛門・中嶋角兵衛・荒木十右衛門を率い、豊前国《ぶぜんのくに》小倉に至った。一日逗留しこれより陸路を経て、翌寛永十五年正月二日肥前国寺井に至った。大風であったがあえて乗船して、これより諸軍に甲冑《かっちゅう》を着せ、三日島原に至った。そこで元日に板倉重昌が戦死し、石谷貞清が疵《きず》を負ったとの報告があり、その仔細を聞くために軍勢を輝綱に預け、氏銕と島原城に一宿し、四日陸路を有馬に到着した。輝綱は軍を率いて渡海し同日着陣した。信綱と氏銕は城を巡見し在陣の諸将に令した。一揆と侮り仕寄《しより》せを付けなかったので旧臘二十日と元日の両度とも勝利を得なかった。これよりのちは築山《つきやま》を築き井楼《せいろう》を支度して、柵を構え竹束を付し、城の四面を囲み兵糧攻めとし、交代して仕寄せ、そのほかは甲冑を脱して憩わせる。矢文をもって内応を求め、間者を入れて城中をうかがい、井楼から鉄砲を放ち、商人を陣中に入れ諸事自由にする。仕寄せ番を検し信綱と氏銕の家人《けにん》に昼夜巡察させるというものであった（『寛政重修諸家譜』『大河内家譜』二）。

六日去る元日の攻城の手負・死人の員数を江戸に注進し、八日にも信綱・戸田氏銕より注進状を江戸に捧げた。七日上使として目付兼松《かねまつ》弥五左衛門正直《まさなお》が来着、十四日信綱・氏銕は陣中定《じんちゅうさだ》めを発している。十六日上使として大目付井上筑後守政重《ちくごのかみまさしげ》が来着した。

十五日豊後国木附城主《きつきじょうしゅ》小笠原壱岐守忠知《いきのかみただとも》・同国森久留嶋丹波守通晴《くるしまたんばのかみみちはる》に島原城在番を令し、日向国《ひゅうがのくに》飫肥《おび》城主伊東大和守《やまとのかみ》祐久・豊後国の内松平主税《ちから》忠昭《ただあき》に富岡城の在番を令した。

オランダ船の原城砲撃

十一日信綱はオランダ商館長クーケバッケルに命じ、平戸《ひらど》入津のオランダ船デ＝ライブ号を原城辺に廻漕させて、十九日海上から砲撃させた。これには反対の意見が多く、細川忠利は外国船の手を借りるのは日本の恥辱と批判した。信綱は一揆勢が追っつけ南《なん》

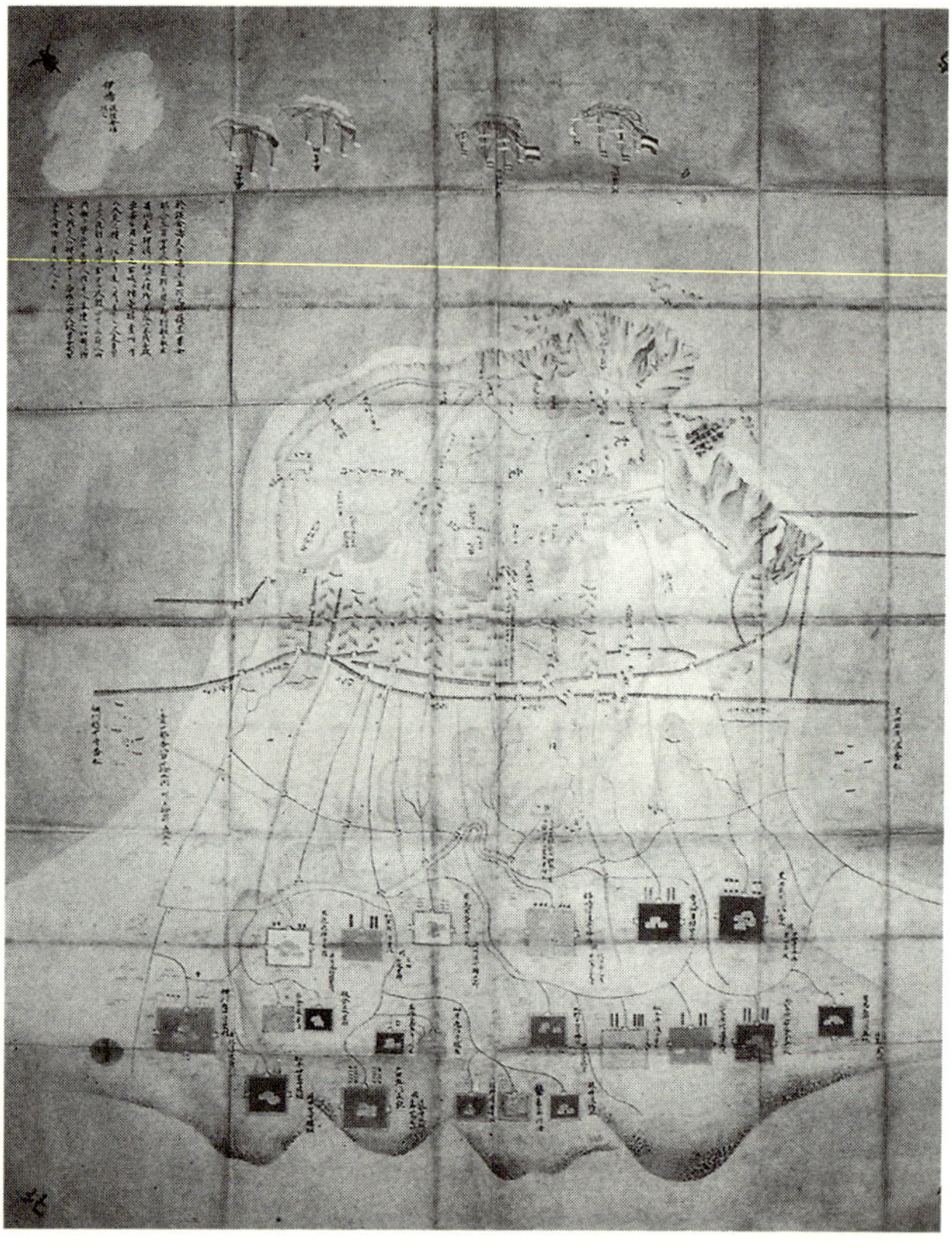

肥前国原之城城絵図並諸式書付（三河吉田大河内家文書，国文学研究資料館受託）

原城に籠城する一揆勢と対峙する幕府軍の布陣を描く．原城との間に柵を設置．城の様子も詳細．下部の後列左が信綱の布陣．海上にはオランダ船が浮かぶ．

長期の包囲

蛮《ばん》より加勢が来ると思っているので、異国人から攻撃されることこそ、彼らに一番の衝撃を与えることができると答えた（『綿考輯録』第五・忠利公㊥）。オランダに対しては、凶《きょう》徒《と》に与《くみ》するや否を察せんがためであったが、城中より矢文による誹謗《ひぼう》もあり、オランダ人二人がために死に、生存者の愁訴《しゅうそ》もあって二月二日オランダ船を平戸に帰帆させた（『通航一覧』第六）。結局一揆勢が期待するポルトガルの援軍は来なかったのである。しかしこの砲撃によって幕府に対するオランダの「忠節」として記憶されることになる。

二十日書院番《しょいんばん》下曽根《しもそね》三十郎信由《のぶよし》・同杉原《すぎはら》四郎兵衛正長《まさなが》が来着したので、信由を島原城に、正長を富岡城に遣わし在番の目付とした。二十三日上使として目付本郷庄右衛門重《しげ》泰《やす》が来着、二十八日仕寄せの見回り中鉄砲が暴発、氏銕が負傷した。信綱は別の方を向いていたので免れた（「長谷川源右衛門留書」）。この日上使目付宮城《みやぎ》越前守《えちぜんのかみ》和甫《まさすけ》・使番石川弥左衛門有近《ありちか》（寛政譜《かんせいふ》では貴成《たかなり》）が家光の御内書《ごないしょ》を持参、扶持米を諸軍に賜う旨であり、近国諸家に運送させ在陣の輩に給した。このことは信綱が予め議定《ぎじょう》しており、今の下知《げち》とよく合うのである。二月一日上使作事奉行《さくじぶぎょう》酒井因幡守忠知《いなばのかみただとも》・使番駒木根《こまきね》長次郎政次《まさつぐ》が来着、仰せを伝え、速かに城を抜かんとして士卒を損なうより一揆らが兵粮《ひょうろう》の尽き餓死するのを期せと、信綱が令するところ家光の旨を伺わずして上意に適うとの御感を蒙った。

二月二日家光から信綱・戸田氏銕宛の一〇か条からなる御内書が出され、本書は失われたが写しがある。包紙《ほうし》に寛政三年四月六日大河内松平家が戸田家から借用し写しを作成したとある。この御内書は当然戸田家にもあったわけで、「御家耳袋《おいえみみぶくろ》」という記録に写しが載せられている（鈴木喬『大垣藩戸田家の見分書』愛文書林、二〇〇六年）。ここには、日にちの延びるのは構わないからゆるゆると申し付け軍勢も損なわないように申し付けよ。諸軍勢のうちにはキリシタンも多くいるだろうから油断なく。細川忠利・立花宗茂・有馬豊氏・鍋島勝茂・黒田忠之たちと腹蔵なく談合し是非を決定するよう。伊豆・左門両人に仰せ付けたうえは君のため悪いようには致すまいと安心している。長引けば諸軍がくたびれるであろうから兵粮以下万事堅く申し付けるよう。遠路のことであるので万事江戸で言い聞かせたとおり伊豆・左門が専《もっぱ》ら守るであろう。中国・西国・四国の大名たちには暇を遣わしておいたのでその心得でいるように。年が明けてから気色よく脈も治り大方本復したので、伊豆・左門は江戸のことは心安く思い今度の討伐に全力を尽くすようにとある。御内書から家光も性急な攻城戦による被害の拡大を恐れ、参陣諸大名の不和や軍勢の疲労、厭戦気分が広がることを懸念しており、信綱が採った作戦が家光の意に叶ったことがわかる。

十七日には上使目付市橋三四郎長吉《ながよし》をして御内書を賜り、信綱の令する趣を賞された。二十六日にも上使三浦志摩守正次《まさつぐ》・村越七郎左衛門正重《まさしげ》をもって書を賜った。

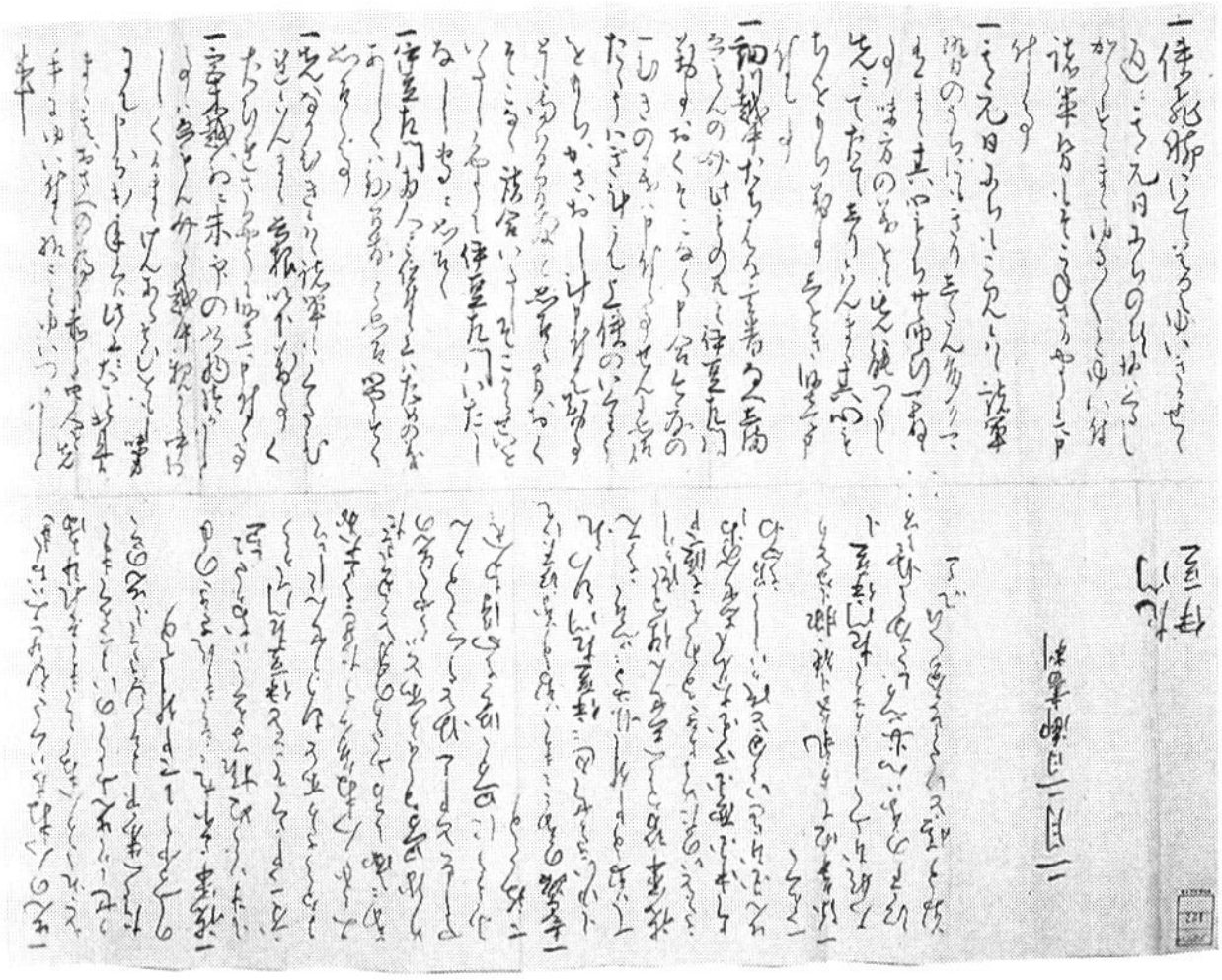

御内書写（三河吉田大河内家文書，国文学研究資料館受託）

兵糧が尽きるのを知る

二月二十一日凶徒が夜に乗じて黒田忠之らの陣を襲うが諸軍周章《しゅうしょう》せず、信綱家臣岩上角之助・尼子八郎兵衛らが鎗を合わせ三人を討ち取った。一揆は敗北し城に帰ったが、翌二十二日信綱と氏銕は昨夜の夜討ちで討ち取った者の腹を割かせ、城中の粮が尽きて青草を喰うことを知った。

原城の落城

二十七日鍋島勝茂の兵が出丸《でまる》より攻

め入り二・三の丸に及び、本丸陥落の報告あれど残兵あるを慮って陣を引いた。明日一揆なお坑窟の中に残り本丸は陥ちない。翌二十八日凶徒を悉く誅伐、細川忠利は家臣が討ち取った賊四郎時貞の首を送ってきた。信綱は実検《じっけん》し長崎に送ってそこで晒し首に処した。そして「落城」の二字を題した飛札をもって江戸に注進した。落城の際信綱家臣西村次郎右衛門が城内から持ち出したヨーロッパの武将を描いた屛風がある（神戸市立博物館所蔵）。作者は一揆方の陣中旗「聖体秘蹟指物《せいたいひせきさしもの》」を描いた山田右衛門作と伝えられる。

信綱家臣らの死傷

この戦いで信綱の家臣六人（杉山頼母《たのも》・西村半三郎・野間市兵衛・又者《またもの》三人）が戦死、手負いは一〇三人、征討軍全体では討死一一二七人、手負い七〇〇八人にも上った。なかでも熊本細川氏家中は討死二八〇人、手負い一八九七人、福岡黒田氏家中は討死二五二人、手負い二一二九人と多数に上り、柳川《やながわ》立花氏・佐賀鍋島氏の家中も討死一〇〇人を超えている（松平輝綱「嶋原天草日記」『続々群書類従』第四）。史料によっては数に若干の違いがある。

乱後処理

三月一日原城を破却し賊徒を梟首《きょうしゅ》、籠城の男女三万七〇〇〇人、生捕の者の邪宗を転ずるよう諭すが従わずこれをことごとく斬ったのである。死体を焼き捨て一揆の首を獄門《ごくもん》にかけた。

九日有馬を発し島原に赴き、一揆らが攻め破る城門等を検し、十三日島原を出船、十五日本渡より陸路富岡城に至った。輝綱は渡海してここに至り、従軍者は凱陣、有馬を発した。十六日富岡城を巡見して、ここより渡海、十七日長崎に至り逗留して諸事を沙汰《さた》した。平戸ではオランダ商館を見分したが、その構えが城郭に似ているので後年長崎出島に移すことになったのである。

三月十九日上使寺社奉行松平出雲守勝隆《いずものかみかつたか》・使番駒井次郎左衛門昌保《まさやす》、二十二日上使旗本支配（今の若年寄）太田備中守資宗《すけむね》が来着した。

二十五日に平戸に至った信綱は五日間逗留して見分し、四月三日に小倉に至ると、逗留すべき旨の奉書《ほうしょ》が到来した。太田資宗は信綱に先んじ長崎よりここに来て信綱を待っていた。また有馬に向かう輩も来て資宗に会う。これは信綱・氏銕が予め告げるところであり、追々来て謁した。同日松倉長門守勝家・寺沢兵庫頭《ひょうごのかみ》堅高を小倉の寺に招き、政法の始末越度《おちど》により一揆が起きたことにより、勝家は美作国津山《つやま》森内記《もりないき》長継《ながつぐ》に、長男右近重頼《うこんしげより》は讃岐国高松生駒高俊《いこまたかとし》に預け、堅高は天草領四万石を削る旨仰せ出され、上使太田資宗・氏銕とともに厳命を伝え、勝家は七月十九日配所《はいしょ》で死罪となった（『江戸幕府日記』）。

松倉勝家・寺沢堅高の処分

帰府・報告

四月二十日小倉を出船し、二十五日大坂に着き一日逗留した。二十七日京都に至りここにも一日逗留して板倉重宗と対談した。二十九日京都を発駕、五月八日駿州《すんしゅう》久能山《くのうさん》の御宮を拝して十一日暮時に帰府した（『大河内家譜』二）。なお『寛政重修諸家譜』では帰府は十二日となっている。即日登城したが今日は悪日《あくび》により明日拝謁の旨伝えられ、十三日信綱・輝綱父子は登営拝謁し、信綱は道服五領、輝綱は黒熊五領を献じた。同時に戸田氏銕、氏銕二子氏経《うじつね》・六子氏照《うじてる》も拝謁した。信綱は退出ののち召されて平川口より二丸に登り、再び拝謁して有馬の始終を言上、深夜に及び帰宅したのである（『寛政重修諸家譜』『大河内家譜』二・『徳川実紀』第三篇）。

感状写し

挿図は八月付の氏銕・信綱宛の感状《かんじょう》の写しである。一揆徒党を落居せしめ神妙で家光の御感《ぎょかん》は斜《なな》めならずというものである。本書は信綱の遺言により焼かれたものであろう。

島原の乱鎮圧費用

なお島原の乱鎮圧にかかった費用の史料がある。大田南畝《なんぽ》「一話《いちわ》一言《いちげん》」（『日本随筆大成』別巻四）に、「長崎鑑」に島原陣中御用として銀高一一三貫六九三匁二分三厘を長崎にある闕所《けつしょ》銀より出したとある。また「謙亭筆記《けんていひっき》」に大坂城より出た金二一三九万八〇〇〇両余とあるが、あまりに多額で事実かどうか確かめられない。

三芳野神社奉納の品

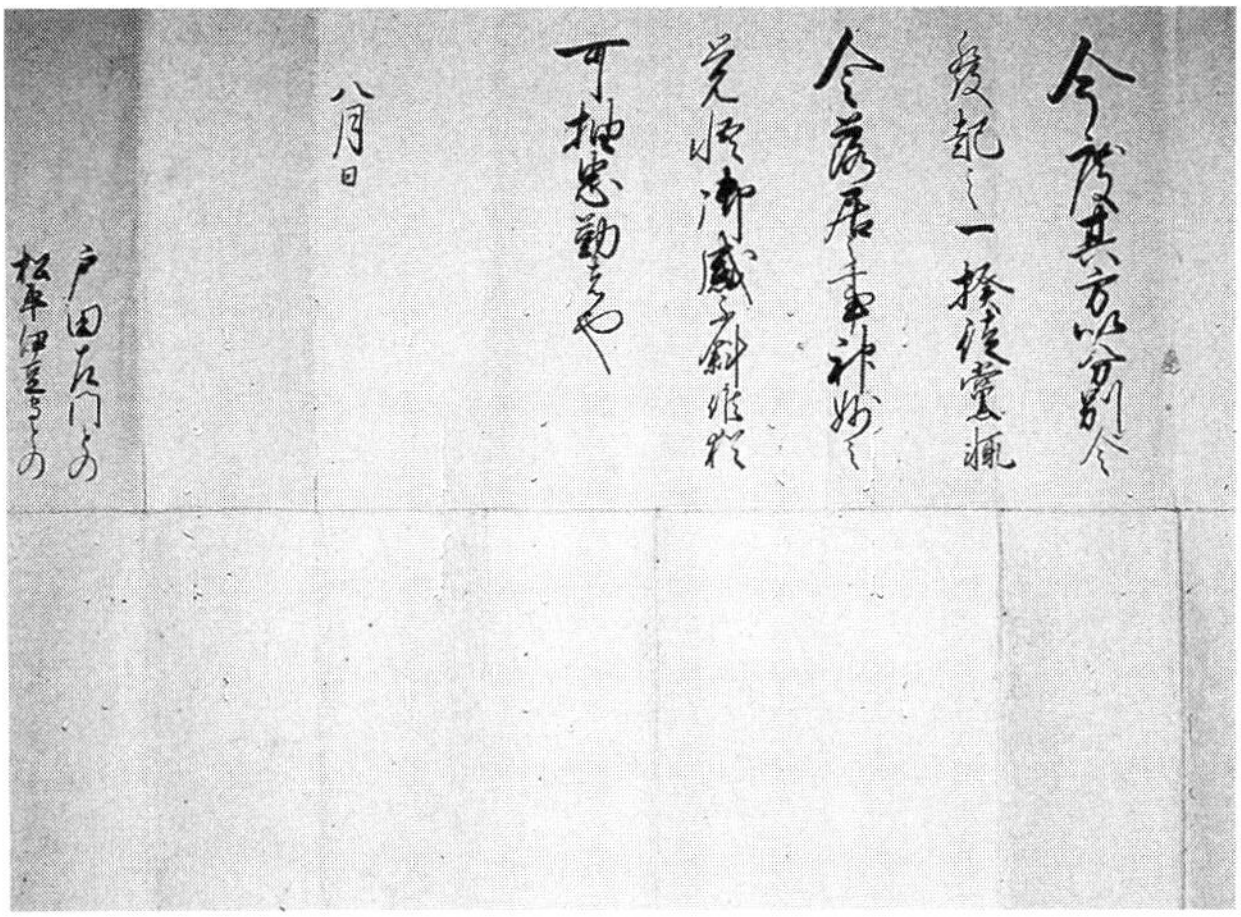

感　状　写（三河吉田大河内家文書，国文学研究資料館受託）

川越三芳野神社《みよしのじんじゃ》に貞享《じょうきょう》二年（一六八五）九月「先伊豆守公御寄進《きしん》之覚」には信綱が奉納した品を後日のために記録したものである。この「伊豆守信綱寄進」の箱書きがある万治《まんじ》元年（一六五八）十一月三日三芳野神社別当《べっとう》寺高松院《じこうしょういん》の乗海法印墨書《じょうかいほういんぼくしょ》の信綱寄進の品が現存している。これらの二〇点ほどの品はいずれも異国的雰囲気が漂う珍奇なもので、島原の乱の際持ち帰ったと伝えられる品である。

川越の切支丹屋敷

川越には切支丹屋敷があり、信綱が天草より帰陣の節召し連れた切支丹類葉の囚人を差し置いたところという。そこに三保谷六郎村今長左衛門という者の先祖が番を務め、明け暮れ諸事いたわったので、かの者

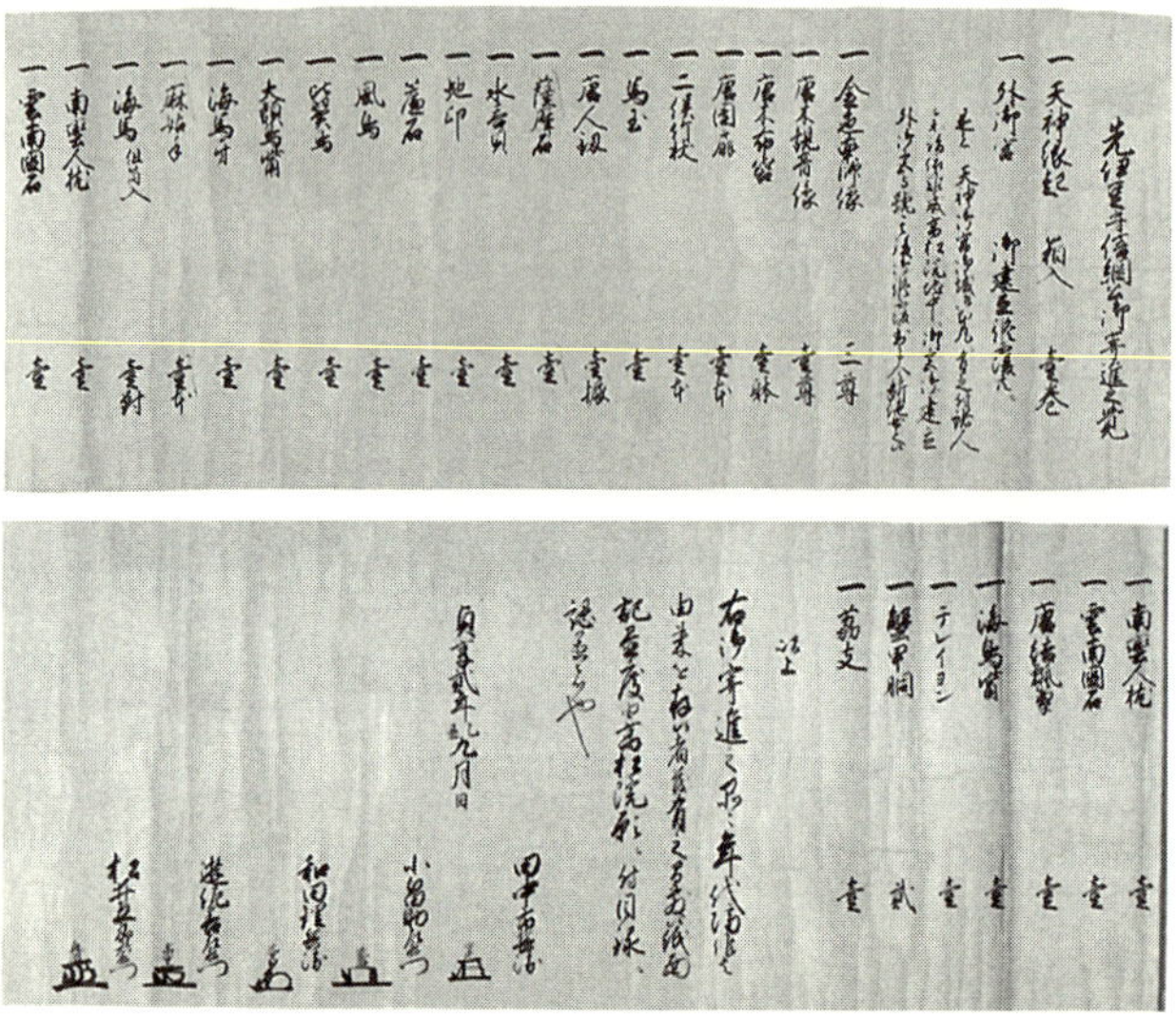

先伊豆守公御寄進之覚（三芳野神社旧蔵・川越氷川神社所蔵）

は甚だ悦びその恩を謝して難産安治の療治術を伝えたという（「川越索《そう》麪《めん》」）。またここに降伏した賊徒の右衛門作がいたのであろうか。明暦の大火後信綱の家中に火の元を厳しく申し付け、煙草《たばこ》を禁止したが、蔵番の者が忍んで煙草を呑み番所の畳を焦がした。目付の訴えを聞き、信綱は立腹し斬罪に申し付け、右衛門作が油絵が上手なので、畳を焦がした体たらくと成敗にあった形を描かせ、人が多く往来する所に立て置き見せしめにしたという（「事語継志録《じごけいしろく》」）。

　さてこの島原の乱について、キリシタン一揆の性格を否定し、あくまでも農民一揆であり、領主松倉氏の虐政を隠すためにキリシタン反乱にすり替えたとの説もある（海老沢有道『天草四郎』新人物往来社、一九六七年）。しかし一九九二年から南有馬町教育委員会による原城の発掘調査が行われ、九八年シンポジウムが開かれてその報告書が出版されている（長崎県南有馬町監修、石井進・服部英雄編『原城発掘―西海の王土から殉教の舞台へ』新人物往来社、二〇〇〇年）。その報告や「原城の戦いと島原・天草の乱を考え直す」（丸山雍成『日本近世の地域社会論』文献出版、一九九八年）を基に、服部英雄は「原城発掘」（荒野泰典編『江戸幕府と東アジア』日本の時代史14）を執筆している。これらによると、原城跡からは多数の骨片とともに信者たちが身に着けていたクルス（十字架）・ロザリオ・メダイ（メダル）が出土し、籠城していた人たちが強いキリシタン信仰をもっていたことを示し、礼拝堂らしき施設の存在も想定される。メダイからは蜂起した指導者はイエズス会の影響下にあったといえる。竪穴《たてあな》住居群が整然と並んで検出され、家族が住居に入り食事は共同の台所で行っていた。天草四郎は瓦葺きの堅牢な建物に入っていた。

島原城の築城が元和《げんな》二年（一六一六）に開始され、原城は廃城とされるが、石垣は残され、一部の建物は壊されずに残っていたので、一揆勢は簡単に修理できここに籠城したのである。

乱の当初から幕府はキリシタン一揆として対応し、また原城発掘の成果を踏まえて、神田千里がキリシタン信仰に基づく武装蜂起と規定している（神田前掲書および『宗教で読む戦国時代』講談社選書メチエ、二〇一〇年）。

矢文には一揆勢の領主苛政を強調する意識もみられ、また四郎の親族との入れ替えの対象となった参加強制者がいたことも事実であるが、彼らは最後までキリシタンとして命運を決する覚悟を表明した。しかしキリシタン禁制への抵抗と領主苛政への批判はこの一揆を支える両輪で、欠くことのできない重要な原因であり、宗教問題と経済問題のどちらが本質であるかという問題の立て方に疑問を呈している（大橋幸泰『検証島原天草一揆』吉川弘文館・歴史文化ライブラリー、二〇〇八年）。なお大橋は神田の研究を評価しつつ、動員のあり方が土一揆に類似しているとの見解（神田千里『土一揆の時代』吉川弘文館、二〇〇四年）には、当該期民衆運動の諸要素混在の幕藩制成立期の象徴的事件として反意を示す。

三　「鎖国」の完成

キリシタン禁止の強化

これより前の寛永十一年（一六三四）五月、家光は榊原職直《さかきばらもとなお》と神尾元勝《かみおもとかつ》を長崎奉行に任じ、キリシタン伴天連《ばてれん》の来航、武具輸出、奉書船以外の異国渡航を禁止した。その前年九月二十六日の土佐山内忠義《とさやまうちただよし》から野中玄蕃《のなかげんば》への書状によれば、キリシタン宗旨《しゆうし》の者が出羽《でわ》佐竹領分で一五〇人、陸奥津軽《むつつがる》領分に七〇人ある由訴人《そにん》が出て、いずれも成敗されたとある（土佐山内家宝物館所蔵山内家文書）。キリシタン禁止が強化された例である。十二年朱印船貿易が中止され、五月日本人の海外渡航が全面的に禁止された。十二年八月家光は全国の大名に領内のキリシタン改めの実施を老中奉書をもって命じ、九月には譜代《ふだい》大名・旗本にも改めを指示した。長崎の町人に命じて築造させた出島が十三年に完成、市中に混住していたポルトガル人をすべてここに移住し、日本人との日常的な接触を断ち、キリスト教の広がりを抑えようとした。五月ポルトガル人の子孫を追放した。

オランダ人の来貢

なお十三年三月二十八日オランダ人が来貢して家光に謁見、信綱が披露し、銅のシャンデリアを贈っている（『徳川実紀』第三篇・永積洋子訳『平戸オランダ商館の日記』第三輯、岩波書店、一九六九年）。

武家諸法度第四条の改正

キリシタンに対してこのような対策を講じても島原の乱が起き、鎮圧の遅れが対策変更を迫り、武家諸法度《ぶけしよはつと》第四条の解釈が改められ、領外で不測の事態が生じた場合、幕府の下知なしに出兵できるとし、東と西の大名の交代参勤をそれぞれの地域の大名が交代参勤とすることを五月二日命じた。島原の乱に際し九州には病気の島津《しまづ》家久《いえひさ》を除き一人も大名がいなかったことを教訓としたのである。同時に五〇〇石以上の大船製造の禁止を商船については解除した。乱における輸送に関係した施策であろう。

禁教の徹底

寛永十五年九月十三日家光は老中奉書をもって諸大名に、キリシタン宗門の厳禁と領分の穿鑿《せんさく》の徹底を命じ、訴人へ褒美のあることを伝えた（内藤家文書・毛利《もうり》家《け》文書・山内家文書ほか）。そして別紙でバテレンの訴人には銀子二〇〇枚、イルマンの訴人には銀子一〇〇枚、キリシタンの訴人には銀子五〇枚または三〇枚と褒美の額を定めた。

ポルトガル人の追放

家光は島原の乱の一因が宣教師の侵入にあるとし、それを手引きするポルトガル人を国内から追放することを考えたが、その場合彼らが運ぶ生糸や絹織物が輸入されなくなることを危惧した。そこで四月十八日大目付井上政重は、オランダ商館長フランソア＝カロンにポルトガル人に代わって生糸・絹織物や薬種《やくしゅ》・乾物《かんぶつ》を供給できるかを問いただした。商館長は軍事的優位性を強調し、ポルトガル人が購入しなくなった商品を、中国人はオランダ人に売却せざるを得ない事情を説明して、供給は十分可能と答えた。さらに日本船が明《みん》に渡航することの不可能なこと、東南アジアに行く場合はマカオのポルトガル船の攻撃にさらされるであろうとも答えた。

翌日平戸藩の奉行が酒井忠勝と信綱に呼ばれ、ポルトガル人が追放されたら、スペイン人・ポルトガル人はオランダ人が日本に来るのを妨害できるかを聞かれ、奉行はオランダ人の船にはどの船も対抗できないと答えた。翌二十日カロンらは要求されたオランダから日本までの海図と地形の投影図を完成、平戸藩の奉行が城に持参した。カロンらも出頭が命じられ、評定所《ひょうじょうしょ》の大寄合《おおよりあい》の場で酒井忠勝が昨日平戸藩奉行にしたのと同じ質問をした。そこでカロンはスペイン人がオランダ人を恐れていることを強調した。忠勝は一昨日の井上政重と同様の質問をした。カロンは十分可能であり、合わせてポルトガル人を追放すれば、今以上に中国船が来航することになろうとの予測を述べた。

朱印船貿易を断念

忠勝は朱印船貿易の復活をも考慮しながら、東南アジア海域における諸国の勢力関係の認識からそれを断念した。その後も評定所の大寄合が重ねられ、六月十二日島原の乱の責任を問われ閉門になっていた唐津藩《からつはん》主寺沢堅高の赦免がなされた（山本博文『鎖国と海禁の時代』校倉書房、一九九五年）。

鎖国の完成

結局家光はポルトガル人の追放を決断し、ポルトガル船の来航の時期に合わせて、十六年七月四日太田資宗を召して上使として長崎に派遣し、老中奉書の形式をもって「かれうた御仕置之奉書」「浦々御仕置之奉書」「唐船に乗来族へ相伝覚書」「阿蘭陀人へ相伝之覚書」を頒布したのであり、ここに「鎖国」の総仕上げがなされた（藤井讓治『徳川家光』吉川弘文館、一九九七年）。ポルトガル船の来航禁止、領内に漂着した不審船・異国船の人数改めと長崎送り、宣教師やキリシタンを乗せてくることの禁止、すなわちキリシタンの厳禁とともに、沿海防備体制の構築をすることを全大名に伝達した。

　長崎に到着した上使は、ポルトガル人・中国人と西国大名の奉行たちに通達した。江戸では細川・黒田など有力大名に、異国船の来航は長崎・江戸に注進し、長崎に家臣を置いて長崎奉行の命令に従うことなどを命じ、他の中小大名には、異国船来航に備えて領内を入念に監視するように命じた（山本博文『寛永時代』吉川弘文館、一九八九年、同『鎖国と海禁の時代』）。これ以後長崎奉行との連絡役として「長崎聞役《ききやく》」が諸藩から長崎に置かれるようになる。対馬・薩摩《さつま》の両藩に中国産生糸・絹織物や薬種の輸入に努めるよう命じた（荒野泰典『近世日本と東アジア』）。

貿易再開の要求を拒否

　同十七年ポルトガル特使ルイス＝パチエコらが貿易再開を求めて長崎に来航した。幕府は上使大目付加々爪忠澄《かがつめただずみ》らを派遣、六月十八日キリスト教徒六一人の首を刎ね、所持品と家財は乗船とともに焼いた。そして非キリスト教徒の黒人水夫ら一三人を唐船《からふね》で帰し、ことの次第をマカオ当局に報告させた。この後上使らは九州と中国・四国の大名にこの処置を知らせ、日本に近づく異国船に対する沿岸警備体制を構築した。

オランダ人を隔離

寛永十八年五月オランダ商館を平戸から長崎出島に移し、オランダ船の舶載する生糸にも糸割符《いとわっぷ》が適用された。オランダ人たちは日本社会から隔離されるのである。

ルビノの日本潜入

イエズス会宣教師のアントニオ＝ルビノは一六三八年にマカオに赴任、翌年日本管区巡察使に就任すると、日本潜入のために、ルビノ自身を含む五人の宣教師と同宿ら四人からなるグループと、日本管区長ベドロ＝マルケスら四人の宣教師とイルマンのヴィエイラら六人からなる二つのグループを組織した。ルビノら一行は寛永十九年甑島《こしきじま》で捕らえられ、長崎に送られ市中引き回しのうえ穴吊《あなつ》りの刑に処せられ、死骸は寸断して焼かれ、その灰は海に捨てられた。ベドロ＝マルケスらは一六四三年（寛永二十）マニラを出帆して、筑前大島で捕縛された。月代《さかやき》を剃り日本の衣類を着ていたが、容貌から外国人とわかり捕らえられ、江戸に護送されて宗門奉行井上政重の小日向《こびなた》のキリシタン屋敷に預けられた。彼らの詮議には家光も臨席し、全員棄教した。彼らはキリシタン屋敷に住みキリシタンの摘発などに協力させられた（荒野泰典「江戸幕府と東アジア」同編『江戸幕府と東アジア』日本の時代史14）。筑州《ちくしゅう》大島へ異国ばてれん等が渡海したというこの事件は、同年五月二十七日と二十九日老中奉書で大名に伝えられている。

正保四年のポルトガル船来航と沿岸防備

正保《しょうほう》四年（一六四七）六月二十四日ポルトガル船二隻が長崎に来航した。長崎奉行所では通詞を送り印が合わないのでオランダ以外の異国船であることが判明した。これはポルトガル国王がマカオからの報告を受けて、ゴンサロ＝デ＝シケイラ＝デ＝ソウザを大使として派遣した船で、使船に二〇〇人、副船には一二八人が乗船していた。二隻の船は入港以前に遠見番所《とおみばんしょ》を通じて長崎奉行に感知され、島原の高力忠房《こうりきただふさ》は長崎に着任、佐賀・福岡・熊本など諸藩の軍勢も集結し、七月半ばかれうた（ポルトガル船）御用の伊予《いよ》松山藩主松平定行が到着するまでに九州諸藩の軍勢が揃った。大名一〇人、手勢約五万（『徳川実紀《とくがわじつき》』第三篇では四万八三五四人）、水主《かこ》二万弱、船一五八四隻余で湾口は船橋で閉鎖され、各大名は湾の要所に配置された。七月二十七日江戸から大目付井上政重と在江戸の長崎奉行山崎正信《まさのぶ》が到着、国交再開拒否の家光の命令の奉書を持参した。本来、先のポルトガル船のように処罰するところ、国王代替わりの謝礼の使者なので特別に赦し、八月六日港外に出させ出帆を許可した。こうしてポルトガル船は無事に帰港し、沿岸防備体制は機能したのである（前掲荒野編『江戸幕府と東アジア』）。なおこの事件について、松尾晋一が詳細に述べている（『江戸幕府の対外政策と沿岸警備』校倉書房、二〇一〇年）。

家綱期の南蛮船対応

しかし家綱《いえつな》が将軍職に就くと、キリスト教を厳禁するという家光の意向を継承しつつも、承応《じょうおう》三年（一六五四）五月十八日南蛮船への対応策を変更した。すなわちとにかく領内から南蛮船を帰帆させるという長崎奉行が大名に指示した方針で、家光期の使節と訴訟の受け入れを削除した。南蛮船来航に対する幕府の方針は将軍代替わりごとに長崎奉行に示され、家綱政権の方針が祖法化していくという（松尾晋一前掲書）。

「鎖国」か「海禁」か

田中健夫は日本の「鎖《さ》国《こく》」が東アジアの伝統的な国際慣習や制度に根ざしたものであることを指摘し、「海禁《かいきん》」という用語使用を主張した（『中世対外関係史』東京大学出版会、一九七五年）。荒野泰典は「海禁」政策は国家の沿岸部に対する出入国管理体制と規定し、明・清《しん》、李《り》氏《し》朝鮮《ちょうせん》、近世日本の三国に共通して見られると総括する（「国際認識と他民族観」『現代を生きる歴史科学』２）。確かに「鎖国」が他民族・国家との出入りを断つと意識されるが、朝鮮・琉球《りゅうきゅう》両国と外交関係をもち、オランダ・中国と貿易を取り結び、長崎・対馬・琉球・蝦《え》夷《ぞ》地《ち》の四つの口を開いている近世日本にとっては、「鎖国」の用語を用いるのは適切ではないかもしれない。しかし日本の「鎖国」はキリスト教国あるいは旧教国への対処のために、キリスト教厳禁政策の下へ外交貿易体制までも従属させてつくり上げた幕藩制国家の原則で、「海禁」という用語の内容は従来の「鎖国」と呼ばれていた体制とそれほど変わらず（山本博文『寛永時代』）、本書もこれにならう。

清と琉球

ところで鄭芝竜《ていしりゅう》は日本南海貿易に活躍し、オランダ人と競合していた。しかし漢族の明朝が女真族《じょしんぞく》の清朝に滅ぼされ、北京《ペキン》を占領されると、清に対抗して成立した南明政権は、マカオ・琉球・安南からローマ法王まで救援を求めた。平戸に生まれた芝竜の子鄭成功《せいこう》はしばしば日本に援兵を乞い（日本乞師《きつし》）、幕府は一貫してこれに応じなかった。この動向とは別に、新たな王朝を建てた清朝は、明暦元年（一六五五）二二年間途絶えていた冊封使《さくほうし》を琉球に派遣するとの情報を察知した薩摩藩主島津氏は、幕府に伺いを立てた。家綱政権とりわけ老中松平信綱は薩摩藩主島津光久《みつひさ》に宛てて「韃王《だつおう》」＝清朝が武力によっていきなり琉球を攻撃することはないであろうとの予測のうえで、冊封使が来航して琉球に従属の証しとしての弁髪《べんぱつ》と筒袖《つつそで》の衣類を強制させたならば、琉球にはそれに従わせるようにと島津氏に指示した（紙屋敦之『幕藩制国家の琉球支配』校倉書房、一九九〇年）。

対外関係の悪化を回避

前半期の家綱政権の立場は、琉球支配をめぐって、清朝と戦端を開くことを回避するのであった。これは家光政権の外交政策を一貫して受け継ぐものであるが、この時十五歳の将軍家綱に全大名を軍事指揮して、全面的な対外戦争を主導することは困難であるとの判断が政権中枢に働いたことは想像に難くない（高埜利彦「元禄の社会と文化」同編『元禄の社会と文化』日本の時代史15、吉川弘文館、二〇〇三年）。

第五　川越へ加増転封

一　川越入部と領知

川越入部

松平信綱は寛永《かんえい》十六年（一六三九）正月五日三万石を加増され六万石を拝領し、川越に入部した。島原の乱鎮圧の功によるといわれる。

「幕閣の城」

武蔵国《むさしのくに》川越は河越とも書かれるが、入間郡《いるまぐん》の中央にあり、その城は武蔵野台地の北辺に造られ、その南西に城下町が広がっている。川越城は江戸に最も近く、「幕閣《ばっかく》の城」として老中《ろうじゅう》など譜代《ふだい》の中核的大名が配される。

酒井重忠の入封

天正《てんしょう》十八年（一五九〇）八月一日の徳川家康《とくがわいえやす》の関東入部に伴う知行割《ちぎょうわり》によって、酒井河《かわ》内守重忠《ちのかみしげただ》が一万石をもって川越に封じられた。『寛政重修諸家譜《かんせいちょうしゅうしょかふ》』によると重忠は領地を相模国大住郡玉縄《さがみのくにおおすみぐんたまなわ》（甘縄《あまなわ》とも書く）に移され、のち川越城一万石を領したとあるが、『家忠《いえただ》日記増補』によれば直接川越城を賜ったとある。この時重忠の嫡子《ちゃくし》忠世《ただよ》は五〇〇〇石、弟忠利《ただとし》は三〇〇〇石をいずれも川越領において賜り、複数支城主《しじょうしゅ》の一例であるが、同じ家の複数支城主は酒井家のみである。忠世が賜った日付は八月十六日であるので、三人とも入国直後の知行割で川越付近の領主になった可能性がある。

　重忠には家康から家臣二四人が付属させられた。家康は上級家臣に中下級家臣を与《よ》力《りき》・同心《どうしん》として付属し多くの支城に配属した。寄親《よりおや》・寄子《よりこ》制度の下新たな軍団編成が取られ軍役《ぐんやく》負担を負った。そして過重な軍役と新領地支配のために江戸勤番を免除された。重忠は文禄《ぶんろく》元年（一五九二）豊臣秀吉《とよとみひでよし》の朝鮮出兵で家康が肥前名護屋《ひぜんなごや》に出陣の時江戸の留守居を務め、慶長《けいちょう》五年（一六〇〇）上杉景勝《かげかつ》討伐に供奉《ぐぶ》して下野小山《しもつけおやま》に至り、次いで関ヶ原の戦いに従い、のち大坂に向かう途中弟忠利とともに大津城守衛の命を受けている。

　川越は有力寺院とその門前町《もんぜんまち》を母体にしており、後北条氏の支城時代、各地から商工業者が来住してきた。重忠は商工業者を保護し城下町としての発展を図った。家康の覇権確立のこの時期、重忠は新領川越に席を温める暇もなく、在城一一年にして慶長六年三月三日上野国厩橋《こうずけのくにうまやばし》（前橋）城《じょう》に転じたのである。

酒井忠利の入封

　慶長十四年九月二十三日、酒井重忠の弟忠利が駿河国《するがのくに》田中城から二万石をもって川越に入封した。重忠が厩橋に移ってから八年間城主を欠いたのは、重忠が厩橋への転封《てんぷう》に反対し、天海《てんかい》の執り成しで決着が付いたが、川越城主の新封については重忠の推挙を待つという経緯があったからともいわれている。

忠利は川越に移るとともに大留守居となり、諸国の証人および関所をつかさどり、年寄《としより》（老中）とともに諸事を預かった。大坂の陣にも留守居として江戸城を守衛した。彼は家康の命により三か年を費やして仙波喜多院《せんばきたいん》を造営している。

元和《げんな》二年（一六一六）五月二十九日家光《いえみつ》に付属され年寄となり、七月加恩七〇〇〇石を賜い、四年家光は初めて川越城に渡御《とぎょ》している。五年十一月さらに一万石を加えられ、都合三万七〇〇〇石を領し、寛永二年十二月十一日付で領知朱印状《りょうちしゅいんじょう》を与えられているが、これには三万七五〇〇石となっており、ほかに開発地《かいはっち》と改出《あらためだし》がある。

忠利は寛永四年十一月十四日川越城中で死去した。そしてその嫡子忠勝《ただかつ》は忠利遺領のうち三万石を賜り、それまでの所領五万石と合わせて八万石で川越城に移った。

忠勝の移封

忠勝は元和八年一万石を領して武蔵国深谷城《ふかやじょう》を居城としていた。深谷城は松平忠輝《ただてる》が慶長八年二月信濃国川中島《しなののくにかわなかじま》に移されてからしばらく番城となっていたのである。寛永元年八月上総《かずさ》・下総《しもうさ》・武蔵国において二万石の加増を受け、翌二年十月二十三日付で秀忠《ひでただ》朱印状が下されている。

忠勝は家光付であるが、家光が三代将軍となって寛永元年十月本丸に移徙《いし》すると老中に列し、常に営中に伺候《しこう》して公家《くげ》・武家の事を沙汰《さた》し、かつ異国の事をつかさどった。同三年忍領《おしりょう》において二万石を加賜せられ都合五万石になった。しかし忍城を賜っておらず居城の深谷は動かなかった。そして深谷から川越に転じたのである。

寛永五年東照社《とうしょうしゃ》十三回忌祭祀を奉行《ぶぎょう》、七年正月命により江戸城吹上門櫓《ふきあげもんやぐら》の普請《ふしん》を助役した。八年忠勝は上野東叡山《うえのとうえいさん》寛永寺に七間四面の薬師堂《やくしどう》を建立寄進《きしん》したが、家光疱瘡《ほうそう》の時、立願《りゅうがん》しその平癒を見て願を果たした。九年正月大御所《おおごしょ》秀忠が死去、家光が親政を開始すると、酒井忠世・土井利勝《としかつ》とともにこれを補佐して幕政運営に当たった。同年四月東照社十七回忌追福行事《ついふくぎょうじ》を日光山で奉行し、九月十九日武蔵国において二万石加増、一〇万石を領し、十二月一日従四位下侍従《じゅしいげじじゅう》に昇進した。

彼は謹言実直で好学の性格は諸大名の徳望を得た。家光の信任厚く、没後の後事を忠勝と保科正之《ほしなまさゆき》に託したほどである。

忠勝の藩政

藩政については、寛永十年七月十九日地方《じかた》知行の給人《きゅうにん》に対して、知行所内竹木伐採と人身売買の禁止、升目《ますめ》公定《こうてい》、物成納《ものなりおさめ》や金穀出納と物価規定、治安維持、五人組制定《ごにんぐみせいてい》、水利施設整備、植林、開墾などに関して遵守するよう命じた郷中法度《ごうちゅうはっと》を発している。

また藩内の寺社の復興に努め、寛永十五年喜多院に多宝塔を建立寄進して十六年四月に完成したのをはじめ、川越総鎮守《そうちんじゅ》氷川神社《ひかわじんじゃ》や、これより前寛永元年には父忠利とともに城内三芳野《みよしの》天神社などを復興している。時間の正確を守り、城内に太鼓櫓を設けて時や非常を知らせたが、のちに多賀町に時の鐘（時鳴鐘）を創建し、現在もその面影を伝えている（『川越市史』第三巻）。

大石の逸話

四代家綱《いえつな》が若いころ、庭内の大石を外へ出すようとの上意に、忠勝はこの石を外へ出すには土居・塀などを崩さなければならず堪忍して下さいと申し上げそのままになった。御前を下がると、松平信綱があの石は土を掘って埋めてしまえばと言うのを聞いて、忠勝は自分も気づいてはいたが、物事思いのままになると思われては天下の政務に難儀のことがあろう。石はそのままにしておいても害はないことだ。若い上様には万事容易に事を執り行わぬがよいと思い右のように申し上げたと言ったので信綱も心服したという（『玉露叢《ぎょくろそう》』）。この話は「信綱記」では、家光が阿部重次《しげつぐ》へ命じ、信綱が実際に大石を埋め隠し、家光が帰って見てこれは伊豆守《いずのかみ》に頼んだと見てとった話になっている。

忠勝、若狭へ移る

忠勝は寛永十一年六月家光の上洛に供奉し、七月十八日参内《さんだい》して天盃《てんぱい》を受け守家《もりいえ》の太《た》刀《ち》を勅賜《ちょくし》され、後水尾院《ごみずのおいん》・東福門院《とうふくもんいん》にも謁した。閏七月六日二条城において封地《ほうち》を加えられ、川越を改めて若狭国《わかさのくに》一円ならびに越前国敦賀郡《えちぜんのくにつるがぐん》を賜い、在京賄料《ざいきょうまかないりょう》として近江国《おうみのくに》高島郡において七〇〇〇石余を添えられ、すべて一一万三五〇〇石余で小浜城《おばまじょう》を与えられた。川越城は二十八日城番陸奥国《むつのくに》中村城主相馬《そうま》虎之助義胤《よしたね》に引き渡した。さらに同十三年正月二十五日下野国安蘇・都賀両郡のうちで一万石を在府賄料として宛行《あてが》われた。

堀田正盛の入封

寛永十二年三月一日老中堀田正盛《ほったまさもり》は三万五〇〇〇石をもって川越に入封《にゅうふう》した。正盛にとって初めての城主である。同年十月二十九日小姓組番頭を許されたが老中は元の如くとされた。寛永十五年三月八日正盛は老中を免《ゆる》され、天下の大事や政務の枢要においては評定所《ひょうじょうしょ》に候すべき旨命じられ、川越を改め信濃国松本に移され、六万五〇〇〇石の加恩があって一〇万石を領することになった。この転封はその年正月二十七日から二十八日にかけての川越大火により、仙波喜多院や東照宮に災厄が及んだ責任という見方もあるが、加増石高が多く、その後もしきりに家光が正盛邸に渡り、彼を寵愛しているので、必ずしも左遷的転封とはいえない。

正盛移封後の川越

堀田正盛が信濃国松本に移ってのち、常陸国下館《ひたちのくにしもだて》城主水谷勝隆《みずのやかつたか》が城番として川越城を預かった。川越領の寛永十五年十一月の年貢割付状《ねんぐわりつけじょう》の発行は幕府代官らが行っており、信綱入封まで一時幕領とされたのであろう。

信綱の入封

そして寛永十六年正月五日、松平信綱が武蔵国忍三万石から三万石の加増を受け、六万石をもって川越に入封した。そして前年の物成も賜与されている。なお忍には阿部忠《ただ》秋《あき》が入り、信綱家老和田理兵衛から忠秋城代加藤三右衛門重次・家老《かろう》平田弾右衛門重政《しげまさ》が城を受け取っている。四月二十三日信綱は暇を賜り川越へ赴いた。

六万石の地域

信綱が川越に封じられた六万石の地域については『寛政重修諸家譜』にも「大河内家《おおこうちか》譜《ふ》」にも全く記述がない。川越城が所在する武蔵国入間郡をはじめ高麗郡《こまぐん》・比企郡《ひきぐん》の城《しろ》付領《つきりょう》がその領地であることは当然であるが、騎西領《きさいりょう》という埼玉郡の一部が入っていたと思われる。ただ残念ながら寛永十六年から正保《しょうほう》四年（一六四七）までの騎西領の年貢割付状は残されていない。

加増知行高

正保四年七月五日信綱は常陸国新治郡・武蔵国埼玉郡のうちで一万五〇〇〇石を加増され、都合七万五〇〇〇石となった。このうち『武蔵田園簿』（関東近世史研究会・北島正元校訂、日本史料選書、近藤出版社、一九七七年）によると、「松平伊豆守知行」は、武蔵国入間郡二万四九九一石五斗九升二合、高麗郡六一八六石八斗三升六合、比企郡七〇五四石二斗三升五合（小計川越領三万八二三二石六斗六升三合）、武蔵国埼玉郡二万七六八六石五斗三升四合で、武蔵国合計は六万五九一九石一斗九升七合となる。したがってその残高九〇八〇石八斗三合が常陸国新治郡の高となる。

また高崎市立図書館所蔵「無銘書（別名御家事向大概）」（『川越市史』史料編近世Ⅰ）の中の万《まん》治《じ》三年（一六五三）「川越騎西羽生《はにゅう》府中子ノ御物成納覚」に記す各領の先高と『武蔵田園簿』の各領集計高は一致するのである（騎西領と羽生領はともに埼玉郡に属するので内訳村は区別できず、羽生領の先高は史料記載が空白になっているので計算により補う）。

信綱加増地の推定

日本歴史地名大系8『茨城県の地名』の記述によれば、石岡市は正保四年松平伊豆守領、寛文《かんぶん》元年（一六六一）松平伊勢守《いせのかみ》（信定《のぶさだ》）領とある。具体的には平村（元禄《げんろく》十三年松平頼隆《よりたか》入部以前は府中、明治二年〈一八六九〉石岡町と改称、石岡市中心市街地）にその記述があり、元禄十五年（一七〇二）の郷帳高は四八三四石五斗四升八合となっている。

このほか『茨城県の地名』では、石岡市の東に位置する現かすみがうら市（旧出島村）内の坂村・成井村・下軽部《しもかるべ》村《むら》・大和田村・男神村は正保三年に水戸藩《みとはん》領《りょう》

（正保4～寛文2年）

野　高	野　銭
石	永貫文
631.255	49.300
81.016	43.306
555.891	24
1,268.162 (3.3%)	92.630
0	6.150
1,268.162	98.780
不　明	不　明

につき比例配分をして加えた.

常陸府中領

川越藩75,000石の内訳

国郡	村数	高	田高	畑高
		石	石	石
武蔵入間郡	64(7)	24,991.592	16,982.503	7,377.834
〃 高麗郡	20(5)	6,186.836	2,793.134	3,312.686
〃 比企郡	32(2)	7,054.235	4,748.933	1,749.411
小計	116(14)	38,232.663	24,524.570	12,439.931
比率		(100%)	(64.1%)	(32.5%)
武蔵埼玉郡	56(2)	27,686.534	13,500.326	14,186.208
比率		(100%)	(48.8%)	(51.2%)
武蔵計	172(16)	65,919.197	38,024.896	26,626.139
常陸新治郡	不明	9,080.803	不明	不明

史料）『武蔵田園簿』（日本史料選書）

注）（　）内村数はそのうちの相給村数，相給村の田畑野高内訳不明
他に入間郡入間村に見取場畑33町３反８畝28歩あり．

からの領地替があり、正徳期《しょうとくき》に土浦藩領ないし天領《てんりょう》となったと記す。これら五か村の元禄郷帳高計は四九七四石六斗六合であるから、これらが信綱加増地とも推定される。新治郡のほかの村々には信綱加増と考えられる記述は全くないからである。

『石岡市史』下巻（石岡市史編さん委員会編、一九八五年）によれば、代官松下八太夫の支配であった府中は正保四年に信綱の支配するところとなった。信綱が就封すると、それまでの厘取法《りんどりほう》に変えて反取法《たんどりほう》を採ったとある。村高は変わっていないが、田方取米が漸増、畑方取米は減少する。また新田畑は田方・畑方とも漸増傾向に

あり、新田畑の比重も増大し、寛永期以降の特徴が現われている。『石岡市史』上巻に載せる高浜村の書上げに、同村は寛文二年から元禄十五年まで三六か年松平伊勢守（信定）の支配を受けたとある。

なお『榎本《えのもと》弥左衛門覚書』「万《よろず》之《の》覚《おぼえ》」には、一万五〇〇〇石加増の際、常陸府中とともに川越の西小沼・高倉が加増されたとある。小沼は入間郡、高倉は高麗郡に属するので、弥左衛門の記憶違いかもしれない。

この万治三年「川越騎西羽生府中子ノ御物成納覚」は唯一の川越藩財政を示す史料である。この納入物成量を表に示したが、表の先高は拝領高であり、高は新田新開高および検《けん》地《ち》打出高《うちだしだか》を含んだ内高である。この内高の先高に対する増加率は騎西領が最も大き

納入物成量

府中領	計
石 9,080.803 (12.1%)	石 75,000 (100%)
10,536.235 (9.7%)	108,642.665 (100%)
(116.0%)	(144.9%)
2,422.57	23,414.13
66.015	632.814
94.763	697.673
2,603.348	24,744.617
貫　文 376.160	貫　文 6,106.490
11.763	191.028
250	6.400
388.173	6,303.918
(29.5%)	(36.4%)
石 2,847.897 (9.9%)	石 28,716.085 (100%)
(31.4%)	(38.3%)
(27.0%)	(26.4%)
石 2,781.48	石 28,220.27
貫　文 406.420	貫　文 6,786.755
石 3,120.818 (9.3%)	石 33,396.285 (100%)
(34.4%)	(44.5%)

中子ノ御物成納覚」
は32文に1文．万治2年推計
る．なお米永換算は両年とも

川越藩領万治3年の

	川越領	騎西領	羽生領
先　　　高（A）	石 38,232.663 (51.0%)	石 23,736.187 (31.6%)	石 *3,950.347 (5.3%)
高（B）	53,162.2 (48.9%)	40,688.7 (37.5%)	4,256.16 (3.9%)
B／A×100	(139.0%)	(171.4%)	(107.7%)
取　　　米（C）	13,141.47	7,219.26	610.83
口　　　米	355.175	195.115	16.509
前　年　種　利	257.25	311.01	34.65
米　納　合　計（D）	○13,753.895	7,725.385	661.989
取　　　永（E）	貫　文 3,075.275	貫　文 2,301.655	貫　文 353.390
口　　　銭	96.102	72.092	11.071
野　　　銭		5.280	870
永　納　合　計（F）	3,171.377	2,379.037	365.331
（C＋E）／A×100	(39.4%)	(36.5%)	(21.1%)
総計（G＝D＋F）	石 15,751.862 (54.9%)	石 9,244.178 (32.1%)	石 892.147 (3.1%)
G／A×100	(41.2%)	(38.9%)	(22.6%)
G／B×100	(29.6%)	(22.7%)	(21.0%)
万治2年　取　米	石 15,507.44	石 9,194.86	石 736.49
〃　取　永	貫　文 3,413.825	貫　文 2,584.725	貫　文 381.785
〃　推計総計（G′）	石 18,144.48 (54.3%)	石 11,125.96 (33.3%)	石 1,004.984 (3.0%)
〃　G′／A×100	(47.5%)	(46.9%)	(25.4%)

史料）高崎市立図書館所蔵『無銘書』所収「川越・騎西・羽生・府

注）＊印原記載なし．○印計算補正．口米3斗7升に1升，口銭

総計は同年の取米・取永・口米・口銭に万治3年野銭額を加え

永1貫文＝米6斗3升を使用．

く、川越領がこれに次ぎ、羽生領と府中領は小さい。この理由は、騎西領が正保四年、川越領では慶安《けいあん》元年（一六四八）に検地が実施されたが、羽生領と府中領はこの間検地が実施されていないためと考えられる。

年貢収取方法

川越藩の年貢収取方法は田方は米、畑方は永《えい》（金）であり、取米には三斗七升に一升の口米、取永は野銭を加えた金額の三二分の一（永一貫文につき三二文一五）が口銭《くちぜに》として付加される。取米と取永（永一貫文＝米六斗三升に換算）の合計が本途《ほんと》物成であり、先高を基準にした年貢率は平均三六・四％、騎西領は平均を示し、川越領は相対的に高く、羽生・府中領は低率である。なお本途物成に口米・口銭・前年種利・野銭を加えた合計石高では川越領が過半を占め、藩財政の中核をなす。

ところでこの万治三年は大風による被害が大きく、飢饉年に当たる。この史料には前年よりの減額が記載され、万治二年の物成量を知ることができる。四領とも米永いずれも前年の方が多く、年貢率も高いのである。

信綱死後の寛文四年四月五日付で子輝綱《てるつな》に領知朱印状《りょうちしゅいんじょう》と目録が発給《はっきゅう》された。その国郡は武蔵国入間・埼玉・比企・高麗・多麻（多摩）となっている。この時の領知には大きな問題を含んでいるが、このことは第九で特に触れる。

川越藩石高の内訳

内訳は入間郡八一村・三万六八六石七斗六升、埼玉郡五三村・二万九三〇一石一斗五升、比企郡三八村・九六八四石七斗九升、高麗郡一四村・五〇七七石三斗、多麻郡三村・二五〇石、都合七万五〇〇〇石である（国立史料館編『寛文朱印留』上巻、東京大学出版会、一九八〇年）。入間郡のうち一一村が実は高麗郡であり、多麻郡三村は実は入間郡である。入間・高麗・比企の三郡は川越の城付領であり一円的であるが、埼玉郡は川越から北東に隔たっている。この地域を騎西領ならびに羽生領という。

騎西領

騎西領の中核は騎西町場（町場村）であるが、その地域はかなり広がっている。『武蔵田園簿』の埼玉郡「松平伊豆守知行」騎西領・羽生領計五六村の現在（二〇〇九年）の自治体所属を見ると、埼玉県北埼玉郡騎西町二〇村、加須市《かぞし》一四村、久喜市《くきし》一一村、北葛《かつ》飾郡鷲宮町《しかぐんわしのみやまち》三村、鴻巣市《こうのすし》三村、南埼玉郡菖蒲町《しょうぶまち》二村、桶川市《おけがわし》一村、南埼玉郡白岡町一村、北埼玉郡大利根町《おおとねまち》一村と広く九市町にわたっている。羽生領が含まれているにもかかわらず羽生市所属の村がないのも不思議である。そして『羽生市史』でもその事実についての記述はないのである。

二　川越城再建と城下町整備

寛永十五年の大火

信綱の施策として、まず川越城の再建拡張と城下町の整備について述べよう。入封以前の寛永十五年（一六三八）正月二十八日の朝、北町の木挽《こびき》喜右衛門の家から出火し、強風にあおられ南に延焼、東にも延びて本町から江戸町一帯を焼き払い、上松江町の境で留まった。人々が安心していると、今度は正午ごろ城の北方の氷川神社の南の武家屋敷から再び出火した。この火が南の川越城中に飛火して城の建物も炎上し、さらに南の久保町筋の武家屋敷地帯に延焼、その延長線上の喜多院の堂塔や門前の民家もすべて焼いた。こうしてこの大火で川越城郭の大部分と、城に近接した城下町の最も繁華な部分を失ったのである。

川越城の再建

川越城を再建し近世城郭として結構を構えたのは信綱で、彼の手で外曲輪《そとぐるわ》・田《た》曲輪・新曲輪の三郭の修築・拡張が行われた。これに伴い西大手《にしおおて》・南大手の構えも造られたという。彼の城域拡張は、旧来の城域の周囲にさらに一重・二重の郭を増設して防御線を厚くしたもので、その際赤間川《あかまがわ》・伊佐沼《いさぬま》・よな川などにより天然の防御線も敷かれるの

城郭普請

川越城図（『川越市史』第3巻近世より）

である。城の北側から東側さらに東南に及ぶ部分は、増設の郭を細長い帯状として厚みを薄くし、台地上の陸続きとなる西側ないし西南方の郭は厚く二重・三重に構え、城域の面積は旧時に倍増して約四万六〇〇〇余坪にもなった。郭の増設に伴って西大手・南大手を設け、それぞれに丸馬出《まるうまだし》と三日月堀を設けた。

こうして完成を見た川越城の城郭としての防備施設は、自然の地形を除けば主として堀と土居、三つの櫓《やぐら》と土居の上に廻らされた塀であって、多くの城郭に見られるような石垣はほとんどなかった。築城の普請で最も大量の労力を必要とするのは石垣工事であるが、これがなくても堀普請をはじめとする土木工事は大きなものであり、領内の農民が夫役《ぶやく》として駆使されたものと思われる。『三芳野砂子』（海寿『川越年代記・三芳野砂子』川越図書館、一九一六年）の聞書《ききがき》の部に、「御城は東の方清水御門より北の新曲輪御門迄の間新規に築出され、南西の両大手に丸馬出しを築かれし事なれば、在々へ役の当る事は夥敷事《おびただしきこと》なりと云」とあり、この地方の農民に大きな労役負担がかけられたことを示している。

拡張工事の実施期間

ところでこの拡張工事が実施されたのは何年ごろであったろうか。信綱の入封直後に開始され、寛永末年から盛んとなり、数年以上十年にわたり、完成を見たのは慶安《けいあん》・承応《じょうおう》のころであったと思われる。

富士見櫓

川越城には天守閣がなく、この点で忍・岩槻《いわつき》の城と共通している。その代わり本丸南西隅の富士見櫓がその代用を務めた。この櫓は三重櫓で高さ五一尺（一五メートル余り）、城内最高部の本丸台地上に立つだけに四周の眺望がすこぶるよく、将軍家光がこの櫓に登り、儒臣《じゅしん》の林羅山《はやしらざん》が詩を賦《ふ》したことがある。このほか本丸西北の隅に二層の虎櫓、二丸東北隅に二層の菱櫓があり、この三つの櫓によって四方が遠望できるようになっていた。

町割り

川越城の拡張に伴い、城下町もいっそう整備された。城下町の基本となる都市計画を当時の言葉で町割りというが、その中心は道路の計画であった。計画的に設計された道路によって土地が区画され、その区画が武士・商人・職人たちの居住すべき場所として指定されて城下町が構成されるのであった。

十ケ町四門前

川越城は突出した武蔵野台地の先端部東側に築城されているから、城を取り囲むように町割りを構成できず、城の西南の台地上に武家地を含めて基本になる町が構成された。それが「十ケ町四門前」で、南北に細長い町であった。十ケ町は江戸町・本町・南町・喜多町（北町）・高沢町の上五ケ町と、上松江町・多賀町（箍町）・鍛冶町・鴫町（志義町）・志多町（下町）の下五ケ町からなり、上五ケ町は主として商人町、下五ケ町は主として職人町であった。鍛冶町は鍛冶職人が、多賀町は桶職人が多く住んだのでこの名がある。また江戸町は城下町から江戸への出口で西大手脇に所在し、伝馬問屋《てんまどんや》を中心とする。十ケ町の慶安検地石高は一四三四石四斗、屋敷は二二町一反五畝七歩であった。

四門前は、養寿院・行伝寺《ぎょうでんじ》・蓮馨寺《れんけいじ》・妙養寺の門前町であり、住民は町人であるが、その支配は寺院に属し、町奉行・町役人の支配系統には入らない。しかし実際にはひと続きの町であるため、「十ケ町四門前」をまとめて「町分」としたが、この制度ができたのは信綱の時代であったという。

町支配の整備

承応元年（一六五二）九月二十八日の「御条目并被仰渡留《ごじょうもくならびにおおせわたされどめ》」は、奉公人《ほうこうにん》（武士）と町人との公事《くじ》は和田理兵衛・深井藤右衛門・岩上角右衛門の三人の家老と町奉行長谷川源右衛門の立合によって裁かれ、町人と百姓の公事はさらに代官を加え、町人のみの公事は町奉行のみで裁かれるなど、町支配の整備が進んだ（豊橋大河内家文書）。

城下町支配の体制

城下町の支配は、十ケ町は町奉行が行い、配下に町同心一〇名が置かれ、郷分町には郷同心数名が置かれた。町政は町年寄・名主・町代の町方三役がこれに当たり、町年寄は連雀見世《れんじゃくみせ》の元締めであった加茂下《かもした》氏と高沢町の水村氏が世襲《せしゅう》し、持高屋敷諸役免除の特権を認められた。町人負担は地子銭《じしせん》として十ケ町一律に一反一石を負担し、ほかに伝馬小役や小役などが小間割で課せられた。伝馬小役は上五ケ町と上松江町が負担、小役は鴫町・志多町が負担した。伝馬小役を負担した六町は六斎市《ろくさいいち》（のち二六九の九斎市）を許された（『新編埼玉県史』通史編3）。

「川越御城下絵図面」

挿図に掲げた「川越御城下絵図面」は、江戸時代を通じて川越江戸町の名主を務めた次原家《つぎはらけ》に伝来してきたものである。絵図面を入れていた袋の表書きによると、元禄七年（一六九四）には次原八郎左衛門繁之《しげゆき》が所持しており、以後明治二十二年（一八八九）まで次原家に伝えられていた。現在は子孫次原邦子氏が所蔵し、大蓮寺に保管されている。袋の表書

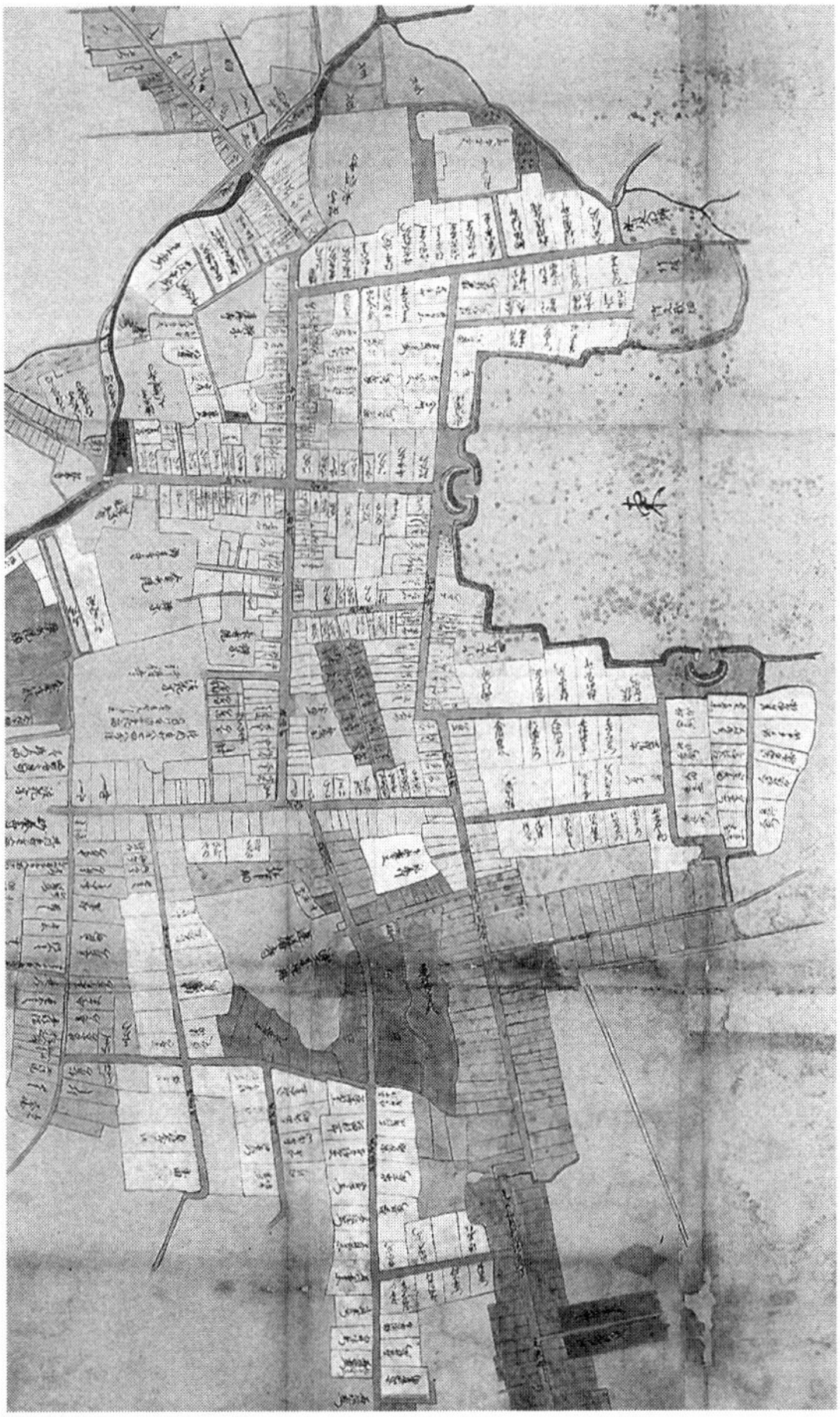

川越御城下絵図面（次原氏所蔵・大蓮寺保管）

川越江戸町名主次原家に伝来した藩士と町人の屋敷割図，藩士の名から大河内松平氏時代の末期信輝の元禄期のもの．

きでは本絵図面が必ずしも元禄七年に作成されたことを示しているものではないが、武家屋敷に記される姓名からすると、大河内松平氏時代の末期すなわち信輝《のぶてる》の時期の状況を描いたものと思われる。これが紹介される以前は、同年の「元禄七年川越古絵図」（三芳野神社所蔵）すなわち柳沢《やなぎさわ》氏《し》時代初めの写しが最も古いものであった。

この絵図面は現在軸装されているが、元来は折絵図《おりえず》で袋に納められていた。また南側と西側が途中で切断されているが、同年代のものがないので極めて貴重なものといえる。

屋敷割図の記載

本絵図面には凡例が記されていない。城下の藩士と町人の配置を明確にした屋敷割図で、武家地・町人地ともに人名が比較的細かく記載されている。武家地は白色、下級武士の屋敷地は薄茶色、十ケ町と寺院は似たような肌色、郷分は灰色、寺領は朱色、そして道は黄色に色別けされている。

この絵図に描く武家屋敷すなわち白色の区画は一五七を数える。このうち御奉行・会《かい》所《しょ》・御馬屋・馬場および御鳥見屋敷跡の五区画を除くと、明屋敷と記されるのが八区画、白いまま何の字も書かれていない区画が一六区画あり、合わせて三〇区画を除く一二七区画に姓名が記されている。

武家屋敷の姓名

このうち「従古代役人以上寄帳」に載るのは三七人、また万治元年（一六五八）「松林院《しょうりんいん》様《さま》御《お》代分限帳《だいぶんげんちょう》」に載るのは三五人、両方に重複して載るのは二一人である。したがって五一人は両方のどちらかに載っている。姓名を確認できないが、ほかに八人は姓名のうち一字程度の違いがある者がいる。武家屋敷の姓名からは城下絵図面の作成年代を確定できないが、大河内松平氏支配の末期と見て支障はなかろう。信綱の城下復興の様相を検証するには参考にすべき絵図面である。なお城は西大手・南大手と外郭の土手の半分を描いて内部は空白となっている。この絵図面に家老など上級家臣がほとんど載っていないのは、城内に屋敷が与えられているからであろう。

城の北側と南側に武家地が配置されているが、下級武士の屋敷は城下の出口付近の街道に沿って並んでいる。なお行伝寺の西養寿院領を隔てて「御鷹部□□」の記載があり、残念ながら切断されていて読めないが、「御鷹部屋」か「御鷹部屋跡」のいずれかであろう。しかしここが武家地に色分けされておらず、貞享四年（一六八七）の生類憐《しょうるいあわ》れみ令による鷹狩の禁止や、この絵図面由来書に記される元禄七年の年号から見て「御鷹部屋跡」とあったとみられる。また北部赤間川沿いの「御鳥見屋鋪跡」の記載からもそういえる。

御鷹部屋跡

城の北と江戸町に接する南側の二か所に「御先栽畑《ごせんざいばたけ》」が描かれている。先栽畑（前栽畑）とは野菜畑のことで、城中の武士が食用とするための自給畑を意味する。前栽畑は江戸前期に見られる特色の一つであり、柳沢時代以後、城の北の畑は「樹木屋敷」に、江戸町と接する南の畑は「中間大部屋」に変わる。

「川越索麪」との合致

尼子《あまご》八郎左衛門の屋敷の位置は、川越の地誌で寛延《かんえん》二年（一七四九）以前に成立した「川越索麪《そうめん》」（『新編埼玉県史』資料編10・近世1地誌）の記述と一致して描かれている。すなわち仙波口木戸《きど》の向屋敷のところで、同心町も同様に一〇軒描かれている。その他御厩と馬場など本図に描かれている箇所の多くが「川越索麪」と合致している。

町人地

町人地は十ケ町と郷分町がはっきり色分けされている。十ケ町については屋敷割がされ、人名まで記載されている。郷分町は村が町場化した地域であり、町と村の中間的な存在である。この地域の多くが、百姓地・畑・明屋敷等で描かれている。

寺　院

寺院は城下町の西側に集中しているが、蓮馨寺に関しては、寺を守るように周囲に武家地が配置されている。

作成年代の推定

本絵図面は松平信輝時代の完成された川越城下町の町割の様子を詳細に描いており、作成年代は鷹狩が禁止された貞享四年から、信輝が下総古河《こが》に移される元禄七年までの間ということになろうか。袋の表書きに記される元禄七年よりもさかのぼる可能性が高いということになろう（『町割から都市計画へ—絵地図でみる川越の都市形成史—』第一〇回企画展図録・川越市立博物館、二〇〇四年）。

多賀町時の鐘

ここで現在も川越のシンボル多賀町の時の鐘について触れよう。この鐘は酒井忠勝の時代に造られたが、その後損壊して承応二年正月信綱が椎名兵庫《しいなひょうご》に命じて新たに鋳造させた。『武蔵三芳野名勝図会』にその銘文が記されているが、形が小さく音が低いので当時外して今は会所にあるとある。そして今の鐘は元禄七年七月甲州谷村《やむら》に住む鋳物《いも》師《じ》が鋳たもので、元谷村城下の鐘であったものを、宝永《ほうえい》年中秋元氏の所替えに際して持たせ来たったと記述している。そして鐘撞きの給金は、田畑三反そのほか町々竈《かまど》一軒より毎月銭六文ずつ集め、そのほか寺門前や町続きの郷分よりは籾と麦とを一か年に両度ずつ集め給分としたとある。

三　喜多院・仙波東照宮の再建

喜多院の全焼と再建

寛永大火は喜多院堂塔・東照宮を焼き、中院・南院や塔頭《たっちゅう》・門前まで全焼したという。焼け残ったのは寛永九年（一六三二）に建てられた山門だけであった。同十五年七月家光は大火当時の城主堀田正盛を奉行として再建に当たらせ、十二月に竣工した。工匠は幕府作事方大工《だいく》頭《がしら》木原《きはら》杢允《もくのじょう》義久《よしひさ》で焼失前より建物が大きくなっている。東照宮の石鳥居は堀田正盛が寄進している。喜多院大堂も再建され、酒井忠勝によって多宝塔が建立され、これは翌十六年二月に完成した。家光は建立料に銀五〇〇貫目を出し、喜多院客殿・書院・庫裡《くり》は天海の願いにより江戸城紅葉山《もみじやま》から金一五〇〇両で受け取り、解体して仙波に運んだ。客殿は家光誕生の間、書院には春日局《かすがのつぼね》の化粧の間を含むといわれている。運搬に当たって寺尾河岸《てらおがし》を開設し、臨時に使用した。寛永十六年には慈恵堂《じえどう》・経蔵、正保二年（一六四五）には慈眼大師《じげんだいし》堂が建立されたが、東照宮の主たる建物は寛永十七年には竣工し、拝殿の四周に岩佐《いわさ》又兵衛勝以《かつもち》に画かせて納めた三十六歌仙の絵額三六面がかけられ、それぞれの絵の上に青蓮院尊純法親王《しょうれんいんそんじゅんほっしんのう》筆の和歌が書かれた。幣殿《へいでん》の左右の長押《なげし》には一二枚の鷹の絵の額がある。

喜多院と天海

喜多院は天海が住した寺として知られる。天長《てんちょう》七年（八三〇）慈覚大師円仁《えんにん》が勅願《ちょくがん》により仙芳上人《せんぼうしょうにん》の古跡を開き仙波に一寺を建立、星野山《せいやさん》無量寿寺仏地院《むりょうじゅじぶっちいん》の勅号を賜ったと伝える。のち元久《げんきゅう》の兵乱で荒廃したが、永仁《えいにん》四年（一二九六）尊海《そんかい》が中興し、関東天台《てんだい》本山の勅許を蒙った。彼は北院すなわち仏蔵院を建立、北・中・南の各院が成立した。天文《てんぶん》

喜多院・仙波東照宮絵図（『武蔵三芳野名勝図会』から）

六年（一五三七）北条氏綱《うじつな》が上杉朝定《ともさだ》の川越城を攻略の際兵火で焼失した。文禄二年（一五九三）と三年の法度の請書《うけしょ》（『川越市史史料編』近世Ⅱ）があり、このころには北院と中院が復興していることがわかる。

天正十八年（一五九〇）天海が来て北院豪海《ごうかい》に師事した。慶長四年（一五九九）豪海は入寂《にゅうじゃく》し、天海が跡を継いで喜多院に入り北院二十七世として法統《ほうとう》を継いだ。のち徳川家康の命により比叡山《ひえいざん》最高職の山門執行探題《しゅぎょうたんだい》となり南光坊《なんこうぼう》に住し、比叡山の復興に努めた。関ヶ原の戦いのあと家康や秀忠の帰依《きえ》を得て政務に参画し、以後幕府の庇護を得て天台宗八檀林《はちだんりん》の一となる。

慶長十七年四月家康は無量寿寺を喜多院

と改め、関東天台本山と定め天海の在住を招請し、寺領五〇〇石を賜っている。これは入間郡小仙波村の村高に当たる。翌十八年二月二十六日家康は天海に関東天台宗法度を下し、「東叡山」の山号を賜り、寛永寺にそれが移るまで関東天台宗本寺の地位を保ったのである。

家康の日光移葬

元和三年（一六一七）家康の遺骸の日光移葬に際し、天海は山王一実神道《さんのういちじつしんとう》の立場から東照《とうしょう》大権現位《だいごんげんい》の勅許と日光山の建立に尽力した。遷葬の途次、家康の遺骸は喜多院大堂に入り四日間留まり、法会と城主酒井忠利による論議が行われた。四月四日霊柩は日光に到着、家康の一周忌の十七日東照社の遷座式《せんざしき》が行われた。天海は霊柩が留まった仙波の地に東照社を営む考えがあり、寛永十年喜多院境内《けいだい》に東照権現社を造営し十一月に完成した。天海は寛永二年上野忍ヶ丘に東叡山寛永寺が建立されるとその第一世となり、同寺を徳川家の廟所とした。

喜多院の領知

喜多院には元和六年三月十五日に将軍秀忠の朱印状が下され、家光の代正保元年十二月十七日酒井忠勝以下六人の大老《たいろう》・老中により配当目録が下された。領知朱印状に基づき配当目録が規定されるのは、日光山・東叡山・増上寺《ぞうじょうじ》など徳川家と密接な大寺院に多い。同三年十二月二十七日家光の朱印状が下付されている。寛文《かんぶん》元年（一六六一）住職周《しゅう》

三芳野天神の再建

三芳野天神縁起（三芳野神社旧蔵・川越氷川神社所蔵）

海《かい》の願いにより、城主の信綱が要請して新たに東照宮領二〇〇石が寄進されたが、その地は大仙波村の中にあり、慶長以来の五〇〇石と合わせて七〇〇石となったのである。

「江戸図屛風」に川越城に隣接して描かれる三芳野天神は、平城天皇《へいぜいてんのう》大同《だいどう》年中建立の縁起《えんぎ》をもつが、寛永元年二月家光の命により酒井忠勝が社殿を再建、十一月成就し、翌二年二十四日天海を導師として僧侶も居並ぶなかで遷宮式が行われた。

この模様を描かせた「三芳野天神縁起」を慶安二年（一六四九）正月二十五日に信綱が奉納し、現在も三芳野神社に残されている。『武蔵三芳野名勝図会』によれば、詞書《ことばがき》は林道春《どうしゅん》、書は本阿弥光悦《ほんあみこうえつ》、絵は勝田沖之丞竹翁《かつたおきのじょうちくおう》である。信綱は奥書において当社に対し、国土安寧・五穀豊穣・武門繁栄・子孫永延を祈願している。

社殿の改修

明暦二年（一六五八）将軍家綱の命により、信綱が奉行となり、別当乗海《べっとうじょうかい》を導師として、棟梁木原木工允義久により社殿の改修が行われた。この改修は本殿・拝殿などすべての建物に及び、今日見られる権現造りとなった。その時の棟札《むなふだ》が同社にある。本殿は空宮であった江戸城二の丸東照宮を移築したことが平成四年（一九九二）の修理で確認された。

四　川越氷川神社の祭礼創始

川越氷川神社

川越町総鎮守の氷川神社は欽明天皇《きんめいてんのう》二年（五四一）九月十五日に大宮氷川神社を分祀して創立したという伝承があり、社地全域が祭祀遺跡であるという。江戸時代の例祭は正月十五日と九月十五日で、川越地方の日待ちに当たる。

慶安元年（一六四八）城主の信綱が神輿《しんよ》二基・獅子二頭・太鼓・神輿蔵などを寄進、この年から夏祭り形式の神幸祭を執行した。祭日は九月十五日である。ところが榎本弥左衛門「万之覚」によれば、慶安四年には九月二十五日ににわかに祭りを始めたという。事の起こりは、この年大袋新田・奥富本村で田畠が大いに当たったので、奥富で踊りを致し、信綱家老和田理兵衛そのほか年寄・代官衆を呼んで見物させた。その後川越城三ノ丸で知行の割付をしたとき、今まで川越ほどのところに何の祭りがないのはいたずら事とて、操《あやつ》りか簓《ささら》か何かするはずが、代わりに九月十八、九日よりにわかに祭りになり、支度して二十五日にわたり、これはとりあえずしたので、その後は九月十五日に決まったと記す（榎本弥左衛門著・大野瑞男校注『榎本弥左衛門覚書』平凡社東洋文庫）。この簓はびんささらではなく、すりざさらを指し、すりざさらを使う三匹獅子舞のことであろう。

慶安五年の祭り

翌五年の祭りを見ようとして信綱嗣子《しし》の輝綱が川越に来たが、戸次《べつぎ》庄左衛門らの奸計が露顕して捕縛されたので、信綱より書状が参り、十四日の八つ（午後二時ごろ）過ぎに祭りの下組を見てその足で早々に江戸に帰った。

承応二年の珍事

承応二年（一六五三）九月十四日天より蓮の糸が降るのを和田理兵衛が見つけ、町中に触が回って諸人が拝んだ。城よりは天より花が降ると申し来たった。巳《み》ノ上刻《じょうこく》（午前九時ごろ）より未《ひつじ》ノ下刻（午後三時ごろ）まで降ったが、氷川明神の祭りの前日で、人々は利《り》生《しょう》と申している。

近世の祭礼

近世の祭礼は権力者と民衆の楽しみを共有する場であり、特に藩主は民衆掌握の手段に祭礼を利用してきたとする（久留島浩「祭礼の空間構造」高橋康夫・吉田伸之編『日本都市史入門』

I・東京大学出版会、一九八九年）。すなわち城下町祭礼の中心的な担い手は藩主であり、信綱の祭礼の創始はその一例といえよう。

「氷川祭礼絵巻」

「氷川祭礼絵巻」（ニューヨーク・パブリック・ライブラリー所蔵スペンサー・コレクション）

アメリカのニューヨーク・パブリック・ライブラリー所蔵スペンサー・コレクションに「氷川祭礼絵巻」があり、一九九七年に川越市立博物館でその写真パネルが展示された（『図録川越氷川祭礼の展開』）。戦後反町茂雄から購入した由である。出しの町名から川越のものと確定され、その分析からほぼ享保《きょうほう》三年（一七一八）当時の祭礼の様子を専門の絵師が描いたとみられる精巧なものである。絵巻は二巻から構成され、一巻は神輿から高沢町・江戸町・本町・南町、二巻は喜多町・志義町・多賀町・上松郷・鍛冶町・志多町の順番で出しが続き氷川神社本殿で終わる。この形の出しは江戸の天下祭りや上方の影響を受けたのか、川越独自の形なのか不明である。また出しや屋台・練り物などは江戸と共通のものは少ない。

絵巻には祭礼に随行する人々のほか、行列を見物する人たちも描かれている。高沢町の行列を建物の中から藩主らしき人が見ており、建物の周りに柵が廻らされ、捕物道具《とりものどうぐ》や槍が立てかけられ、軒には紅白の幕が懸けられ、手すりのようなところには毛氈《もうせん》のような織物が飾られている。それに比べて庶民は質素で、ほとんどが地面に筵《むしろ》や毛氈のような物を敷いて座って見ている。酒や食べ物を用意し、団子のような物を売っている者も見られる。

三匹獅子舞

川越祭礼に三匹獅子舞の練り物が祭りの行列の先頭の神輿の次に続くとされる。三匹獅子舞は、ささらすりという花笠《はながさ》をかぶった少女が四隅に立ち、そのなかで天狗や山伏が見守り、雄獅子二頭が雌獅子の取り合いを演じ、さらに先導役の山の神がそれを囃《はや》すという風流踊りの系統という。所伝によれば、川越の三匹獅子舞は慶長十二年（一六〇七）に始まり、川越藩主酒井忠勝の若狭国小浜転封に伴い一時中断し、宝永《ほうえい》六年に榎本弥左衛門の親類井上勘兵衛が再興したといわれる（『川越市史民俗編』）。現在西日本で三匹獅子舞が確認できるのは小浜と伊予宇和島《うわじま》だけであり、酒井氏が転封先に伝えたのであろう。

三匹獅子舞は現在ささら祭りとして一寺院の芸能として天台宗観音寺でしか行われず、

氷川祭礼では行われていない。弥左衛門の先祖が熊野堂《くまのどう》という山伏《やまぶし》であり、中世以来羽黒派の道場であった観音寺において井上氏や水村氏ら町人の援助があって再興できた。三匹獅子舞は中世以来都市境界の芸能であったが、藩主の交替、城下町整備に伴い、都市祭礼の中心には位置付けられなくなる（落合義明「城下町の形成と芸能」五味文彦編『芸能の中世』吉川弘文館、二〇〇〇年）。

五　家臣団の構成

家臣団の役職構成

大河内松平家家臣団の役職の創始年代を、大河内家文書「従古代役人以上寄帳」から拾ってみると、次表のようになる。これには元禄七年（一六九四）下総古河転封以降に新設された役職は除いてある。

軍制と民政

最も早く成立した役職は者頭《ものがしら》で、信綱一万五〇〇〇石時代の寛永八年（一六三一）である。者頭は物頭とも書き、弓組・鉄砲組などを率いた武力組織の頭である。寛永十年家老職が成立し、和田理兵衛元清《もときよ》（高八〇〇石）・石川作右衛門景盛《かげもり》（高三〇〇石）がこれになったが、信綱が三万石で忍に入封し初めて城主となった年である。同十四年旗奉行・鑓《やり》奉行が成立したが、この年島原の乱に出陣しており、軍事支配の組織が確立したといえよう。同十六年信綱は川越に入封したが、この年に町奉行が成立し、長谷川源右衛門遂能がこれに任じられた。郡代は正保三年（一六四六）、郡奉行はやや遅れて輝綱代の寛文四年（一六六四）となっているが、慶安三年（一六五〇）の法令にその名が出てくる。寄帳に載せない代官は比較的早く成立していると推測される。このほか目付が正保四年、城代が慶安三年に成立しているが、軍制が最初にでき、民政のための職制が川越時代に整備されていったことが理解できよう。

分限帳の整理

家臣団を役職・石高順に全員の氏名を記載したものに分限帳がある。信綱時代末の万

家臣団役職の創始年代

役人	創始年代
家老	寛永10年
城代	慶安3年
小性頭	承応3年
用人	(信綱代)
徒大頭	(〃)
奏者番	寛永19年
旗奉行	寛永14年
町奉行	寛永16年
郡奉行	寛文4年
郡代	正保3年
留守居	寛文3年
鑓奉行	寛永14年
者頭	寛永8年
普請奉行	(信綱代)
使番	(〃)
奥年寄	承応元年
目付	正保4年

「従古代役人以上寄帳」（『川越市史』史料編近世Ⅰ）による.

家臣団知行高

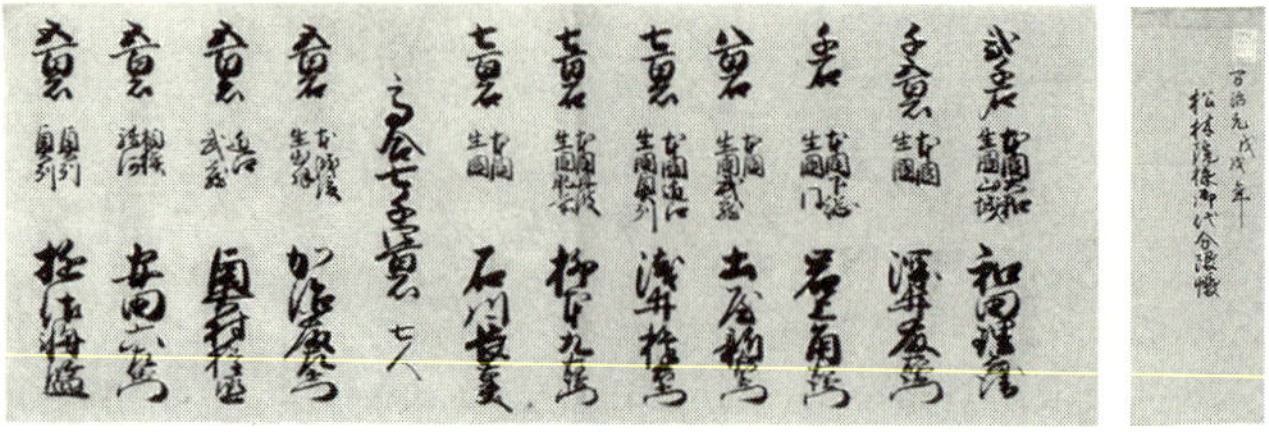

「松林院様御代分限帳」（三河吉田大河内家文書，国文学研究資料館受託）

治元年（一六五八）の「松林院様御代分限帳」には、侍分について本国と生国の記載がある。これを国別・地方別に整理してみると、本国・生国ともに全国的に分散しており、信綱が加増に伴い、各地出身の者を次々と召し抱えていったことがわかる。本国では、三河・武蔵・近江の順に多く、生国は武蔵がとりわけ多いが、次いで三河・陸奥が同数となっている。このことは、大河内松平氏の本領三河以来の家臣や、三河生まれやその子孫という縁によって召し抱えられた者がいる一方で、忍・川越において抱えられた家臣が多いことを示している。しかし過半の家臣の本国・生国は極めて多様であり、その能力によって家臣とされた者が多かったといえよう。

　この分限帳記載の侍のうち知行取の石高別人数・石高を見ると、一〇〇〇石以上は三人で、二〇〇〇石の和田理兵衛、一五〇〇石の深井藤右衛門（吉成《よしなり》、慶安四または五年家老）、一〇〇〇石の岩上角右衛門（持俊《もちとし》）で、いずれも家老である。知行取では一〇〇石が最も多く、次いで一五〇石・五〇石・二〇〇石・三〇〇石となる。総人数は一八五人から二一〇人程度である。

分限帳のうち、知行取の高と侍・足軽《あしがる》・中間《ちゅうげん》等への扶持《ふち》・切米《きりまい》を四ツ物成の積もりで高に直し、金給の四季着（四季施《しきせ》）金一両米二石五斗替の積もりで高に直したものが家臣団の高となる。侍分切米扶持方には輝綱・信定《のぶさだ》・信興《のぶおき》の三人の子の召仕の家臣もいることが注目される。信定・信興が分家旗本となった寛文二年（一六六二）にこれら召仕家臣も付属されたのであろう。

信綱の拝領高と内高

万治元年時点での信綱の拝領高（表高）は七万五〇〇〇石であり、家臣団への知行・切米・扶持・四季着の高合計は七万八〇〇〇石を超し、上回っているのである。したがって新田開発・武蔵野開と慶安検地打ち出し高を含めた内高が相当大きいことによって、ようやく賄い得たのである。しかし家臣団知行の藩財政における比重は大きかったと言わざるを得ない。

第六　川越藩政

一　新河岸舟運の開設と治水事業

新河岸川

新河岸川《しんがしがわ》は川越の東の段丘下にある伊佐沼《いさぬま》に源を発し、柳瀬川《やなせがわ》などの流れを集め、新《にい》倉《くら》河岸で荒川に合流する河川である。内川と呼ばれ、川越と江戸を結ぶ一大輸送路として隆盛を極めた。「九十九曲がり」といわれる蛇行は、冬の渇水期にも水量を維持し、舟運に適する結果となり、三〇里ほどある江戸花川戸《はなかわど》までの舟路には、盛時には二〇余か所の河岸が存在した。

川越五河岸

川越には、扇河岸・上新河岸・下新河岸・牛子《うしこ》河岸・寺尾河岸の五河岸があるが、寛《かん》永《えい》十五年（一六三八）に成立した寺尾河岸と、慶安《けいあん》四年（一六五一）の成立と見られる上新河岸・下新河岸はともに松平信綱時代の取り立てである。牛子河岸は寛文《かんぶん》四年（一六六四）信綱の子輝綱《てるつな》によって、扇河岸は天和《てんな》二年（一六八二）焼失の川越藩江戸屋敷再建用材運搬の荷積地から始まったという。

寺尾河岸成立の契機は、寛永十五年川越仙波《せんば》東照宮《とうしょうぐう》再建用材を幕領寺尾村の五反田と呼ばれた空地に荷揚げしたことにあった。寛永十年喜多院《きたいん》内に東照宮を創建した時に利用した荒川の老袋《おいぶくろ》・平方《ひらかた》河岸は当時渇水のため使用できなかったからである。また荒川沿いの河岸から川越城下まで遠かったことも、川越藩の運送路が新河岸川へと移っていくことになったと考えられる。上新河岸・下新河岸の成立年代には正保《しょうほう》四年（一六四七）という説もあるが、慶安検地《けんち》は上下を分けず「新河岸」を単位に実施され、村の開発が河岸設置を目的になされたといえる。なお新河岸舟運の開始はこれより先、すでに本河岸（志木市）があり、近くにあった蔵屋敷《くらやしき》の領内米が同河岸から積み出されていたという。

河岸の成立

河岸の開設位置が順々に川越城下に接近し、また扇河岸に屋敷を設けた一七人のうち一二人までが川越町の者であることから、川越五河岸と城下町商業を切り離しては考えられず、河岸の設置に当たっていずれも藩が関係していることは、領主的流通路の整備を物語るものである。このような流通路に出現したのが、かの川越本町の豪商榎本《えのもと》弥左衛門であったといえよう。

川越領には荒川や入間川《いるまがわ》などがあり、治水は重要な事業であった。関東郡代《かんとうぐんだい》伊奈忠治《いなただはる》は元和《げんな》七年（一六二一）から大規模な利根川《とねがわ》治水事業に着手し、利根川の流れを渡良瀬川《わたらせがわ》および太日川《ふとひ》（庄内古川）の河道につなぎ、寛永六年荒川を久下村地先《くげむらちさき》で堰き止め、新しい河道を吉野川筋に開削して合流させ、さらに比企郡出丸村《ひきぐんでまるむら》で入間川の本流に落流させた。久下から東の旧流は元荒川といわれ、主流となった入間川が荒川と改められた。しかし新水路沿岸の洪水被害が増大するようになった。なかでも比企郡川島領は市野川・吉野川・入間川・槻《つき》川・越辺《おっぺ》川に囲まれた低地帯で、かつて慶長期《けいちょうき》に伊奈忠治が川島領囲《かこみ》堤《づつみ》を造成したが、荒川の合流はいっそう水害を頻発させた。

松平信綱は慶安初年、家老《かろう》和田理兵衛に命じ、この囲堤強化のため盛り土をし、幅員を増して川島領大囲堤を築造させた。この後信輝のとき入間川の河道を菅間村《すがまむら》まで開削し荒川に直接落流させ、水田地帯の安定を確保している。こうして入間川・荒川沿岸諸村の生産条件が安定し、新田開発がなされたのである。

二　年貢割付と慶安総検地

石田本郷村年貢割付状

川越藩の支配地域の年貢負担の実態を見てみよう。

入間郡石田本郷村の寛永十五年（一六三八）十一月五日の年貢割付状《ねんぐわりつけじょう》（川越市石田本郷大野マサ子氏所蔵）の差出人は「高喜三・伊彦左・守左大」の三人連署《れんしょ》である。この三人はそれぞれ高室《たかむろ》喜三郎昌成《まさなり》・伊丹《いたみ》彦左衛門勝信《かつのぶ》・守屋《もりや》左大夫《さだゆう》行吉《ゆきよし》に宛てられる。高室は秀忠《ひでただ》に仕え代官を務め、伊丹は御蔵役でのち寛永十九年廩米出納《りんまいすいとう》に私曲《しきょく》あり死罪となっている。守屋は秀忠・家光《いえみつ》に歴仕とあるが役職は記されていない（『寛政重修諸家譜』）。その前年寛永十四年十月二十一日の免相（年貢割付状、大野マサ子氏所蔵）の差出人は「浅井甚右衛門・若林杢左衛門《もくざえもん》・狭間《はざま》文左衛門」連署で、彼らは堀田《ほった》家の家臣と思われる。

川越の前藩主堀田正盛《まさもり》は寛永十五年三月八日川越を改め信濃《しなの》松本に移されているので、寛永十五年十一月の年貢割付の発行は上記のように代官らが行っており、信綱入封《にゅうふう》まで一時幕領《ばくりょう》とされたのであろう。

信綱時代の年貢割付状

信綱時代の年貢割付状で最も古いものは寛永十六年十一月十五日和田理兵衛の名で大

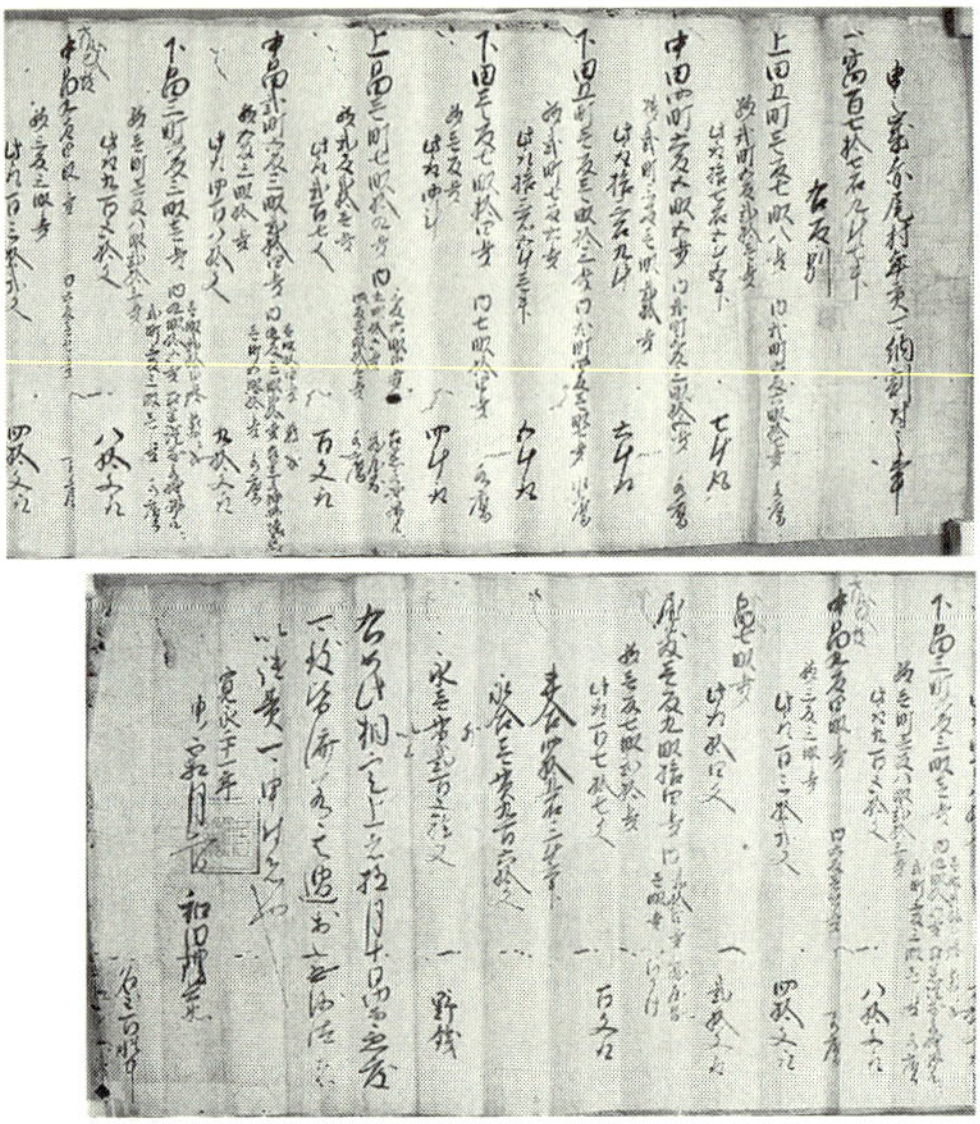

寛永二十一年入間郡赤尾村年貢割付状（埼玉県立文書館保管林家文書）

日下に重郭角印（印文「信綱」Ｉ印），和田理兵衛の署名.

室村および江面《えづら》村に発給された年貢割付状で（『加須市史』資料編1・『久喜市史』資料編Ⅱ近世1）、次いで同二十一年十一月二日の入間郡赤尾村のものであろう（埼玉県立文書館保管林家文書）。日下に重郭角印（印文「信綱」Ⅰ印）が捺されこれもその下に和田理兵衛の署名があり、継目《つぎめ》には重郭小丸印（印文「信綱」Ⅱ印）がある。正保二年（一六四五）九月二十五日除堀村年貢割付状（『久喜市史』資料編Ⅱ近世1）と同四年十一月十五日外田ケ谷村の年貢割付状も日下に重郭角印（印文「信綱」Ⅰ印、『騎西町史』近世資料編）、赤尾村と江面村之内所茎村年貢割付状の慶安三年（一六五〇）閏十月三日のものがこれに次ぎ、次いで赤尾村と石田本郷村の承応《じょうおう》三年（一六五四）十月十五日の年貢可納割付状（大野マサ子氏所蔵）、赤尾村の明暦《めいれき》元年（一六五五）十月十八日年貢可納割付状（林家文書）、石田本郷の同二年十一月十五日の年貢可納割付状（大野マサ子氏所蔵）と葛梅村の同日のものがある（埼玉県立文書館所蔵相沢家文書）。これらの差出人はいずれも日下に大きい重郭黒印が捺され印文は「信綱」（印章Ⅰ）となっている。そして継目印、修正がある場合には修正印も信綱Ⅱ印が捺されている。

すなわちこれらは村の「名主百姓中」に宛てた年貢割付状に藩主自らが捺印する珍しい例である。そして信輝もこれにならっているのである。なお後述する野火止新田《のびどめしんでん》寛文元年（一六六一）九月二十七日の年貢割付状の差出人（日下《にっか》）も信綱の重郭黒印（印章Ⅰ）であり、また同日付の正能村年貢割付状に見る信綱の印もⅠ印である（『騎西町史』通史編挿図）。

慶安総検地

慶安元年、信綱は藩領の総検地を実施した。検地実施地域は川越城付領のうち主として川越以北の平野部の水田地帯で、大部分が『小田原衆所領役帳《おだわらしゅうしょりょうやくちょう》』（近藤出版社・日本史料選書、一九六九年）に知行《ちぎょう》記載のある古村である。埼玉郡の騎西領は前年の正保元年（一六四七）に検地を行い、四月十二日付内田ケ谷村の屋敷検地帳は郡代の鋤柄《すきえ》孫左衛門らが検地をして安松《やすまつ》金右衛門らが後書を行っている。十二月二日付中ノ目村の検地帳、二十九日付の同村屋敷検地帳が残され、安松金右衛門らが検地に参加している。また同年十一月十六日付の下崎村屋敷検地帳は家老の長坂平右衛門らが検地している（『騎西町史』近世資料編）。なお加増一万五〇〇〇石分の羽生《はにゅう》領《りょう》と常陸《ひたち》府中《ふちゅう》領《りょう》は検地を行わなかった。

川越藩にはその後の新田検地帳を含めて一〇九八冊の検地帳が所蔵されていたが、現在川越市域で発見されたものは、村方に渡された百姓写帳約二〇か村分である。また鶴ヶ島地域には大量の検地帳が残されている（『鶴ヶ島町史』）。

また慶安検地に続く川越領の検地は明暦二年（一六五六）の開《ひらき》検地があり、七か村の検地帳が残され、大久保村のものは堤外検地帳である。なお武蔵野開の検地は寛文元年（一六六一）になされている。

久下戸村検地帳

小窪《おくぼ》村の慶安検地帳には、のちに分村する向小久保村分の土地も含まれている。また久下戸《くげと》村は永禄《えいろく》二年（一五五九）『小田原衆所領役帳』記載の古尾谷郷《ふるおやごう》七七六貫四〇〇文の地に含まれ、その当時の岩槻《いわつき》城主太田資正《すけまさ》の所領であった。古尾谷郷は周辺に比較して郷的結合が最も強く、近世初頭の村《むら》切《き》りによって、古谷本郷・古谷上・久下戸・今泉・古市場・渋井・木野目・牛子・並木・大中居・小中居・高島・八ツ島の一三か村が分村成立したと見られる。

検地帳の記載様式

慶安検地帳の記載様式はいずれも同じで、字《あざ》・縦横間数・田畑等級（上・中・下・下々に

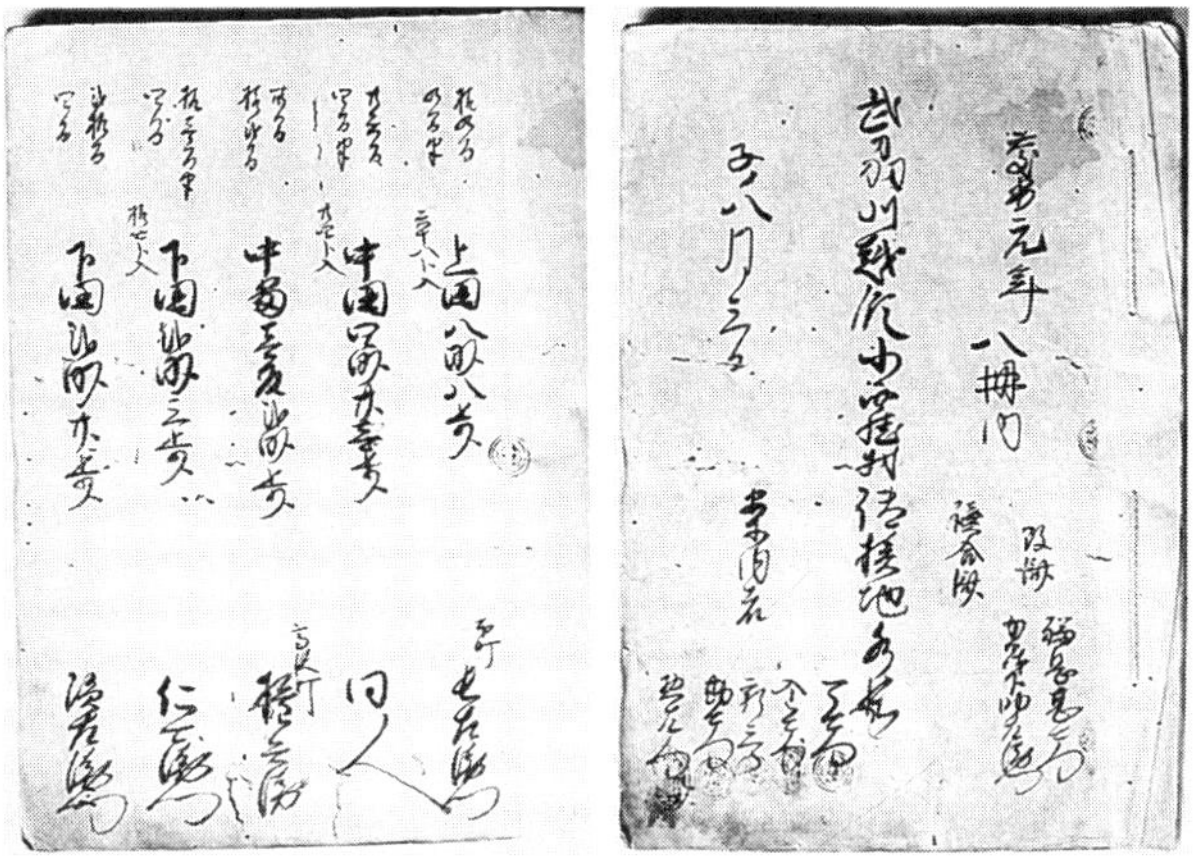

慶安元年小窪村検地帳（川越市役所山田出張所旧蔵．川越市立中央図書館写真提供）

分かれる）・反別・名請人《なうけにん》の順に記され、分米の記載はない。一村分は村の大きさに応じて分冊され、屋敷分はまとめて別帳に仕立てられている。分米が記載されないことはほかの関東や伊豆の検地帳と同様であり、田米畑永（田の年貢は米納、畑年貢は金納）の制度と、田方の根取米《ねどりまい》に基づく反取法《たんどりほう》などの年貢収納法に関係があろう。名請人は田畑屋敷の所持者で耕作権をもつとともに年貢を負担する。分付《ぶんづけ》記載はあってもごく稀であり、それも分付主が分付百姓を隷属させるような関係を示すものとは言い難い。

　小窪村・谷中村・上寺山村・志垂《しだれ》村は一町歩を中心とする層と零細な土地所持者の両階層が見られる。ただし久下戸村では一町から三町層が圧倒的に多い。零細な土地所持者を除くと大部分が屋敷所持者であるが、零細層の屋敷所持は大部分が屋敷のみ所持しているのである。この一町から三町歩の土地所持者が自立しうる条件をもつ本百姓であり、三反以下層は土地所持・耕作のみでは自立し得ず、労働力を放出する小百姓や二、三男たちであろう。彼らは土豪的百姓(初期本百姓)経営の下から自立しつつあるのであり、村によって差はあるものの、一応慶安検地の小農(小百姓)自立策によって本百姓化しつつあり、ここに近世前期の本百姓体制を認めてよいと思う。

小窪村の町場化

なお、以上の五か村は自然的・歴史的環境が似通っているが、小窪村は赤間川を境として城下十ケ町の一つ志多町(下町)に接しており、城下町の発展に伴って早期に町場化している。そのために村外入作者の名請けが多く、八六人を数えるが、そのうち六二人が城下の商人層、ほかに足軽七人・餌差《えさし》一人・馬屋一人の下級武士層が名請けしている。入作町人六二人の内訳は、高沢町一七人・本町一三人・北町一〇人・南町一〇人・江戸町三人・下町六人・鴨町三人である。

武蔵野の開発

慶安検地が施行された水田地帯は、中世・戦国期から開発が進んだ地帯で、川越藩の生産力的基盤であった。しかし信綱は慶安以降武蔵野《むさしの》の広大な未墾地の開発に努める。

武蔵野台地上の典型的な畑作地帯である大塚新田の寛文元年（一六六一）の武蔵野開検地帳を見ると、田地が皆無で畑作のみであるが、すべて一町歩以下であって一反から三反層が多い。生産力の低い新開畑のみでは到底再生産は不可能であり、まだ親村からの出作新開の端緒的形態であって、新田村落として成立するには延宝《えんぽう》三年（一六七五）の検地を待たねばならないのである。

関東幕領では慶安検地は実施されず、寛文総検地が実施されている。これは畿内《きない》幕領の延宝総検地と並んで、近世的村落体制と封建小農の一般的成立を実現させた画期的な土地制度の改変であると見られている。それと同じ意味で、川越藩の慶安総検地は、少なくとも水田地帯における小農の一般的自立を体制的に確認したということで重要な政策であった。川越藩の慶安検地は関東において幕領に先行する先駆的な意義をもっているといえよう（大野瑞男「近世前期譜代藩領農村の特質—川越領を中心に—」寶月圭吾先生還暦記念会編『日本社会経済史研究』近世編、吉川弘文館、一九六七年）。

慶安検地条目

幕府の慶安二年の検地条目《じょうもく》は「条令拾遺《じょうれいしゅうい》」にのみ収載されて幕領検地の事実はない。しかし川越藩の慶安検地はこの検地条目の原則にのっとって実施されたのである。

三　野火止用水の開削と武蔵野開発

野火止新田の開発

武蔵国新座郡《にいざぐん》野火止新田は武蔵野開発の一環として開発された。榎本弥左衛門「万《よろず》之《の》覚《おぼえ》」に、

一、武蔵野火留新田、同巳之春中より同八月中迄、五十四、五間家出来申候、家壱間に金弐両・米壱俵宛御かし被成候と承候、但伊豆守《いずのかみ》様より

とみえ、巳すなわち承応二年（一六五三）この地に五四、五軒の農民が移住して開発に従事し、信綱も家一軒に金二両と米一俵を貸与した。しかし野火止は井水を欠く地域であったため、開発は挫折しがちであった。開発を成功させるには飲料水が必要であった。

江戸の飲料水

当時、江戸は井の頭池より引水した神田上水や赤坂の溜池によって飲料水を賄っていたが、市街の拡大・発展により水不足となり、幕府は多摩川から市中へ上水を引く計画を立てた。承応元年この計画は具体化され、玉川庄右衛門・清右衛門兄弟の提出した計画書や絵図が幕閣で検討され、兄弟に工事費が支給されて請け負いを命じられた。翌二年二月十一日伊奈忠治が玉川水道奉行を命じられ、この年の十一月十五日までに四谷大

木戸まで掘り進み、翌年さらに江戸城虎の門までの上水堀が完成したという（伊藤好一『江戸上水道の歴史』吉川弘文館、一九九六年）。『徳川実紀《とくがわじつき》』第四篇の承応三年六月二十日の条に「去年命ぜられし玉川上水成功せしにより、其事承はりし市人へ褒金三百両下さる」と記される。

玉川上水

「万之覚」には、承応二年四月十日時分より早嶋の川を江戸へ掘り始めたとある。早嶋は拝島で早嶋の川は玉川上水のことである。八月までも水が流れず、金六五〇〇両で請け負い、一坪をいくらと値を決め、堅いところと柔らかいところを見分けて渡し、普《ふ》請《しん》人足の飯米は毎日六〇俵ずつ要した。早嶋乙幡《おつぱた》権三郎が扶持を入れたと記す。

玉川兄弟は難工事に失敗を重ねていたので、信綱の家臣安松金右衛門吉実《よしざね》が改めて設計し、新しい水盛りによって開削して玉川上水の工事を成功させたとする説もある（三田村鳶魚《えんぎょ》『安松金右衛門』）。

上水工事の総奉行信綱はこの功によって玉川上水の三分の分水を許され、安松の指揮の下、野火止用水を開削し、次の「万之覚」の記事のように、承応四年三月二十日時分にわずか四〇日で完成したのである。

一、承応四未年三月廿日時分野火留へ水流れ初り申候、ほり初は二月の十日時分より初り申候、堀長さ四里程可有候、水上より野火留迄卅間程ひくし、水上は江戸の水道之わりさり也、堀ノ口は深みニ仍不定、しきは三尺ニ極り申候

安松金右衛門

野火止用水の設計・工事に当たった安松金右衛門は、正保元年（一六四四）幕府代官能勢《のせ》四郎右衛門の肝煎《きもいり》で信綱に召し出され、蔵米一〇〇俵を下されたが、慶安元年（一六四八）知行一〇〇石に直された（『新座市史』）。万治《まんじ》元年（一六五八）上野寛永寺《うえのかんえいじ》修復御用の本〆役《もとじめやく》を仰せ付けられ、のち都合二〇〇石高となった。寛文二年（一六六二）川越で郡代となり、手代一人を預けられた。のち老衰により役を退き、倅《せがれ》金右衛門が代番となり、貞享《じょうきょう》三年（一六八六）十月二十七日病死している。

野火止用水路開削

かつて新井白石《あらいはくせき》『紳書《しんしょ》』や朝倉景衡《あさくらかげひら》『遺老物語《いろうものがたり》』に基づいて書かれた『幼学綱要《ようがくこうよう》』、そして国定教科書によって、安松金右衛門の野火止用水路開削のことが取り上げられた。その要旨は、野火止に多摩川の水を引かんとして三〇〇〇両を費やし、安松に命じて多摩郡小川村より約六里の溝を掘り新河岸川に至った。かくて水流れ入るかと待つに水来らずして一年、二年と経た。信綱が安松に理由を尋ねるが不審と答え、ただし川越城下の人は常に畳の上に渋紙《しぶがみ》を敷き、客来ればこれを巻いて請じ入れるが、これは地乾き風もあれば座中たちまち塵埃《じんあい》に埋もれるためである。しかるに今年は城下の塵埃は昔のよ

うではなく、武蔵野の畑物も豊かである。多摩川より溝に流れ入る水が広野に満ちたらば必ず流れ来ると思うと答えた。三年目の秋大雨の降ったのち、雷の鳴るごとく水音轟き、溝に溢れ満ちて、六、七寸もある鮎がおびただしく流れ来った。一時に約六里を流れて新河岸川に流入したという（太田南畝《なんぽ》「一話一言《いちわいちげん》」巻二十四松平信綱川越野間畠の事―『日本随筆大成』）。

この話は『埼玉県の歴史』にも引用されているが、玉川上水路踏査と野火止開発がともに承応元年であり、同三年六月二十日に玉川上水が完成、野火止用水完成は翌年の承応四年三月二十日ごろであることから、三年目説が誤って伝えられたのであろう。

野火止用水は新河岸川に流入していたのを、寛文二年（『新編武蔵風土記稿《ふどきこう》』は万治二年）六〇の箱を継ぎ合わせ一二〇間の長さの樋《とい》（伊呂波樋《いろはとい》という）を新河岸川上に架して宗岡村の用水とした。

こうして開削当初野火止用水は野火止一か村限りの用水であったが、十八世紀半ばには西堀・菅沢・館・引又・宗岡・浜崎・宮戸の七か村を潤すことになった。野火止用水が完成すると信綱は新墾地に菩提所《ぼだいしょ》である岩槻平林寺を移建しようと試みたが実現には至らず、寛文二年信綱死後輝綱が襲封してから移築を開始し、翌年に成って六万坪の境内に父祖の菩提を弔うこととなったのである。

新倉郡野火留村検地水帳

埼玉県新座市所蔵の寛文元年五月二十九日「武州《ぶしゅう》新倉郡《にいくらぐん》野火留村検地水帳《みずちょう》」の合計は上畠八町二反八畝二五歩・中畠三町六反五畝二〇歩・下畠一九町四反九畝二五歩・下々畠六町九反五畝二五歩・野七町六反九畝二歩、計五六町九畝七歩、同日「武州新倉郡野火留屋敷検地水帳」の合計は三町八反六畝二三歩である。これらは百姓写帳で、本帳に読み合わせ相違ない旨の奥書が畠方の水帳は安松金右衛門・菅谷喜右衛門・中村四郎左衛門、屋敷の水帳は安松金右衛門・古野彦右衛門・石林五郎兵衛・有坂善右衛門が奥印《おくいん》連署している（『新編埼玉県史』資料編16・近世7産業）。

野火止平林寺所蔵の寛文元年「武州新倉郡川越領武蔵野開検地水帳」によれば、屋敷地一町七反九畝二六歩を二三人が名請し、屋敷は各戸四畝歩以上一反三畝歩まで、耕地は皆畑で上畑以下野畑に至る一〇六町九反四畝歩、各戸平均四町六反歩余、検地役人は安松金右衛門で、この武蔵野開はのちに西堀村と呼ばれた。

寛文元年野火留村年貢割付状

寛文元年九月二十五日の年貢割付状によれば、野火留村の本村は上畠三二町二反九畝一七歩・中畠五三町八反九畝一七歩・下畠七五町九反二畝二四歩・下々畠二四町六反七畝一歩・屋敷三町八反六畝二三歩・立野二八町五反五畝六歩、合計二一九町二反二八歩

野火止宿菅沢村北野村屋鋪改帳

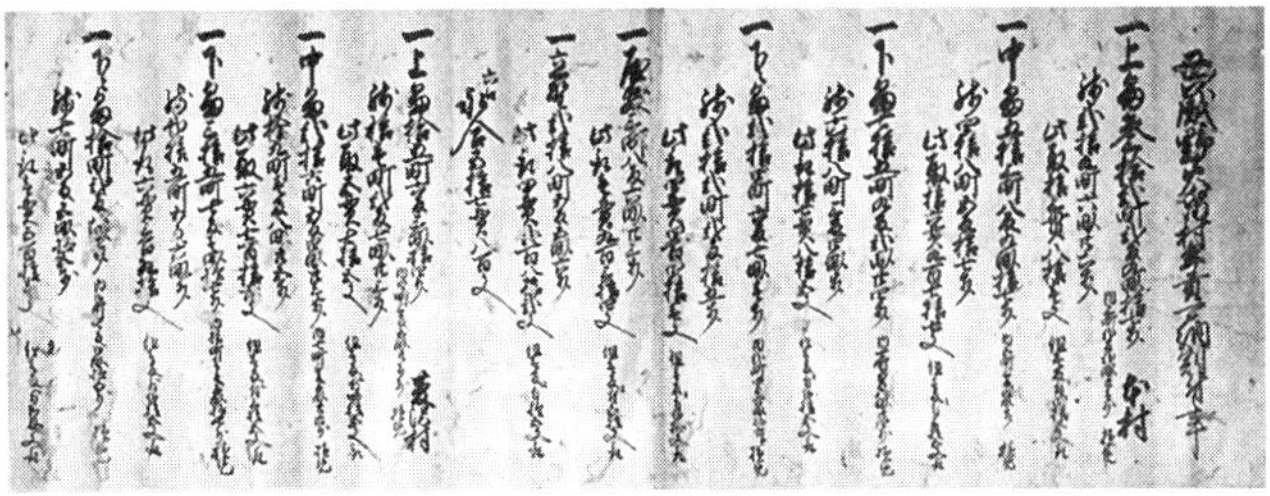

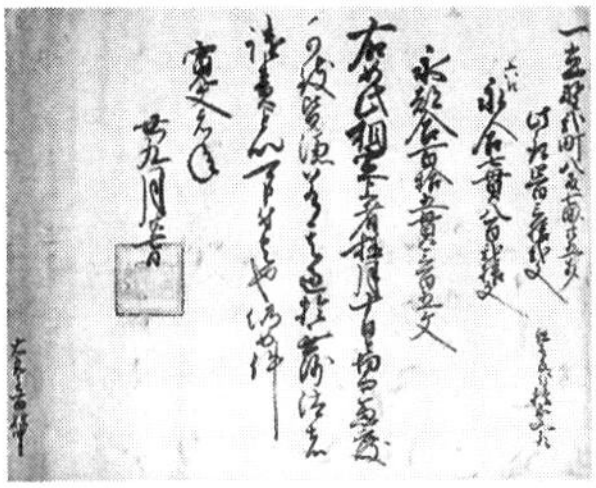

寛文元年武州新倉郡野火留村年貢割付状（埼玉県新座市所蔵）

本村のほか菅沢・西堀・北野の各村に分かれている.

で、年貢は永五七貫八〇〇文、菅沢・西堀・北野三か村を含めた永合計は一一五貫三〇五文であった。

群馬県高崎市立図書館所蔵『無銘書』の「野火止宿菅沢村北野村屋鋪改帳」は天和・貞享ごろと推定される史料であるが、野火止宿六六筆二九〇町一反二七歩、菅沢村五筆二九町三反五畝一一歩、北野村一筆一町七反八畝一七歩となっている。名請人は野火止宿では御屋鋪二筆、松平氏一族・家臣ら一一筆、野火止宿百姓（三八人）四七筆、赤坂田町万屋小三郎・駒込千駄木保福寺・深川要律寺（二筆）、下野《しもつけ》広徳寺内梅雲院、それに平林寺大門通一筆となっており、菅沢村は信綱家来・菅沢村百姓・大和田町百姓・平林寺中睡足軒《すいそくけん》・見桃庵《けんとうあん》各一筆、北野村は平林寺一筆となっている。これに対し、一四筆を除いた五八筆は元屋敷の注記があり、野火止宿では野火止宿百姓源大夫、菅沢村では同村百姓勘右衛門・長十郎、北野村は同村百姓権兵衛を除くほかは、家老和田理兵衛・小畠助左衛門などすべて伊豆守家来と思われる家臣の名前が記される。このことから、川越藩家臣が武蔵野内に下屋敷を開き、これが承応以降野火止村ほかとして開発されたのであろう。名請人百姓数は四〇人であり、「万之覚」の記述に近い。

見取場と野銭場

川越領南部の武蔵野台地は北武蔵野と呼ばれ、近世初期から周辺農村の入会《いりあい》秣場《まぐさば》となっており、元和年間にはすでに「公儀《こうぎ》野銭場《のせんば》」として野銭が入会村々に課せられている。古村は村内に秣場をもつ村が少ないので、肥料などを得るために欠くことのできない秣場を、野銭を払って武蔵野に求めていたのである。

慶安二年（一六四九）ごろ成立とされる『武蔵田園簿』の武蔵一国高寄《たかよせ》の項に、

六万五千九百拾九石壱斗九升七合　松平伊豆守
外
　三拾三町三反八畝弐拾八歩　見取場
　永百壱貫八百五拾文　野銭

とみえる。この時期、武蔵国において、見取場と野銭徴収権は大方幕府代官が確保していた。武蔵国に所領をもつ大名は、板倉重宗が野銭永二貫文を徴収する以外は、一人信綱のみがもつ特権であった。見取場は皆畑で、入間郡藤窪・天沼の二か所であるが、その近くに高二〇〇石の「武蔵野高」を野高として知行していた。

ここにおいて信綱は北武蔵野の未墾地を開発して小百姓を自立させて新本百姓とし、年貢を徴収して藩財政を確立しようとしたのである。野火止新田開発はその一例であるが、ここでは農民の小規模な切添え開発について述べよう。

切添え開発

近世村落が一般的に成立し、小農民の自立による本百姓経営が増加し、それに従い切添え開発が進み、秣場としての武蔵野にも開発の手が入っていった。先に述べた久下戸村は、慶安元年（一六四八）検地で武蔵野開下々畑一町六反二畝二四歩が検地帳に帳付けされている。次いで明暦二年（一六五六）の改めでは、武蔵野開下畑五町九反四畝二三歩・同下々畑八町一畝十五歩（うち同年開発二町五反六畝一〇歩）、合計一三町九反六畝八歩となり、寛文元年（一六六一）には武蔵野開上畑一町五反九畝八歩・同中畑六町一反九畝一〇歩・同下畑一〇町一反二畝二二歩・同下々畑二反二畝一四歩、合計一八町一反三畝二四歩に増加している。武蔵野開は量的に増大しただけでなく、上位等級の畑が増え、しかも反取永が年を追って高くなっていることは、生産力が次第に上昇したことの表われであろう（奥貫家文書）。なお川越周辺各村も同じ時期にほぼ同じように開発が進められたらしく、明暦二年・寛文元年・延宝三年（一六七五）などの武蔵野開検地帳が各村に残されている。

武蔵野開発と諸村との対立

このような武蔵野開発は、当然のことながら武蔵野秣場入会の諸村との対立を引き起こす。武蔵野は山口領六〇か村のうち、南三一か村は古来より代官所へ野銭を納め、北二九か村は川越藩に野銭を納めて入会い秣を刈り来った。ところが慶安三年には、川越領農民が山口領秣場に入り込んで来るので、野守《のもり》が幕府に訴訟を起こし、宮城越前守《みやぎえちぜんのかみ》和甫《まさよし》らが見分のうえ、境塚を築いて新畑開発を阻止するよう幕府が達している（奥貫家文書）。

四　信綱の勧農政策

郡方条目

次に、松平信綱の農政の基調を知るうえでこの時期に発布した法令を検討してみよう。まず慶安三年（一六五〇）十一月三日九か条の領分郡方《こおりかた》条目が出されている。郡奉行《こおりぶぎょう》は在々を見回り時分の耕作を見分善悪を考え代官へも申し付けること、代官は一組切りに物成《ものなり》勘定《かんじょう》を仕上げ、公儀役や堤川除《つつみかわよけ》普請《ふしん》のほかは百姓を使ってはならず、田畑耕作麁《そ》相《そう》に作る者を吟味し損免を引かないか田畑を取り上げよ、毎年検見《けみ》を過ぎたら割付をし油断なく年貢を取るべきこと、検見は早稲《わせ》・中稲《なかて》・晩稲《おくて》別に三度致すよう、年貢米金未進なきよう年内に納め申すべく、稼ぎや手回しよければ正月二月までの延納を認め、名主と百姓との間の勘定割を吟味し、種借の本利とも蔵へ納め春に蔵より出し貸し申すべきことが定められている（『新編埼玉県史』資料編17所収豊橋大河内家文書）。

法令の伝達経路

信綱五男の信興《のぶおき》を祖とする上野《こうずけ》高崎大河内《おおこうち》松平家文書「無銘書」（別名「御家事向大概」高崎市立図書館所蔵）に、信綱の「古伊豆守様川越江御直御下知《おげち》之控」が収められ、承応三年（一六五四）から万治四年（一六六一）の八年にわたる二二の法令が入っている。そのうちの三法令は幕府法令の写であるが、これを除いた一九の法令の条数は全部で一六三条にも上る。差出と宛名の記されるものについてその役職を見ると、家老→代官が推定を含めて三例、副署と思われる代官名のみのもの七例、江戸家老→家老が二例ある。表題の記される法令は大部分「従江戸被仰下候御条目書之写」などとあり、表題や文意からすれば、表題や差出・宛名記載のないものも含めて、これらは皆、信綱→江戸家老→川越家老→代官→郷村という経路の江戸条目であり、それがどこかの時点で写されたものである。これとは別に、豊橋市美術博物館寄託大河内家文書には明暦二年（一六五六）の法令もある。

法令の整理

各法令を条文を通してその内容を大まかに整理してみると、次のように分けることができる。

① 田畑耕作および漆・楮・桑・茶等の栽培奨励と技術指導
② 風・水・旱損《かんそん》による飢饉の予防対策
③ 植樹の奨励
④ 用水施設・道橋の維持管理
⑤ 年貢納入規定
⑥ 武蔵野開発奨励
⑦ 農民統制
⑧ 治安維持と防火

信綱の対農民観

右のうち条文の多いのは①と②で、①では、耕作入念、耕作も商売もせぬ者の郷中居住禁止、「隠れ蓑」「隠れ笠」「打出の小槌」は普通の蓑・笠・鍬（商人は秤）のことで、旱雨にかかわらず働けば、それらは農民・商人にとって宝物となる。また「大黒の目の上のこぶ」は上を見まいためのもので、「身の程を知れ」「下を見よ」という信綱の対農

田畑耕作の奨励と技術指導

民観が示されている（次節詳述）。稲作については、旱損時の田植えや漑水方法、外来籾種奨励と他所移出禁止、肥培奨励と厩肥製法、施肥時期の指導、二毛作奨励、畑作物については、木綿作の容認、間作奨励、野菜・薬用植物の奨励、特に漆・楮《こうぞ》・桑・茶等の栽培奨励と技術指導に関する条文は多い。漆・楮をはじめ、桑・茶の仕立てを強制し、そのために、たとえば漆については、万治元年今福村・大塚村など川越近在一二か村の畑作地帯に、翌年春から漆畑を見立て、名主が預り畑主に耕作させ、漆実の灌水・栽培時期・地拵え・施肥・発芽促進法、漆苗の植栽方法を指導している。桑についても同様であるが、茶については茶実調達を命じ、購入方法・時期・蒔実方法を指示し、茶園大量仕立て奨励と茶実調達代金の無利息貸付などを図っている。これらの栽培方法については、中沢弥兵衛ら地方巧者《じかたこうしゃ》が農業技術を保持し指導している。

二毛作の実施

『榎本弥左衛門覚書《おぼえがき》』の「万之覚」には、慶安四年ごろより川越で田に大麦を蒔き始めたが、この二毛作は信綱の教えによるもので「川越永代之徳分」と書いている。漆・楮の栽培始めも同じで、元々あった桑も同時にいよいよ多くなったとある。

飢饉の予防対策

②については、承応三年の日照り、大雪、四年の大旱害、明暦二年の大風害、万治二年の長雨などの災害に対処するために、具体的な技術指導と食料貯蔵・飢饉予防を命じ

ている。特に承応四年の旱害のため翌明暦二年二、三月に日用取が大勢川越へ出、また馬が多数餓死した。これを聞いて信綱が立腹し、代官吉野忠右衛門・岡八兵衛を手打ちにすると強く譴責《けんせき》し、郷中に米金の貸付をなさしめた。

植樹の奨励

③については、信綱は入封間もない寛永十八年（一六四一）川越在々の堤へ竹と杉を植えているが、堤外・土手への柳差し木をはじめ松を植栽させ、武蔵野開内へ並木杉の植栽、鉢屋柿《はちやがき》の接木《つぎき》、境界・槌居・堀に枳殻《からたち》植栽を命じ、家中にも苗木植栽を奨励している。また明暦三年には竹を多数伐ったため筍を抜くことを禁じ、松の下刈りも制限している。そしてこれらの植栽の方法も中沢弥兵衛が教えている。

交通の整備

④についても、寛永十八年川越より出る道の改修がなされ、承応四年には道橋の維持、堤・川除・堰・井堀普請に出役できぬ百姓を言上するよう命じ、次いで明暦三年正月から道・橋・井堀・堤普請を開始している。万治二年は堤・川除・井堀修復と街道に石を混入して修復することを命じている。同四年も堤・川除普請と出丸新川普請、食料不足の百姓のこれへの日雇い命令を出すなどしている。

年貢納入規定

⑤については、年貢納入時に大小の百姓が寄り合い割付をし、名主へ米金を渡した時は手形を取るなど、名主の不正防止策を定め、名主・年寄・百姓が免を多く引き、不案

内の百姓が免を少なく引くことのないように申し付けている。年貢米の生産から納入までの規定を見よう。まずよい種籾をつくり、種籾のない村は米の良い村が種籾を遣わし、朝鮮種籾による納入や、唐餅《からもち》は米一〇〇俵につき一〇俵、たヽ餅は同一五俵の納入を命じている。そして小百姓が内検見に立ち会い、小帳に押判するようにさせ、刈取り後は百姓手前に置かず、籾挽きして少量でも直ちに年貢に納めさせ、納主の付札を俵に入れて米を強く吟味し、代官から良米を調達させ、百姓売米があれば毎年買大豆を申し付けて前金を渡し、米収穫時に相場で買い取るようにさせている。また年貢米拵えを入念にし、年貢皆済前の穀物他所移出を禁止している。なお承応四年には百姓一人に菜種三合ずつの納入を命じている。

武蔵野開発の奨励

⑥については、すでに述べたところであるが、武蔵野開は明暦三年に検地を実施し、ここに郷足軽を奉公の傍ら無年貢に差し置き、三年間は従来どおり切米二石を支給し、また武蔵野へ出る者は、牢人《ろうにん》・足軽《あしがる》・中間《ちゅうげん》・百姓または奉公人《ほうこうにん》にかかわらず、聞き置き出させるなど、藩の積極的な開発姿勢が見られる。

農民統制

⑦については、公儀法度《こうぎはっと》の遵守をはじめ、五人組を構成させ、キリシタン禁止、田畑《でんばた》永代売買禁止令《えいだいばいばいきんしれい》遵守を命じている。倹約《けんやく》の励行については衣類の制限、奢侈《しゃし》の禁止、屋

作・衣類・食物・振る舞い等の倹約、百姓女房の乗物禁止、大酒酔狂者の言上を命じている。また名主・小百姓・下級役人の不正防止を図り、百姓の奉公について家中・領分に抱え口のないとき以外の他所奉公を禁止し、年季中間奉公百姓の吟味、飢饉時の年季明け奉公人の放出と百姓江戸日用出を禁止し、奉公人年季を一年として代官に断り帳付けし、他領奉公を禁止するなど、労働力の確保を図っている。このほか、人馬伝馬割《てんまわり》は無手形で出役を禁じ、家中の川越城回りと町在の乗り打ち、家中通行の際の馬乗り打ちを禁止している。また草刈り馬・駄荷馬に乗ることを禁じ、鷹匠の宿泊と、判を所持しない餌差《えさし》は川越鳥見三郎右衛門に言上すべきことを規定している。

⑧については、百姓の一連神水《いちれんじんすい》して徒党することを禁じ、頭取の言上を命じている。

治安維持と防火対策

盗賊防止条項は多く、牢人や見知らぬ者・怪しい者の宿泊禁止、喧嘩口論、博奕《ばくち》・宝《ほう》引《びき》・かるた・双六《すごろく》など諸勝負、鉄砲所持と鳥の狩猟を禁止している。また不似合の道具・牛馬など無証人物の買い入れ、新銭・鉛銭の鋳造を禁じ、公用通行については昼夜にかかわらず用を達し、御林や山林の勝手な伐採禁止を令している。防火については、火の用心、火事の際の百姓の駈け付け、火消し道具の製作を命じている。

以上の勧農条目の文言を読んでも理解されるように、いわゆる「慶安御触書《おふれがき》」に極め

「慶安御触書」をめぐる諸説

て類似した性格が見られる。法令だけでなく具体的実践と技術指導的性格を強くもっていることは、特に①・②に分類される条文が多いことからも理解されよう。

ところでいわゆる「慶安御触書」は『徳川実紀』慶安二年二月二十六日の項に「郷邑《ごうゆう》法度（百姓《ひゃくしょう》心得《こころえ》）」として収録され、その出典は「日記」「条令拾遺」となっている。しかしその成立については、榎本宗次（「『慶安御触書』考―その成立年代についての疑義―」『歴史評論』一〇六号、一九五九年）が疑問を投げ、その後その存否について丸山雍成（『近世近代史論集』吉川弘文館、一九九〇年、『近世日本の社会と流通』雄山閣出版、一九九三年）さらに山本英二（『慶安御触書成立試論』日本エディタースクール、一九九九年、『慶安御触書は出されたか』山川出版社、二〇〇三年）の研究が発表された。このうち山本は慶安御触書の古写本元禄《げんろく》十年（一六九七）「百姓身持之書付帳」を発見、甲府《こうふ》家徳川綱豊《つなとよ》家臣藤枝帯刀方教《ふじえだたてわきかたのり》の代官と思われる河合六郎左衛門の奥書《おくがき》があることから、これがいわゆる「慶安御触書」の原本で、他の写本が甲州《こうしゅう》から信州《しんしゅう》にのみ存在することから甲府藩法であると結論し、さらに文政《ぶんせい》十三年（一八三〇）美濃国《みののくに》岩村藩が木版本「慶安御触書」を出版したとする。しかし「慶安御触書」には「浦方」の語があり、海のない甲州ではどう解釈するか。また米の利は計算によれば年五割と高利で近世初期の特徴が表われている。

存在が実証できない法令

はっきり言って「慶安御触書」の存在は実証できない。外様《とざま》大名家の幕府法令の写しに「慶安御触書」はなく、発布対象が譜代《ふだい》大名に限定されていたと考えてみても譜代大名家文書にも、また初期代官文書にも写しがなく、結局見つからない。また「江戸幕府日記」の慶安二年中の記事には関係記事がなく、老中奉書《ろうじゅうほうしょ》には「慶安御触書」発布にかかわるような記事は全くない。

信綱の影響

川越藩法令には信綱の教えとして「麦田（二毛作）」があり、「商い心」も否定していない。信綱が川越町人に安値のうちに米を買わせ高値で売らせるなどまさに「商い心」の表われであろう。藩法令にはキリシタン禁止をはじめ田畑永代売買法度遵守、五人組の仕上げなど、「慶安御触書」にはないが、当時として当然の条目は含まれてはいる。また慶安元年に総検地を実施したが（騎西領は前年の正保四年）、検地の方法は幕府の慶安検地条目にのっとっている。「慶安御触書」には信綱の影が付きまとっている気がしてならない。彼が百姓心得として説いたものが伝わって、のちに「慶安御触書」として構成されたものと考えるのは全く実証の伴わない妄想であろうか（大野瑞男「慶安御触書は偽書か？」『徹底検証古史古伝と偽書の謎』新人物往来社、二〇〇四年）。

信綱は農政や理財に明るく、農業技術の微細にまで立ち入ったこのような条目を生み出すに至ったといえる。そしてこの時期は、進んだ農業・土木技術は領主層が独占し、代官や地方巧者を通じて農民に教諭しつつ統制するという、いわば領主先導型の段階であったといってよいであろう。

五　榎本弥左衛門が記す信綱

榎本弥左衛門忠重

川越の商人榎本弥左衛門忠重《ただしげ》は寛永二年（一六二五）に生まれ、貞享三年（一六八六）六十二歳で没した。十五歳から死の直前まで川越と江戸を中心に商業活動を行っている。塩廻船《しおかいせん》による江戸入津の下り塩仲買《なかがい》として江戸に出店をもち、川越まで新河岸舟運および馬背をもって運送して市で売り、藩の蔵米や雑穀・煙草などを江戸に運送して販売した。この間「三子《みつご》より之覚」「万之覚」の二冊を書き残した。この二冊を総称して『榎本弥左衛門覚書』（大野瑞男校訂『榎本弥左衛門覚書』平凡社東洋文庫、二〇〇一年）といい、その記述の中心は松平信綱の川越城主時代であり、ここでは『榎本弥左衛門覚書』の中に記される信綱について述べる。

烏帽子親

寛永二十一年弥左衛門が二十歳の時前髪を執り名を牛之助から八郎兵衛に変えたが、

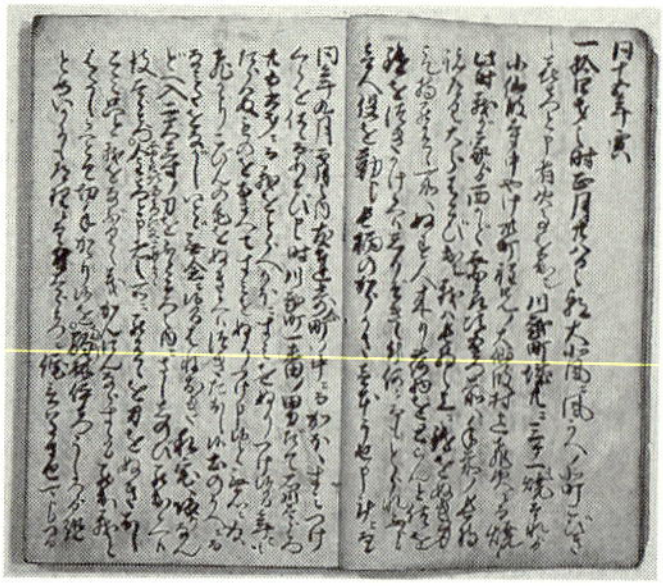

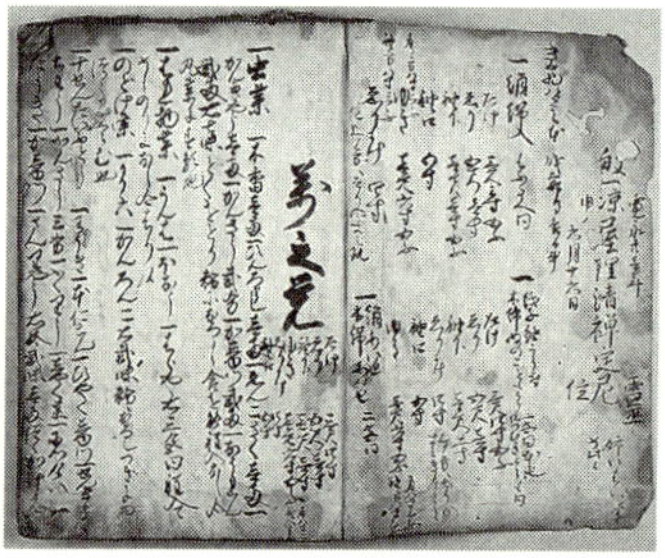

榎本弥左衛門忠重画像・「三子より之覚」「万之覚」(榎本寿々子氏所蔵・川越市立博物館保管)

画像は延宝9年画，正徳元年讃．「三子より之覚」は延宝8年著，貞享元年まで書き足し．「万之覚」は万治3年頃著述．

烏帽子親《えぼしおや》は信綱家中の松平八右衛門であった。なお八右衛門は諱忠勝《いみなただかつ》、長沢松平家の出身で、正綱より信綱へ家臣として付けられた男である。

正保五年の馬盗難事件

正保五年（一六四八）閏正月十四日の夜丑の刻（午前二時ごろ）に本町箕島《みのしま》八郎右衛門の鹿毛《かげ》の馬と南町芦川長右衛門の黒ぶちの馬が二疋とも盗まれた。夜明けて通りかかった旅人に聞くと、鹿毛の馬に鞍を置いて男が一人乗り、ぶちの馬を尻に鞍の山形にくくりつけ北の方に行ったという。この者はおおかた同類で、抑えておかなかったのが悔やまれる。方々へ人をやり、春日部《かすかべ》へは馬喰《ばくろう》七太夫ら五人が行ってまずぶちの馬を見つけ、春日部の盗馬宿の庄兵衛であることを所の名主に断り、十七日に川越へ帰ってきた。川越名主渡辺久右衛門・富田屋九兵衛の二人を談判に信綱が遣わした。盗人は原市（足立郡）の者でその後厳しく交渉したが、何と思ったのかその馬をそのまま受け取らせてしまった。信綱の心底はどうであったのかと弥左衛門は記している。

慶安三年の水害と物価上昇

慶安三年（一六五〇）五月二十八日より六月二十八日まで三〇日も雨が続き、穀物相場が江戸でも川越でも上がった。九月一日美濃・尾張《おわり》の堤防が切れ、浸水して作物は全滅、人牛馬三〇〇〇が死んだ由。伊勢《いせ》・筑前《ちくぜん》・肥前《ひぜん》なども水入り、作物が廃《すた》れた。信綱は家中衆に触を回し、米一俵も売るべからずと抑え、すべての穀物が値上がりして家中衆も高く払った。この高値は十月ごろまで続いた。翌年冬の川越町人の蔵米拝借など信綱の米をはじめ諸物価についての関心は極めて強く、弥左衛門も覚書にそれを記している。

二男吉綱の死

同年六月五日信綱二男三郎兵衛吉綱《よしつな》が死去し、追《お》い腹《ばら》が二人出たことを記す。部屋住みの坂部九太夫と西野五兵衛で、この殉死については『寛政重修諸家譜』「大河内家譜」ともに記載がない。平林寺には二人の墓碑が吉綱の墓の両脇にある。

和田理兵衛の御茶

同年閏十月十七日八つ刻（午後二時ごろ）過ぎ弥左衛門は信綱家老和田理兵衛に御茶に呼ばれ、さまざまご馳走のうえ松平正綱《まさつな》と大河内久綱《ひさつな》の御茶の余りを理兵衛手づから下された。正綱も久綱もすでに没している。茶立ては「げんこく」という医者が立てたとある。

慶安四年の謀判事件

慶安四年本町都筑《つづき》又左衛門が前々年から三か年謀判《ぼうはん》して信綱家中衆の米一〇五五俵を、また長谷川源右衛門の米二二五俵を盗み売り、合わせて一二八〇俵を盗み、四月十六日に川越を駆け落ちした。駒林《こまばやし》孫左衛門らが伊勢参りの途中品川で捕らえ、五月五日晩に川越に連行、同五年六月十二日に磔《はりつけ》に懸けられた。家光の他界により刑の執行は延びたが、金は少しも回収できなかったとある。

御霊屋普請

慶安五年三月中ごろ上野御霊屋《おたまや》の普請が終わったが、この壁を前年の冬に塗るとき、唐辛子を入れて塗れば氷らないと信綱がこれを仕出し、足軽一〇〇〇人を出したと弥左衛門は記す。『徳川実紀』によれば慶安四年六月九日信綱は東叡山大猷院《とうえいさんたいゆういん》（家光）新廟構造の助役を命ぜられ、輝綱に管理させている。七月七日二丸御宮の火の番を免ぜられ手《ちょう》斧《な》始《はじ》めがあり、九月十九日霊廟柱立て、十一月十七日成功したとあり、弥左衛門が記した日付よりは早い。そして翌五年四月十日法会《ほうえ》始めがあって信綱らが群参し、六月にはその功により信綱は則重《のりしげ》の刀を拝領している。

深井吉成

慶安五年七、八月時分深井藤右衛門が川越家老に着き二十六歳とあるが、「従古代役人以上寄帳」には「深井藤右衛門吉成、高千五百石、慶安四辛卯《かのとう》」とあり一年違う。深井藤右衛門吉成は信綱の母の同母弟吉親《よしちか》の二男である。川越の国家老になったということであろうか。同じ「万之覚」には万治二年（一六五九）正月晦日に和田理兵衛の役が皆深井藤右衛門へ渡るとある。また同年深井藤右衛門より平帷子《ひらかたびら》（単衣物《ひとえもの》）一端など、紋付をはじめ四つ下されている。

灯蓋二重皿の工夫

承応元年（一六五二）ごろ油灯蓋《とうがい》二重皿を信綱が工夫し、江戸でも流行ったとある。灯蓋は灯りをともす油皿を置く台で、油灯蓋に皿を二重に置くようにしたのであろうか。信綱の知恵が表われている。

大手門の建設

承応二年六、七月中、川越城大手門の建設がなり、城の惣回りの土手は前年に築いたが、仙波口の土手の築土は仙波おさきのだい（尾崎台）の小高いところの土を信綱から貰って築いたと記している。寛永大火後の川越城の再建・拡張はこのころまでに成ったのであろう。

信綱の川越立ち寄り

同年七月二十一日信綱は日光社参の途次岩槻から川越へ立ち寄り、帰りにも中二日逗留して二十七日一〇〇人ばかりの供で江戸に帰った。鉄砲などは二日前に川越から江戸に運ばれた。この時、妻木求馬《つまきもとめ》という家臣に信綱の装束《しょうぞく》を着せ、鉄砲・騎馬を付けて信綱の乗り物に乗せて岩槻まで参り、信綱本人はわずかの人数で川越に来た。輝綱の乗り物に乗ってきたとも聞いていると弥左衛門は記す。『徳川実紀』第四篇承応二年七月十九日の項には、信綱が日光山参拝の暇を賜り、二十八日の項に帰って謁する記事がある。この往復に川越に立ち寄る許可は得ておらず、公儀への隠密の行動であっことがうかがえる。

榎本忠重の家督相続

同じ年八月十三日二十九歳の時父母は隠居し、家屋敷を譲られた。強飯《こわめし》を炊き、親類衆を呼び披露し、そのうえ信綱の家老にも強飯を配った。弥左衛門が家督相続《かとくそうぞく》の挨拶に行ったところは、町奉行長谷川源右衛門、家老和田理兵衛・深井藤右衛門・岩上角右衛門、横目《よこめ》三上伝左衛門・間野徳右衛門・三輪弥左衛門、ほかに神保二郎左衛門・宮部兵右衛門・波津半左衛門・松平八右衛門、鳥見《とりみ》鈴木三郎左衛門、町同心衆一〇人、川越五町の名主中などである。箕島《みのしま》八郎左衛門には一番に行っている。

蔵米拝借

これより前慶安四年冬川越町人九人が信綱より蔵米一〇〇〇俵を借りたが、その拝借金の一部二三両をこの時、父から借りて元手に加えている。この九人は町年寄箕嶋八郎左衛門・同長左衛門・加茂下《かもした》助左衛門・同五郎左衛門・池田勘兵衛・次原《つぎはら》七郎右衛門・丹波屋《たんばや》権兵衛・富田屋九兵衛そして親の弥左衛門である。また惣町へ二〇〇〇俵を貸したが、この時蔵米は川越でも一〇両に四斗一升入四八、九俵していたのを、一〇両につき四〇俵に値段を決め五年目に返済の約束で借りた。値段が上がらず蔵に置いていたが、翌承応元年一一〇日も続く全国的な旱魃《かんばつ》で七月十八日よりにわかに米値段が上がり、川越でも一〇両につき四〇俵で払い、江戸でも三九俵の値で二〇〇俵ほど売り払った。惣町の分も同じことと思われる。

信綱の意見

慶安四年冬箕嶋八郎左衛門が江戸の信綱に御礼に参ると、信綱は「川越町中に米を貸したが足りになったか」との質問に尤《もっと》もと答えると、「足りにさえなれば重ねていかほども貸そう。手前になければ借りてでも貸そう」と、そして「油断してこの金を失っても全部返してもらおう。その時は下人《げにん》を売り子を売りその身を売り借金をすれば大いに衰えるであろう。分別よくて商い下手身もち下手が世間には多いが、商い上手な者に教えさせよ」と意見された。

貧乏神と福の神

そして信綱の話は続く。まず着物は地しう染めにせよと言っている。地しう染めの染め様はわからないが模様などのない染めであろうか。皆の家に貧乏神や福の神がいるが知っているか。どちらも皆の家の女家主である。貧乏神は朝寝して起きても面ぶり悪く、大茶を喰らって物ぐさく、何かに心渡らず、節々男と取り合って所帯もつこと少しも知らず、我がまま言うがすなわち貧乏神である。このような者はたとい頼もしい者の娘でも急ぎ追い出せ。また福の神とは朝早天に起きて座敷を掃き、髪を結いそれぞれの所作を務め、油断なくその日を暮らし、夕方は明日のことを務め、夫よりあとに寝て暇なく働くを福の神という。よそに貧乏神・福の神があると思うのは誤りである。

隠れ蓑・隠れ笠・打ち出の小槌

隠れ蓑・隠れ笠・打ち出の小槌というものを見たか。これらは常の雨除け・日除けで、打ち出の小槌は作人なれば鍬、商人なれば秤である。大雨ならば蓑笠を着鍬を持ち、大日照りならば笠を着て鍬を持って行くべし。商人も雨旱に蓑笠を着て行けば、買い手が少なく思うように買い利がある。隠れ蓑・隠れ笠がよそあると思うのは誤りである。

大黒の瘤

大黒の目の上に瘤《こぶ》があるが、どういう瘤か知らぬか。あれは上を見まいための瘤である。何時も人より下にばかり身をもつので福の神と祝われる。皆は人より奢って身のほどを知らない故不便して迷惑するのである。

信綱の奉公

この伊豆守などは九歳より夜も帯を解かず油断なく御奉公を務めたいと思い奢りなき故今この位になったのである。尤も自分のように油断なくした者もいるが、自分ほどでない者もいて、これを思えば自分は果報である。

皆夜中に月代《さかやき》を剃るに蝋燭を両脇・後ろ前に置くが、自分は前に蝋燭を一丁灯し額を剃る。これも少しながら費《つい》えではないか。皆夜中に寝るときは髪を解いて寝るが、自分は髪を結って寝る。子細は夜中に御城より御用の時、そのまま起きて鬢《びん》を撫でつけ早々と出る。髪を解いて寝て御用の時起きて髪を結い暇をとって登城するのは不忠節ではないかと思い宵《よい》に髪を結って寝るのである。

総じて費えを伊豆守は好かぬ。着るものを毎日一枚ずつ下ろして着ても一年三六〇。肴を毎日一両ずつ買って喰うも多額になる。身持ちをよくさせ堅く油断するなと話した。

蕎麦ねり

夜更けて夜食に蕎麦ねり（蕎麦がき）を召し上がり、八郎左衛門にも下された。江戸家老石川作右衛門に向かい「これは何処から参った蕎麦ですか」と申し上げると、「川越より参った」とのご返事、「さてこれは結構に味がよい」と申したのを、伊豆守がお聞きになり、「川越では何として食するぞ」と仰せになり、「馬の篩《ふる》いで通します」と申せば、信綱御意に「それが悪い仕様の故に味が悪い。絹篩いで通せ」とあれば、八郎左衛門の申し様「そうしたいのですが、絹篩いでは粉が多く留まらないので馬の篩いでやります」と申せば「それは一段にてある。絹篩いでは粉が少ないはず」と御機嫌だった。

一一か条の書下

慶安五年正月九日箕島八郎左衛門が信綱へ御礼に江戸屋敷に参上すると、「去年言い付けたとおり町の者どもに言ったか」との御意に「御尤も」と答えた。いよいよ合点《がてん》するようにとまた一一か書を下された。その一一か条は、①女房手白足白の事。②せんじ茶切々立て間敷《まじき》事。③あさおきの事。④夕なべ仕るべき事。⑤作に念を入れ申すべく候事。⑥作へたなる者におしへ申すべく候事。⑦商内油断なく仕るべく候事。⑧あき内下手成者におしへ申すべく候事。⑨あじわい口仕る間敷事。⑩皆人子共それぞれに育て申すべく候事。⑪着る物地しうぞめに仕るべく候事。右のとおり油断なく、相見る度に隙なく断り申すべく候、との御意であった。

このうち①女房手白足白の事はさらにその下に、皆の女房は油断なく働けば必ず手足は荒れる。油断する者はこれをもって詮議せよ。上州《じょうしゅう》佐野・館林《たてばやし》の村々の女房は夫

には田畠の耕作をさせて、自分は色々働いて市へ立ち、物を売り家内の要る物を買って
その日に家に帰るので、手足が荒びるのであるとある。

知らぬことはない

八郎左衛門は「殿様の御意ありがとうございます。御意の趣は油断なく申し付けます」と言うと、石川作右衛門は「殿様は面妖《めんよう》(不思議)ですね。下々の者さえ少しも知らないことを面妖に心行き渡り浅からぬことですね」と申し上げると、信綱は「内裏《だいり》様さえよくご存じのこと、異国まで仕置を仰せ付けられる伊豆守が知らぬということはない」と言ったのを八郎左衛門から承ったと記している。

承応三年の雹と大雪

承応三年四月一日雷が鳴って大粒の雹が高麗《こま》の方より降り来たり奥富で留まった。長さ五里、幅一〇丁ほどであった。鳥なども打ち殺されたり、一尺ほども積もったところもあった。雹の被害を受けたところは作物が全滅、信綱知行の七か村に合わせて金一〇〇両の拝借金があったが、奥富へ六六両、大袋新田へ一〇両、増形《ますがた》へ一〇両、藤倉ほかともに四月十四日に深井藤右衛門が命じて金が渡された。

同年十一月二十九日朝から夜まで大雪が降り、川越本町で二尺五寸、三尺も積もったので家が数知れず潰れた。信綱の川越城下で家数一〇〇〇軒、馬一〇〇疋、人五、六〇人も死んだ。竹も小さい木も折れ大木は枝が裂けた。武蔵だけが大雪であったとのこと

である。

馬の去勢

明暦二年（一六五六）三月一日川越の馬屋で悪馬の去勢をし、曲げ物に入れ江戸屋敷に持ってきた。この馬は人を噛み踏むいたずら馬であったが、去勢すると穏やかになった。これは唐人が来たとき信綱に教えたが故である。これが日本で初めての去勢であると思われるが、年来明治期までは家畜の去勢技術はもっていないとするのが通説である。信綱が唐人より教わったとあるが、前年十月に来日した朝鮮通信使らのことであろう。

家綱の不例

家綱《いえつな》は三月二十四日疱瘡《ほうそう》のため不例《ふれい》となり、二十六日近習《きんじゅう》らが赤色の衣服を着し、四月一日には御三家・家門・諸大名・有司が登城し見舞っている。七日酒湯式が行われ、十一日平癒した。信綱は五日ほど城から帰らず、江戸町中でも売買が少なかったと記す。

仙波東照宮の遷宮

同年七月四日に川越仙波東照宮の遷宮《せんぐう》があり、信綱が川越に到着した。彼は前日代参の暇を賜り帷子《かたびら》・羽織を下されている。輝綱も二日には川越に着いており、四日には川越町人に御目見があり、信綱の御機嫌はよかったとある。

明暦二年の大風

明暦二年八月二十二日午刻（正午）駿河国《するがのくに》辺から大風が吹き出し、一刻ほど強風が吹き、倒壊した家は一〇〇万軒ほどもあろうか。信綱領分七万五〇〇〇石のうちで九五〇〇も家が倒れた。このほか破損しない家はなく、江戸の町でも大方吹き剝がされた。板は一夜に倍に値上がりし、屋根葺き職人の手間も一人一日一分でも奪い合い。櫓《やぐら》の鯱《しやち》鉾《ほこ》も多く落ち、船も江戸新堀で五〇艘も壊れた。川越城門が三つ倒れ、本丸の門に打たれ普請奉行堀江忠右衛門が潰されて死んだ。このような風は八十歳の人も覚えがないという。この風で家が破損したので、信綱から川越町中に拝借金一〇〇〇両、家中にも一〇〇石に金一八両の拝借が仰せ出された。

弥左衛門は明暦三年九月六日晩に高沢の小久保分の八畝余りの畠を和田理兵衛に進呈している。彼は慶安元年の「小窪村検地水帳」に上田二筆を名請けしていた。

勘解由の誕生と死

明暦四年三月六日輝綱の子勘解由《かげゆ》が誕生したので川越町年寄・名主らが恐悦の書状を上げたが、八月六日に死去の状をまた上げた。「大河内家譜」では万治元年（一六五八）八月六日死去とある。誕生の日はここにのみ知られる。

弥左衛門は信綱に直接会ったことはなく、箕島八郎左衛門らから聞いた話を詳細に記しており、公式の記録に残された以外の信綱の側面を物語っている。

第七　老中として

一　信綱の勤役

寛永十五年以後の勤役

ここでは寛永《かんえい》十五年（一六三八）十一月七日土井利勝《としかつ》・酒井忠勝《ただかつ》が大老《たいろう》となり、信綱が老《ろう》中《じゅう》筆頭になって以後の勤役について述べる。

本丸再建の奉行

寛永十六年八月十一日江戸城の奥厨房から火が起こり、本丸がことごとく焼失、家光《いえみつ》は西丸に移った。同月十四日信綱は本丸再建の惣奉行《そうぶぎょう》を命じられ、勘定頭《かんじょうがしら》の伊丹康勝《いたみやすかつ》・曽根吉次《そねよしつぐ》がこれに添い、作事《さくじ》奉行八木勘十郎守直《もりなお》・船越三郎四郎永景《ながかげ》・牧野織部成常《まきのおりべなりつね》を指揮することとなり、同二十日家光が御前に召して祝酒を賜った。二十五日本丸構造のため、材木捜索を駿遠《すんえん》両国境と安倍山《あべやま》、甲駿蒲原《こうすんかんばら》・田橋、下総佐倉《しもうささくら》・常陸《ひたち》江戸崎、伊豆国《いずのくに》山中に大番・書院番《しょいんばん》・小姓組番を派遣し、十一月三日江戸城二丸に仮殿ができ家光が移徙《いし》している。

十六年十一月二十一日家光は井伊直孝《いいなおたか》・松平定綱《さだつな》を召し、信綱を通じて明日吉辰により本城多門の柱立てのことについてかねて時刻までも定めていたところ、家光の意向も伺わず、今日構造に及んだことを咎め、即時多門を毀《こわ》すよう命じている。そして三十日吉辰により家光みずから構造の地を巡視している。閏十一月一日本城の石垣が竣工し、十二月三日本城大広間・黒木書院《くろきしょいん》・白木書院《しろきしょいん》の柱立てが行われ、翌十七年四月五日完工して家光が移徙したのである（『徳川実紀《とくがわじっき》』第三篇）。

山田奉行花房幸次

この本丸の再建に関しては、『花房家《はなぶさけ》史料集』（一）（岡山市教育委員会、一九九一年）に寛永十六年九月二十七日の「御老中へ之状之留」という興味ある記事がある。これは九月二十七日から十二月十一日までの老中らに宛てた二六通分の書状の控えである。差出人は記されていないが、花房志摩守幸次《しまのかみゆきつぐ》である。彼は当時伊勢《いせ》の山田奉行を務めており、江戸城本丸再建用材の輸送に当たっていた。

本丸再建材木輸送

書状の多くは松平信綱と勘定頭伊丹康勝・曽根吉次か、酒井忠勝ないし信綱・阿部忠《ただ》秋《あき》・阿部重次《しげつぐ》の三人の老中に宛てられている。幸次は美濃《みの》や飛騨《ひだ》の材木や板子・宍料《ししりょう》を大量に調達、熱田《あつた》の尾張家《おわりけ》の船奉行、伊勢長島《ながしま》の松平定政《さだまさ》、桑名《くわな》の定政留守居に会い船の用意をしている。尾張家から進上および借用の材木の過半は尾張知多郡《ちたぐん》の船に積み差し下すが、不足する分は伊勢浦紀州領分《きしゅうりょうぶん》の大船二〇艘余りを申し付けたという。美濃・飛驒より桑名への材木積みの奉行は美濃国奉行岡田義政《よしまさ》と代官佐野平兵衛に仰せ付け、勘定頭よりは城の壁の中塗りのすさ御用として古藁綱《ふるわらづな》・古麻綱五万尋《ひろ》を買い集め材木回船《かいせん》の下積みにするよう、また桑名が西風が強い故鳥羽《とば》辺に移すよう言われた。そして閏十一月二十九日小堀遠江守政一《こぼりとおとうみのかみまさかず》と佐野平兵衛より古苧綱《ふるおづな》一二七貫目が届けられた。

なお十月六日の信綱・伊丹・曽根宛の内藤忠重《ただしげ》・花房幸次連署状では、日向国《ひゅうがのくに》佐土《さど》原《はら》島津久雄《しまづひさお》進上の松の大引物が大坂より鳥羽へ参着したが、大きすぎて船による江戸への回送に困難な由、磯を引いて江戸へ浦次《うらつ》ぎする方法を述べている。

材木などの輸送に苦労を重ねたが、十二月十五、六日ごろ飛驒の板子の船積みを仕舞い輸送を終了したのである。

日光東照社廟普請

八月二十三日に信綱は阿部忠秋・阿部重次とともに大奥厨房のことを承るべき台命を受けた。十七年四月日光社参に供奉《ぐぶ》、十三日出発した。これより前の十日オランダ人が銅の燈架《とうか》と望遠鏡を家光に献上し、酒井忠勝と信綱が拝礼のことを取り次ぎ、翌十一日この銅燈架を信綱邸に運び組み立て分解して日光に運んでいる（永積洋子訳『平戸オランダ商館の日記』第四輯、岩波書店、一九七〇年）。十八年五月十一日日光東照社廟の普請《ふしん》奉行を命じられ、六月二十三日阿部忠秋と交代している。そして九月二十三日日光廟塔の普請を見分し、造営が落成したので十月三日一文字の刀を賜った。それより前の六月二十一日二丸普請の手伝いをし、成就により家臣らが時服《じふく》白銀を賜っている。

十九年四月十三日日光社参の間江戸留守居を勤め、八月三日家綱《いえつな》の誕生を賀し二丸で御膳を献じ、一文字次吉の刀、伯耆肩衝《ほうきかたつき》の茶入れを拝賜している。九月六日崇源院《すうげんいん》十七回忌の法事奉行を勤め、同二十五日日光山双輪樘《そうりんどう》建立の場所見分を命じられている。十一月八日信綱がいささか病にかかる由を聞き隔日の出仕の恩命を蒙る。

家綱の使として上洛

二十年九月八日明正天皇《めいしょうてんのう》の譲位、後光明天皇《ごこうみょうてんのう》の即位の賀使として酒井忠勝が、家綱の使として信綱が上洛の命を受け、十月一日東福門院《とうふくもんいん》の御所に伺い仰せを述べ、三日新院（明正上皇）御所に行幸《ぎょうこう》があり、後水尾上皇《ごみずのおじょうこう》の仰せによって忠勝・信綱および板倉重《しげ》宗《むね》が鳳輦《ほうれん》に従い、二十七日参内《さんだい》し後光明天皇の龍顔を拝し天盃《てんぱい》を賜った。この日大礼を賀し仙洞《せんとう》および新院御所に参り、十一月一日勅答を承って太刀・打枝を賜り、仙洞よりも賜物《たまわりもの》、四日新院・東福門院などからも賜物があり、この日忠勝は少将《しょうしょう》に信綱は侍従《じじゅう》に進んでいる。また禁裏《きんり》・院中の式目《しきもく》ならびに新院御料のことを忠勝とともに言上し、洛外・大坂・堺などを巡検して帰府した。

家父久綱の死去

正保《しょうほう》二年（一六四五）二月二十六日品川御殿で訴訟の裁断を聞き、信綱の断ずるところ旨に叶うとして時服を賜った。四月二十九日日光山の普請が成ったので見分の命を受けた。三年四月三日実父大河内久綱《おおこうちひさつな》が死去、喪中暇を賜り川越に行き、喪の間精進《しょうじん》を遂げるよう養父正綱が川越に来て恩命を伝え、二十五日喪を解かれた。八月七日三丸火の番の勤仕を命じられる。家光は九月ごろ虐病にかかり十月には本復している。五年正月十五日台徳院《たいとくいん》十三回忌法事奉行を勤め、慶安《けいあん》元年（一六四八）正月十四日台徳院十七回忌法会に信綱ら一五人に奉行および寺中守衛を命じられたが、二十日増上寺《ぞうじょうじ》万部読経の所化《しょけ》が寺中僧侶と闘争を起こし、惣奉行信綱が所化四〇余人を追放している（東京大学史料編纂所史料稿本）。

養父正綱の死去と遺領

同年四月十三日東照宮三十三回忌に当たり日光社参に供奉し、同年九月六日崇源院二十三回忌法事奉行を勤めた。六月二十二日養父正綱《まさつな》が卒したので銀一〇〇枚を賜り、喪中暇を賜って川越城に行く。のち井上政重《まさしげ》を使いとして精進を解き、即日参府拝謁すると、正綱卒去を悼み喪を止められた。七月十一日正綱の遺領を合わせ賜る内旨があったが、信綱は正綱の実子正信《まさのぶ》・正朝《まさとも》に継がせたいと申し出、二十日正信が正綱遺領二万石余を継ぎ、その弟正朝は新墾田三〇〇〇石を分与された。

熱海で膝痛養生

慶安二年八月三日家光より杖を賜り、二十九日膝痛により伊豆国熱海《あたみ》温泉に浴すことを許され、そこにいる間日ごとに恩問があり、菓子や肴を届けられ、十月一日玄猪《げんちょ》の餅を賜り、阿部忠秋より奉書《ほうしょ》をもって熱海に送られた。

大猷院廟の普請手伝い

家光の不予《ふよ》に日夜城中に候し、死後の慶安四年六月九日東叡山大猷院廟《とうえいさんたいゆういんびょう》の普請奉行とされたが、願いにより御手伝いをし、功なって翌五年六月十三日行賞があった。この間四年七月七日二丸御宮の火の番を免除されている。

承応《じょうおう》二年（一六五三）七月十九日日光御霊屋参拝に暇を賜り、三年正月十三日台徳院二十三回忌法事奉行を勤めるべきところ、病気のために輝綱《てるつな》が代わって勤めた。明暦《めいれき》二年七月三日仙波東照宮《せんばとうしょうぐう》正遷宮により名代《みょうだい》を命じられ、翌四日信綱は宮前に石灯籠二基を献じた。明暦三年の大火の際は居邸と別荘が延焼、材木を賜り、資金を貸与された。そして回向院《えこういん》の事の沙汰《さた》を命じられている。四月六日大猷院七回忌法事奉行を務め、万治《まんじ》元年（一六五八）九月十日崇源院《すうげんいん》三十三回忌法事奉行を務めた。三年三月二十日東叡山大猷院廟・慈眼大師《じげんだいし》廟塔修復手伝いを命じられ、十一月二十日成就して行賞されている。

大坂城修復に出立

万治三年六月十八日雷火により大坂城の石壁・櫓《やぐら》・多門などが大破して甚大な被害があり、修復の監督をするために出立した。信綱と阿部忠秋が鬮《くじ》を引いて信綱に当たったのである。七月十六日暇を賜い時服一〇領・黄金五〇枚と馬を与えられ、残暑をいたわり侍医《じい》久志本《くし もと》式部《しきぶ》常良《つねよし》を添えられた。また東福門院に一分判一万を進上するので京都にもたらすべき仰せを受け、十七日御座の間で時服・羽織・扇子・団扇・薫袋など、御《み》台所《だいどころ》よりも賜物があった。京都に着き八月五日東福門院より旅館に果物が届けられ、十二日禁裏へ太刀・黄金・蝋燭を献じ、後水尾法皇・新院・東宮・東福門院ほかに物を献上した。十五日東福門院より召され御簾《みす》を隔てて拝謁、時に法皇《ほうおう》が同座、官女をもって五か条（一一か条との史料もある）の下問があり、信綱が謹答して御感があった。十六日暇を賜うときそれぞれから賜物があり、八月二十九日帰府している。

大坂城天守の大石の逸話

大坂城天守に雷が落ち、火薬が爆発したとき二〇人ばかりで持つほどの大石を天守の二重目へ跳ね上げた。下ろすにはおびただしく手間がかかるとて奉行衆が色々積もるが決まらず、上使として来ていた信綱に伺うと、信綱の答えは石切を上げて細かく砕いて下ろさせよと言い、そのとおりにしたので手間もいらず石を砕き下ろしたという（『事語《じご》継志録《けいしろく》』）。

信濃川普請の停止

『敦賀市史史料編』第五巻に載せる寛文七年八月三日付敦賀郡中「口上之覚」によると、万治四年新潟から信濃川筋を開削、北国米荷物を江戸へ輸送しようとの出願があり、敦賀・小浜・近江の舟持ちらが牧野親成・水野忠貞へ反対訴訟、折節上京中の久世広之にも訴状を上げ、万治四年四月四日に江戸に呼び出して、信綱が訴訟の趣を聞き届け、信濃川普請の停止を命じている（林基『松波勘十郎捜索』〈下〉平凡社、二〇〇七年）。

信綱は老中として常に定府《じょうふ》して参勤交代《さんきんこうたい》はせず、将軍に供奉、江戸留守居、将軍の使い・代参、法事奉行、見分・監督を勤め、願って行ったこともあるが普請・修復の手伝いを三度行っている。

信綱の勤務内容

信綱は平川口門前に屋敷を与えられ、登城前には大名やその留守居・用人などの対客に追われ、登城すると御用部屋（堀田正俊刺殺事件があって綱吉以降は将軍の居室から遠ざけられたが、当初は将軍に近い部屋に集まった。奉行所と称する）において、実務を担当する右筆を通して、月番老中から出される伺書を他の老中たちと寄合協議して案件を処理し、奉書に加判をしたりする。老中は執務の際、前日に家臣から選ばれた案詞奉行が右筆の指導の下に作成した仕事の予定を記した「御袖裏扣」という書類を袖に入れていたという。それには日付の次に出宅・登城・御機嫌伺・召出・退出の記事が冒頭にあり、時刻・側衆名・召出有無などが朱加筆される（松平秀治「江戸幕府老中の勤務実態について―真田幸貫の史料を中心に―」児玉幸多先生古稀記念会編『幕府制度史の研究』吉川弘文館、一九八三年）。しかし幕初からこのようなことが行われていたかは定かでない。

月三日の式日《しきじつ》の寄合は必ず出席した。また城の表に将軍が出座すると、侍座して御目見した大名や旗本そのほかに上意を申し渡し、言上を披露、下され物を渡す。将軍の社参など外出には供奉し、上使として代参、派遣見分や尋問、そして御三家をはじめ大名邸への使いなども勤めた。また自邸や他の老中邸で行う内寄合も行われる（『江戸幕府日記』や『徳川実紀』による）。

二　信綱の奉書加判

奉書加判

将軍の命を奉じて老中が大名その他に発給《はっきゅう》する文書に老中奉書がある。老中のことを「加判の列」といい、老中になることを「奉書加判を命ぜられる」というから、奉書加判こそ老中の重要な任務といえる。

加判奉書の最古奉書

松平信綱が加判する一番古い奉書は、永井家文書中の寛永十年（一六三三）と推定される四月二十六日付永井直清《なおきよ》宛伏見《ふしみ》の加藤屋敷拝借許可のもので、連署者《れんしょしゃ》は土井利勝・酒井忠勝・稲葉正勝《いなばまさかつ》・松平信綱である。前年の十一月十八日信綱が「年寄並《としよりなみ》」に勤仕《きんじ》すべき

花房家史料

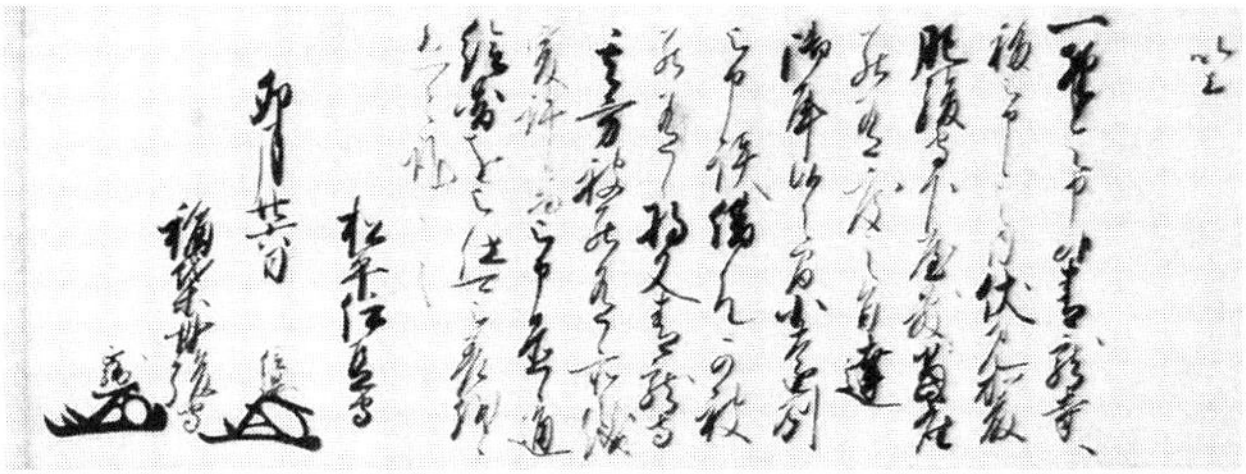

永井家文書老中連署奉書（奈良教育大学学術情報研究センター図書館所蔵）

寛永10年４月26日付，信綱は年寄並であるが，最初に加判した老中奉書.

命を蒙り、十年の五月五日老中となっているから、この奉書は年寄並の時期である。なお正勝は十一年正月二十五日に没しているので、信綱との連署はこれのみと思われる。また『信濃《しなの》史料』を見ると、寛永十年二月十日の脇坂《わきさか》文書には信綱の加判はまだない。

　これより古いものは、奉書ではないが寛永十年四月九日の伊勢国度会《わたらい》郡《ぐん》六か村三〇〇〇石を花房志摩守幸次より代官佐野平兵衛に渡す覚である。連署者は大炊《おおい》（土井利勝）・讃岐《さぬき》（酒井忠勝）・丹後《たんご》（稲葉正勝）・伊豆（松平信綱）と右衛門（勘定頭松平正綱）・播《はり》

老中就任後初の奉書加判

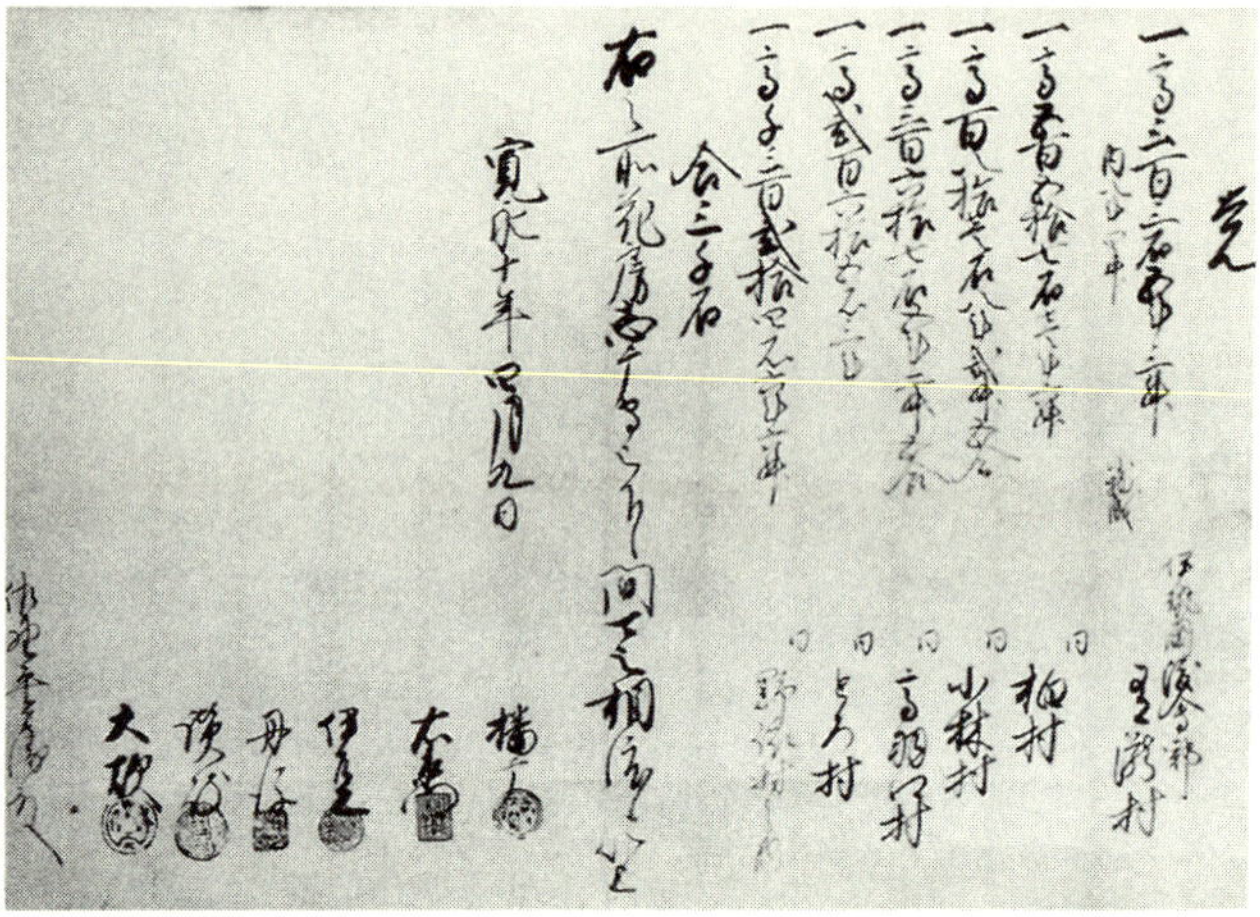

花房志摩守幸次知行目録（岡山市教育委員会所蔵「花房家史料」）

年寄土井利勝・酒井忠勝・稲葉正勝・松平信綱，勘定頭松平正綱・伊丹康勝から代官佐野平兵衛正重宛.

磨《ま》（同伊丹康勝）で黒印が捺されている（岡山市教育委員会所蔵花房家史料）。

信綱は以後の奉書のすべてには加判しておらず、年寄（老中）となっての最初の奉書加判は寛永十年七月七日菅沼定芳《すがぬまさだよし》宛水旱損につき銀下賜の奉書である。そして細川・山内《やまうち》ら外様宛の奉書には見られず、同十一年二月一日細川忠利《ただとし》宛ならびに山内忠義《ただよし》宛の秀忠《ひでただ》三回忌の法事済み能の登城召が最初である。当時の連署筆頭は酒井忠世《ただよ》であるが、信綱を含む彼の奉書連署の最後は同年五月二十日であり、家光の上洛中閏七月二十三日の西丸失火事件により年寄を免職されている。堀田正盛《ほったまさもり》は寛永十五年三月八日老中を免《ゆる》されているが病気がちで、それまで奉書に加判しないことや花押《かおう》を据えない場合もあった。

老中の筆頭

以後家光の時代には、寛永十五年十一月七日土井利勝・酒井忠勝が老中職を免されいわゆる大老職となってからは彼らの加判はなくなり、信綱は老中の筆頭として阿部忠秋・阿部重次とともに奉書に加判した。

家光死去後の体制

慶安四年（一六五一）四月二十日家光が死去すると、老中阿部重次は堀田正盛らと殉死したが、信綱は忠秋とともに幼い家綱を補佐し、家光の晩年と同様老中の筆頭として奉書に加判した。なお忠秋は前年の九月十二日世嗣家綱に付属された。そして正保元年（一六四四）四月二十一日家綱に付属され、慶安三年九月西丸勤仕となった松平乗寿《のりなが》とともに西丸家綱付老中となり、家綱の本丸移徙、将軍襲職に及び本丸老中は松平信綱・松平乗寿・阿部忠秋の三人の体制となったのである。乗寿は承応三年（一六五四）正月二十六日死去したが、これより前の承応二年閏六月五日に酒井忠清は奉書加判の上首を命じられ、乗寿の死までは酒井忠清《ただきよ》・松平信綱・松平乗寿・阿部忠秋の四人、以後は三人、万治元年（一六五八）閏十二月二十九日に奉書連判を命じられた稲葉正則が加わり四人体制が続く。

信綱加判奉書の検討

かつて松平信綱の加判奉書をできるだけ収集して検討を加えたことがある。発給年月日・加判老中の連署順・宛名・内容・出典を一覧表にし若干の解説を行った。これによれば、信綱の奉書加判の最後は寛文元年（一六六一）十二月二十一日山内豊昌《とよまさ》宛、同二十二日山内忠義宛尾張殿姫卒去の奉書である（大野瑞男「近世前期老中奉書の研究—松平信綱加判奉書を中心に—」『東洋大学文学部紀要史学科篇』二七号）。

これについての神崎直美の整理（『法制史研究』五三、二〇〇三年）を援用すれば、一覧表に収載した松平信綱加判奉書の総数は一二三九点を数え、発給年月日（ほとんどが月日のみ）・加判老中・宛名・内容などから明確に家光期と家綱期に分けることができる。家光期のものは五八二点、家綱期のものは六五七点である。

対馬宗家文書

現在最も多い老中奉書を見られるのは、九州国立博物館所蔵の対馬宗家文書《つしまそうけもんじょ》である。その大部分一万四〇七八点が二〇〇五年に国の重要文化財に指定されている（東昇「対馬藩の御内書・老中奉書の管理について」九州国立博物館紀要『東風西声』二号、二〇〇六年）。そのうち将軍から宗家に出された御内書《ごないしょ》や老中奉書などの文書記録類は一万三七八〇通あり、信綱が加判している老中奉書は実に二二五通にも上る。うちほかの老中もしくは大老・老中との連署奉書は二一八通、信綱一判の奉書は七通で、ほかに信綱書状が二通ある。一判奉書と書状との区別には基準があろうがここでは原目録に従う（九州国立博物館データベース

「対馬宗家文書の世界」)。これに次いで多いのは土佐《とさ》山内家で七四四五通を数える。

老中奉書の年号記載と特徴

老中奉書は城普請・修復願いに対する返札は付年号(月日の右肩に小さい字で年号を付ける)があるが、これ以外は無年号である。それらの内容は、将軍・世嗣などへの機嫌伺い、病気見舞い、献上披露、拝領御礼が多く、将軍宣下《せんげ》・任官・移徙・上洛等、皇室・将軍近辺の慶事祝賀、逝去の悔やみ、近火見舞い、遠忌献上、年始・端午《たんご》・重陽《ちようよう》・歳暮・八朔祝儀《はっさくしゅうぎ》、大名に対して社参供奉、参勤・帰国・縁組・養生などの許可、登城召しなど多岐にわたり、寛永・正保期は異国船・きりしたんに関するもの、また改元の通達もある。宗家のものは朝鮮通信使や朝鮮よりの到来物献上などに特徴がある。

なお老中奉書については、その研究史や年代比定、形状と老中返札について整理した別稿で述べてあるので参照されたい(大野瑞男「老中奉書と老中制度」大野瑞男編『史料が語る日本の近世』吉川弘文館、二〇〇二年)。

寛永飢饉の救恤

さて寛永十八年から十九年までは諸国凶作で大飢饉となり、在々での酒造禁止、饂飩《うんどん》切《きり》・蕎麦切・饅頭売買禁止などをはじめとする郷村法度《ごうそんはっと》を発布、またそのため十九年五月八日諸国に巡検使を派遣している。十四日家光の飢饉対策についての上意を承けて信綱・阿部忠秋と若年寄朽木稙綱《くちきたねつな》が高札《こうさつ》の符案を作成し、六月二日大名に対して「諸国去年損亡当作宜しく計らうべき高札符案」の奉書を発給している。翌二十年二月農民救恤の上意を信綱ら三老中が旗本・関東代官に伝え（『日本財政経済史料』第二巻）、三月にも代官へ仰せ渡しがあった（『御触書寛保集成』）。

御内書の形式化

将軍が発給する直書《じきしょ》である御内書は本来意味のある書状であったが、時代が降るにつれ形式化し、一般に大名・門跡《もんぜき》等が毎年端午・重陽・歳暮の三季に時服を献上する答礼状が大部分となる。月日のみで年が記されず、内容的にも史料価値が高いとは言い難い。

御内書の奉者

藤井讓治は、徳川家光御内書の奉者について、秀忠の将軍時代、家光が部屋住みのときは酒井忠利・青山忠俊《ただとし》の二人、元和《げんな》九年（一六二三）四月家光が将軍を襲うと、寛永十一年端午までは酒井忠世、同年忠世が年寄を失脚すると、重陽以後寛永二十年歳暮までは土井利勝、同二十一年利勝が死去すると、端午より酒井忠勝となることを実証している（「徳川家光花押文書の研究（二）」『京都大学文学部研究紀要』四〇号、二〇〇一年）。そして忠勝が明暦二年（一六五六）三月に辞職したのちは、酒井忠清が家綱御内書の奉者となり、延宝《えんぽう》八年（一六八〇）の大老辞任までそれを務め、その後一年間稲葉正則《まさのり》が務め、天和《てんな》二年（一六八二）二月から堀田正俊《まさとし》が奉者となり、貞享《じょうきょう》元年（一六八四）正俊刺殺後月番《つきばん》老中が奉者を務めることが制度化される（福田千鶴『酒井忠清』吉川弘文館・人物叢書、二〇〇〇年）。こうしてみると御内書の奉者は必ずしも大老ではなく、大老・老中の最上位のものがなるといえよう。しかし信綱は老中筆頭であった承応二年までも御内書の奉者にならなかったのは忠勝の存在があったからである。

三　信綱の家臣宛書状

『古文書時代鑑』

すでに述べたように、信綱に関する史料は極めて少ない。そのなかで注目すべきものに、大正十四年（一九二五）三月の東京帝国大学文学部史料編纂掛事務主任辻善之助より大河内家内小畠《こばたけ》延衛宛の文書がある。それは大日本史料のために撮影し蒐集した史料写真中より史学研究上必要にしてかつ一般的に興味があるものを選び、『古文書時代鑑《こもんじょじだいかがみ》』と題して出版することを依頼したものである。そして『古文書時代鑑』（東京大学史料編纂掛、一九二五年）の下巻には「松平信綱自筆書状」一通が収載されている。

小畠延衛

小畠延衛は大河内松平家の家老小畠助左衛門の子孫で、明治以降大河内家に勤めていた。この史料は巻子《かんす》に仕立てられ、「小畠」の印が見られ、継目印《つぎめいん》「耕圃／所蔵」の耕圃は小畠延衛の号の由である。中に五一通の信綱自筆書状があり、ほかに一通の書状が巻き込まれている。「贈従三位松平信綱公消息《じゆさんみ しょうそく》」と箱書きがあり、書状の各々は短く、信綱が江戸城御用部屋に出仕している間に生じた用事について、江戸屋敷の家臣に指示を与えたものと考えられる。書状の宛名は一人ないし四人までの連名のものもあるが、「助左衛門」か「助十郎」のどちらかの名がすべての書状に必ずある。「従古代役人以上寄帳」によると、助左衛門はいずれも小畠氏で初代正盛《まさもり》、二代興乗《おきのり》、三代興定《おきさだ》とも家老を勤め、四代は助十郎興建である。二代助左衛門が家老に任じたのは信輝《のぶてる》時代の天和三年（一六八三）であるから、ここに出てくる助左衛門・助十郎は年代から見て初代助左衛門と二代であろう。二代は多分まだ助十郎と名乗っていたと思われる。助左衛門・助十郎とともに宛名の連名者は主米・市左衛門・小左衛門・久右衛門・権右衛門・外記《げき》・市兵衛・忠右衛門で、彼ら単独や彼らだけ連名の宛名書状はない。このうち市左衛門は姓斎藤で輝綱時代に家老に、小左衛門は姓穂積《ほづみ》で奥年寄、権右衛門は姓浅井で奏者番《そうじゃばん》、久右衛門は姓奥野である。

この巻子は売られているが、東京大学史料編纂所に「小畠文書」と題する影写本がある。また昭和五十二年（一九七七）の太田晶二郎氏の写しが残されている。

『古文書時代鑑』下に収録された唯一の信綱書状は、錫《すず》・唐金・青磁の菓子鉢・引物鉢等を長崎に注文する際、その参考として所蔵品内覧のことを家臣に通じたものである。文中の「右衛門」は信綱養父の松平正綱で、慶安元年（一六四八）に没したので本書は寛永・正保のころと思われる。

このほか年次のわかるもの、内容的に興味があるものをいくつか挙げてみよう。

千代姫用人宛書状

まず十一月十四日付の書状は、家光の長女千代姫の昨日の祝儀に樽肴一種一荷《いっしゅいっか》を藤左衛門が持参し、大橋五左衛門か鈴木伝左衛門を頼み差し上げるよう申し入れよというものである。慶安二年十一月十三日千代姫の歯黒めの儀が行われ、その祝品の進上を命じている。大橋・鈴木ともに千代姫の用人である。千代姫は尾張家二代光友《みつとも》へ寛永十六年（一六三九）九月二十一日縁組が仰せ出され、正保二年（一六四五）入輿、同四年十二月二十九日婚姻を結んでいる。

公卿十人に小袖を贈る

十月二十五日の書状は西園寺内府《さいおんじないふ》（内大臣）実晴《さねはる》など一〇人の公卿《くぎょう》に小袖《こそで》三ないし二ずつを、冠師二人に小袖一ずつを支度し、今晩か明日遣わすよう命じている。『徳川実紀』によると、慶安三年十月十六日家光は白木書院で公卿を引見し、勅使《ちょくし》菊亭《きくてい》前大納《さきのだいな》言《ごん》経季《つねすえ》・飛鳥井《あすかい》前大納言雅宣《まさのぶ》、院使園大納言基音《もとね》、新院使清水谷《しみずたに》前大納言実任《さねとう》が家綱の西城移徙を賀し、さらに勅使勧修寺《かじゅうじ》前大納言経広《つねひろ》、院使飛鳥井中納言《ちゅうなごん》雅章《まさあき》、新院使岩《いわ》倉宰相《くらさいしょう》具起《ともおき》、女院使《にょいんし》葉室《はむろ》宰相頼業《よりなり》が拝謁して移徙を賀し、禁裏《きんり》より硯文台、仙洞より琴、新院より香炉箱、女院より香箱の進物を献じている。次に西園寺内大臣実晴が紗五巻、高倉大納言永慶《ながよし》が薫物二器、各々太刀目録を添えて拝謁し、六条中将有純《ありずみ》（有和《ありかず》）も太刀目録を献じた。終わって皆西城へ登って家綱に拝謁している。二十五日には公卿・殿上人《てんじょうびと》を本城に召して饗餐があり、帰路の暇を賜っている。信綱はこの時小袖を公卿ら全員に贈ったのであろう。

天樹院

　秀忠の長女千姫《せんひめ》は豊臣秀頼《とよとみひでより》に嫁し、大坂落城後姫路の本多忠刻《ただとき》に再嫁し、忠刻死後尼となり天樹院《てんじゅいん》と号した。明暦三年（一六五七）十二月二十六日邸宅が竣功し引き移っている。同日付の信綱書状があり、天樹院へ今日天気よくわたまし（移徙）めでたく、樽肴を支度して遅くなったが慮外ながら使者をもって長田十太夫へ申し入るべくとのことである。長田十太夫は重政《しげまさ》で天樹院に付属している。同書状では別に中ノ丸様（家光後室鷹司信房《たかつかさのぶふさ》女《むすめ》）が翌二十七日新邸に移徙したので明日上げ申すべくと言っている。別な書状では天樹院へ使いを送り明日長田十太夫へ小袖三を遣わすので支度するよう書いている。

綱重・綱吉に進上物を持参

　長松・徳松すなわちのちの綱重・綱吉への進上物持参の書状は二十八日付であるが、二人が承応二年（一六五三）八月十二日左馬頭・右馬頭に任じる以前で、綱吉が慶安元年九月二十八日二の丸から三の丸へ移っているのでこれを指すのであろうか。また六人衆同僚の太田備中（資宗）よりの手紙を披見したとか、松平右衛門佐殿すなわち養父正綱へ馬を下されるので明日人を付け差し越すようになど、興味を引くものもあるが、いずれも短文であり、細かいことは記していない。

切封の書状

ほかの書状の内容を挙げれば、信綱が上使に立つので支度を命じ、将軍の鷹狩に肴を届け、文書の発送指示、屋敷への客来を報じ、来客の饗応に自ら細かく献立を指定、上野輪王寺門跡《りんのうじもんぜき》に参上の際は特に行水の用意を命じている。これらの書状はほとんど切封《きりふう》の簡略な形式で、大きな用事や事件を伝えるものではないが、神経の行き届いた信綱の性格をよく表わしている。

四　庄内藩主の後見

長女千万

信綱の長女千万は元和《げんな》八年（一六二二）に生まれ、長じて出羽国庄内《でわのくにしょうない》（鶴岡）藩主酒井忠当《ただまさ》の妻となった。正保元年（一六四四）長子忠義《ただよし》が生まれたが、母千万は同四年七月十六日死去した。忠当は万治三年（一六六〇）二月九日没し、忠義は十七歳で遺領一四万石余を継いだが、外祖父信綱が後見したのである。

酒井家の御家騒動

忠当の父宮内大輔《くないだいふ》忠勝は兄弟が多く、弟長門守《ながとのかみ》忠重《ただしげ》は八〇〇〇石を知行《ちぎょう》した旗本であったが、寛永十年（一六三三）失政のため白岩一揆《しらいわいっき》が起こり領地を没収され、蔵米八〇〇〇俵で本家の客分として生活していた。彼は忠勝の信任を受けて藩政を壟断《ろうだん》し、遂には世子忠当を廃して、自分の子九八郎忠広《ただひろ》を立てようとの陰謀を廻らしていた。忠当を立てようとする正統派の家老高力《こうりき》喜兵衛らと長門派との抗争は、激化して御家騒動《おいえそうどう》となり、正保二年十一月高力派三二人の家中が在郷入りを命じられたので強訴に及び、高力喜兵衛らは忠当に報告するとともに、忠当岳父《がくふ》信綱に指示を仰いだ。この行動が長門派に察知され、翌三年九月高力一族一党は追放・切腹に処せられた。

忠当を終始擁護

こうして忠重の計画は実現寸前となったが、同四年十月十七日の忠勝の死によって水泡に帰した。忠重の子忠広が藩主になる事を承知しなかったこともあるが、信綱が終始女婿忠当を擁護し、十二月十一日家督相続が許されたのである。忠当は叔父忠重に忠勝遺金二万両を贈って義絶し、一件は落着した。忠重は寛文《かんぶん》五年（一六六五）許可なく婚約を変更したので改易《かいえき》され、下総国市川に蟄居《ちっきょ》中の同年九月、夜盗に襲われて落命している。長門一派の家老石原源左衛門は明暦元年（一六五五）郷入りを命じられ、子息らは追放された。

庄内藩政を後見

信綱は庄内藩《しょうないはん》の紛争を取り捌き、施政方針を提示するなど、事実上の後見役となっていた。もし信綱の好意的な支持がなかったならば、庄内藩は改易や減封《げんぷう》の危機に見舞われたかもしれなかった。『鶏肋篇《けいろくへん》』所収の「白石茂兵衛覚書」(『川越市史』史料編近世Ⅰ)に「宮内殿(忠勝)短慮にて我まゝなる振舞、殊に悪人の長門殿(忠重)指添《さしそへ》何廉指引《なにかどさしひき》致され候故、尓今《いまに》おゐて旗本中の取沙汰にも、能《よ》き時分宮内殿死去にて候、今一年も半年も存命ならば酒井の家破滅たるべし」との信綱の言葉を記している。

万治三年病身の忠当が死去し、その子忠義が家督を継ぐと、信綱は直後に下屋敷《しもやしき》に赴いたほか、江戸屋敷に数度庄内藩家老らを呼び寄せ、藩政万般にわたって指導を与えている。その折の様子の記録が庄内藩の代官の「白石茂兵衛覚書」である。茂兵衛は都合五回信綱に会い、その話を記録しているが、五度目が忠義が襲封を謝すための登城拝謁の五月二十六日の直後であるから、いずれも万治三年のことである。この覚書から信綱の政治観・農政観をうかがってみよう。

信綱の政治観

信綱はまず政治については「天下の御仕置も台徳院様(秀忠)、大猷院様(家光)、当御代(家綱)一様には無之候」として、旧套を墨守するのではなく、その時々により方策を変ずべきものとしている。「万事仕置等も一通り申出し候とても、末代迄形の付ものには無之候、悪敷きは早く引替え申すがよく候」と政治の絶対視を避け、相対的に把握していることに注目される。庄内藩家中の政治批判中傷は、相談を受ける信綱批判となり迷惑であり、文書で行うようにし、悪を捨ててよきを用いるようにと言っている。

信綱の神仏観

神仏観については、吉例・不吉例などは不用である。ただし天下の行事は吉辰を選ぶが、これは予定を立てるためで、普請もはかがいくので格別である。信綱の知行所《ちぎょうしょ》において寺社領に一〇石・二〇石ずつ付けおくのは、天下長久を祈るだけで、妻子のために祈り、神仏に無心はしない。そうであれば私事を祈るために寄進した社領のようでうるさいと言い、個人的宗教とは離れ、天下長久祈願という為政者の宗教観を表現している。

新しい封建官僚像

信綱は将軍への奉公を第一と考えているが、具足《ぐそく》を肩にかけまいと志し、鎧を着ては御用に立たない。日ごろ小姓どもが床に具足を置くが、ごみになり鼠に食われるので土蔵に入れよと申し付けている。一方明日にでも筑紫《つくし》へ行けとの命あらば、三千を引き連れ参るべきと、一人金三両ずつ貸す積もりで用意してあり、普請役負担も準備し、当年は東叡山普請を受け取ったのである。このように鎧具足無用、金子有用といい、借金を戒めるなど、合理的な新しい封建官僚像を求めている。

庄内藩の検見の不徹底を指摘

信綱が庄内藩の家老以下と最も長時間話し合ったのは農政問題である。まず彼は検見《けみ》を正確に施行すべきことを説き、検見は一年や二年では難しく、何年も決まったところを見るがよいと言い、家老和田理兵衛は七十歳であるが、三年前までは検見をしていたとか、「希西（騎西）領などは弐万石の地にて四千石余水損にて候得ども、其の為の検見にて候故、其の分引捨て未進これ無く候」とて、庄内藩の検見が曖昧で未進が多く出、農民の潰れが続出すること、また平均免でならして家中へ物成《ものなり》を渡すので、惣家中が検見代官を注目することを指摘し、川越領は四ツ物成と定めてあるので検見は公正に行われると言っている。庄内では検見馳走が不正・依怙贔屓《えこひいき》の基になっているとこれを禁じ、検見費用は台所勘定（藩の費用）と与内《よない》から出すべきものとしている。そして代官の見回りを頻繁に行うべきことを説いている。

植樹奨励

次に植樹を奨励しており、川越領で今年植え付けた木は一四〇万本を超し、百姓方は望み次第、役人方は担当役人が植え、接木もさせて、罹災した江戸屋敷再建・東叡山普請に役立っていると話している。そして漆苗・桑実・楮苗・木綿の栽培を薦めている。

信綱の農民観は「惣別、奉公人（家臣）を右の手と思ひ、百姓町人をば左の手と存ずべく候」といって、農民を重視し愛護すべきことを述べるが、「百姓は其の道をば能く存じ候と申す者候得ども左様にもこれ無く候」「百姓へも作毛の仕様代官教へたるが能く候」と、領主指導の農政を説いている。

農民愛護の実態

そして前にも記した「蓬莱《ほうらい》の嶋なる隠れ蓑・隠れ笠・打手（打出）の小槌」の話から、農民の鍬を打出の小槌に見立てて、幕藩体制を支えているものが農民労働であることを指摘する。しかし彼の農民愛護は年貢確保と農村人口減少対策であり、農業生産を阻害しない程度に夫役《ぶやく》を使うことを前提にするものであった。さらに信綱は、「我等存じ候は、下々の女房が福の神にも貧乏神にも成るべく候、それぞれにおはた（機）をもして男に成替り諸事精を入るるは福の神、大茶をのみ昼夜してたばこ計くらひ居候女房は貧乏神なるべく候」とここでも「慶安御触書」を連想させることを話している。

分限思想

信綱は「権現様《ごんげん》（家康）御意遊ばされ候は、五字・七字を能思ひ出せと仰られ候、身の程をしれ（七字）下を見よ（五字）にて候」と家康の言を引用し、「上を見候得は限りなく候、庄内にても大黒を福の神と申候哉、大黒は機嫌よげに眉毛長く目の付やう上を見ぬ人にて候得ば、福の神といふ事尤に候」と分限思想を説いているのである。

かくして庄内藩では一連の農政策が建てられ、触書《ふれがき》等が出されたが、その中に「伊豆様右之旨仰せ付けられ候」との記述があって、信綱の指示によったものが多く、藩体制は急速に整備されていったのである（『鶴岡市史』上巻）。

五　取次・指南と国目付

大名は幕府に嘆願したりするときすぐに願書を幕閣宛てに提出したわけでなく、前段階として留守居役などを通して懇意にしている老中に相談し、指示を得てから行動した。根回しが首尾よく行ったあと、その案件を将軍に披露するのもその老中であった。

藩の取次

長州萩藩《ちょうしゅうはぎ》も、元和中ごろから秀忠付の老中として権力をもった土井利勝に行動の指南《しなん》を仰ぎ、将軍への披露を頼むようになった。利勝が萩藩の取次《とりつぎ》の役割を果たしていくのである。

土井利勝の取次辞退

寛永十五年（一六三八）十一月七日、家光は老中土井利勝・酒井忠勝の役務を解き、毎月朔日・十五日のみの登城とし、そのほかは召したときだけと命じた。いわゆる大老の始めである。二人は老年に達し、特に利勝は翌年正月中風の発作を起こすなど病気もあった。そしてその五月七日利勝は病気を理由に萩藩との取次を辞退したいと告げてきた。藩主秀就《ひでなり》は使者の用人箕浦《みのうら》九大夫に会い、今後の取次のことは利勝の考えで決めてほしいが、できれば利勝の縁者である松平信綱に頼んで戴きたいと頼んだ。信綱の二女亀が利勝の長男利隆《としたか》の妻となっている。なおのちに利勝と信綱が相談、亀は家に帰り尼となっている（「大河内家譜」二）。そこで利勝の指示で箕浦が信綱を訪れ依頼を伝えた。信綱は一旦は断ったが、是非にと請われ取次を承諾した。こうして毛利氏の取次の乗り換えは円満になされたのである（『山口県史』史料編近世2「公儀所日乗」）。

信綱毛利氏の取次に

それ以後萩藩は何事もまず信綱に相談し、その同意を得てから月番老中に願書を出し、実現のために信綱も動いた。許可されないようなことは信綱の判断で差し止めさせている。取次の老中は大名の保護とともに統制の役割ももったのである（山本博文『江戸お留守居役の日記』読売新聞社、一九九一年）。

取次設置の背景

取次の老中の前史について見ると、豊臣政権の吏僚《りりょう》派《は》奉行の任務が、秀吉の取次を本質とし、しかも彼らは情報を取捨選択して秀吉に伝達し、独自に担当大名に軍事面・政治面での指導（指南）を行うことによって各大名の後見人としての機能を併せ持っていた。この取次が徳川家康の時期を経て、江戸幕府の老中制に受け継がれ、存続したとする（山本博文『幕藩制の成立と近世の国制』校倉書房、一九九〇年）。

江戸城石垣普請

慶安二年（一六四九）六月二十日夜の大地震により江戸城石垣が破損し、萩藩は留守居福間彦右衛門が信綱の用人妻木求馬にその普請を願い出、七月四日信綱と内談、八月二十四日幕府より正式な普請下命があり、内桜田門台・外桜田門口平石垣・半蔵町口枡形《ますがた》の修築担当を告げられた。そして翌年四月には完工した。萩藩が望んだ普請であるが、幕府より扶持方《ふちかた》一日二七〇〇人が渡された。

普請役分担

しかし支藩との普請役分担について問題が起こった。防長《ぼうちょう》二国を領する萩藩毛利家《もうりけ》は本藩から知行を分割して与えられ、将軍によって大名と認められた支藩がある。すなわち長門国豊浦郡長府《ながとのくにとようらぐんちょうふ》に三万六二〇〇石を与えられた毛利秀元《ひでもと》と、周防国玖珂郡岩国《すおうのくにくかぐんいわくに》に三万石を与えられた吉川広家《きつかわひろいえ》とで、のち秀就の弟就隆《なりたか》が下松《くだまつ》（のち徳山）において支藩となる。支藩領は本藩の領分から分割して与える。したがって秀元らは本藩とは別の朱《しゅ》印状《いんじょう》を貰って独立藩として処遇されようとの意図もあり、また普請役は本藩のみに負担させ、自分たちの分は負担を免れようとする。

毛利輝元の隠居

元和九年（一六二三）毛利輝元《てるもと》が隠居、秀就が藩主となると秀元との不和が生じ、寛永七年ごろには表面化した。そして慶安二年の普請役分担を秀元が拒否したのである。しかし翌三年閏十月三日秀元は江戸で病没し、その跡目相続について本藩を越えて直接遺子光広《みつひろ》に仰せ出されないよう信綱の指南に頼っているのである。

秀就の死

慶安四年正月五日毛利秀就が死去し、跡目は十三歳の千代熊《ちよくま》(のちの綱広《つなひろ》)が継いだ。幼君のため毛利家では三月十八日に老中松平信綱に国目付の派遣を要請している。そして間もなく四月二十日将軍家光が病没した。この機を逃さず留守居の彦右衛門は、将軍代替わりに新藩主の千代熊が率先して誓詞を差し上げることを考え、信綱に指示を願った。信綱も喜び他の老中へも言上して実現させるよう指示し、藩主・家老衆の誓詞の文章に至るまで教えた。これを承けて六月二十二日千代熊は叔父の出雲松江藩主《いずもまつえはんしゅ》松平直正《なおまさ》とともに老中松平乗寿《のりなが》のところまで出頭、誓詞・判形《はんぎょう》をして提出した。

由比正雪の捜索

七月二十五日信綱の用人石川作左衛門が彦右衛門に、由比正雪《ゆいしょうせつ》を捜索中であるが、正雪の知人が萩藩邸で知り合ったと答えた。貴家中には正雪の弟子になって軍法稽古をしている衆が多くいるという噂を伝えた。二十九日信綱より切紙《きりがみ》が来て登城すると、正雪一味の金井半兵衛も長門国に居住したことがあり、家来になじみの者が多いと聞くので、国元へ告げ、現われたら捕らえるよう、長門国には近づきの者が七人いてその名を書いた書付と半兵衛の人相書《にんそうがき》きを渡された。金井半兵衛はひそかに大坂に潜入していたが、八月三日遺書を残して自害している。

国元の捜索を命令

二十九日夜遅く信綱から切紙が来て、彦右衛門が屋敷に参上すると、首謀者の一人で長門出身の熊谷三郎兵衛が、萩藩中屋敷に宿しているのを目撃されているので、早々捕らえて差し出せとのこと、捜索の結果自害しているのを発見された。八月四日国元から熊谷三郎兵衛の親兄弟、六日正雪とともに自殺した宇野九郎右衛門の兄弟ほかの江戸差し上げを信綱から申し渡された。このように国元の徹底的捜索を命じたのであるが、信綱からは、萩藩には類を及ぼさないので、変わったことがあれば申し上げよとのことであった。彦右衛門は信綱の指示には素早く対応し、幕府への恭順の姿勢を貫いた。

国目付の派遣

改易《かいえき》・転封《てんぷう》の危機を免れた萩藩は、千代熊が幼少のため、九月八日国目付の派遣が信綱・阿部忠秋・松平乗寿の三老中より申し渡された。それより前八月二十六日藩の家老椙杜就幸《すぎもりなりゆき》と彦右衛門は信綱を訪問し、国のため家中のために国目付の派遣を願った。かくして同年十一月二十八日幕府から使番斎藤左源太利政《さげんたとしまさ》と小姓組山田清大夫重棟《しげむね》を派遣することを申し渡され、家綱の黒印状が渡された。十二月五日両国目付は出発、二十六日萩に到着し、黒印状を国元の家老に披露し老中奉書を渡した。国目付は藩の領地と家臣団の把握を行い、城を見分し城下を見回り、領内巡検を行った。国目付の働きには藩より合力米が給されている。彼らは翌承応元年（一六五二）七月二十九日帰府し、八月一日登城し報告している。この長門国目付は承応二年二月十三日から九月二十六日まで使番石川弥左衛門貴成《たかなり》と書院番石丸石見守定次《いしまるいわみのかみさだつぐ》が、さらに承応三年四月三日から同四年正月二十六日まで使番能勢小十郎頼隆《よりたか》と小姓組水野藤右衛門元吉《もとよし》と、綱広入国までの間都合三回派遣されている。

派遣回数

このように国目付の派遣を信綱生前に限ってみても一二回に及ぶ。すなわち家光期では寛永九年九月伯耆《ほうき》因幡《いなば》池田光仲《みつなか》、正保元年（一六四四）十一月播磨《はりま》姫路松平忠弘《ただひろ》、同二年十二月越前《えちぜん》福井松平光通《みつみち》、同四年三月出羽《でわ》米沢上杉綱勝《つなかつ》、慶安三年五月肥後《ひご》熊本毛利綱《つな》利《とし》の五回、家綱期には慶安四年十一月長門萩毛利綱広、明暦元年（一六五五）十一月筑後《ちくご》久《く》留米《るめ》有馬《ありま》頼利《よりとし》、同三年八月伊勢桑名松平定重《さだしげ》、万治元年（一六五八）閏十二月陸奥《むつ》仙台伊達《だて》綱宗《つなむね》・加賀《かが》金沢前田綱紀《つなのり》・信濃《しなの》川中島真田幸道《ゆきみち》、同三年八月陸奥仙台伊達綱村《つなむら》で、信綱死後の寛文・延宝期にも五回を数える。この時期は跡目の藩主は三歳から十九歳までの未成年で、外様《とざま》ないし家門《かもん》の一〇万石以上の大藩である（梅澤美奈子「近世前期における国目付について」東洋大学大学院二〇〇〇年度修士論文）。

国目付の目的

国目付の派遣が藩側から願うのは、幼主の時期に藩内政争などが起きるのを防ぐため、藩を超越した権威を必要とし、それが幕府から派遣される国目付であった。国目付は藩の監察《かんさつ》を必ずしも目的としたものではなかったのである。

第八　家綱を補佐

一　家光の死

家光の病状

慶安《けいあん》三年（一六五〇）家光《いえみつ》は欠かしたことのなかった元旦の礼を取りやめ、代わって家綱《いえつな》が諸大名の礼を受けた。前年より風邪を引いていたようである。その後も体調は優れず、諸儀礼は中止したり簡略化した。八月ごろからは徐々に回復し、鷹野《たかの》も再開された。しかし翌慶安四年になると病状は再び悪化し、正月の謡初《うたいはじ》めも寺社礼など諸礼も中止となった。二月になると三日のオランダ商館長の参府礼《さんぷれい》も家綱が代わって受け、食事も粥や葛切《くずきり》が中心になった。十三日には隅田川に鷹狩に出かけたがこれが最後の鷹狩となった。こうしたなかでも、しばしば御座間や二丸で兵法・剣術・槍を見たり、歌舞伎役者の勘三郎や彦作を招き放下《ほうか》や枕返《まくらがえ》しなどの芸を見たりしたが、二月の半ばを過ぎ病はいっそう進んだ。

家光重病の報

家光重病の報は京都にも伝わり、朝廷では三月二十三日に平癒祈願のために石清水八幡宮《いわしみずはちまんぐう》へ奉幣使《ほうへいし》を送り、また臨時神楽《かぐら》が家光の妹東福門院《とうふくもんいん》、明正上皇《めいしょうじょうこう》によって内侍所《ないしどころ》で奏された。四月に入ると江戸では御三家をはじめ在府の諸大名が連日のように登城するようになる。一日・十五日の月次《つきなみ》の礼、参勤大名への御目見《おめみえ》、年頭勅使への対顔などがすべて止められ、家綱が代理を勤めている。

家光の死

四月二十日容体が一気に悪化し、御三家・諸大名が登城のなか、申刻《さるのこく》（午後四時ごろ）家光は四八年の生涯を閉じた。死去直後に御三家が召し出され、老中《ろうじゅう》列座のなか大老《たいろう》酒井忠勝《ただかつ》から上意が伝えられ、譜代《ふだい》大名や殿中祗候《でんちゅうしこう》の面々へ家光の死が伝えられ、在府の譜代大名が指示以前に参勤するのを止め、旗本《はたもと》には許可なく落髪《らくはつ》を禁じこれまでどおり番役を勤めるよう命じた。翌二十一日大名・旗本が登城し、家光の死が発表された（藤井譲治『徳川家光』）。

殉死者

こうしたなか二十日の夜、家光の信頼篤かった下総佐倉《しもうささくら》城主堀田正盛《ほったまさもり》、老中武蔵岩槻《むさしいわつき》城主阿部重次《しげつぐ》、御側出頭《おそばしゅっとう》内田正信が、翌二十一日旗本奥山安重《やすしげ》、二十三日三枝守恵《さえぐさもりしげ》が相次いで殉死《じゅんし》した（『江戸幕府日記』）。これに対して信綱は殉死しなかった。

落書《らくしょ》に、「弱臣院前拾遺豆州太守《ずしゅうたいしゅ》弱死斟酌《しんしゃく》大居士」と称され、

伊豆《いず》まめは　豆腐にしては　よけれども　やくにはたゝず　きらずなりけり

仕置きだて　せずとも御代は　まつ平　こゝに伊豆とも　死出の供せよ

の落首がある。最初の歌は、伊豆の豆の字と豆腐とかけ、豆腐の別称「きらず」と腹切らずとをかけている。次の歌は「まつ平」は松平と「末平（まっぴら）」とかけ、「伊豆」は「居ず」とかけている。

一人悪口が集まる

信綱と同様、大老酒井忠勝と老中阿部忠秋《ただあき》も殉死しなかった。堀田正盛や阿部重次が家光に殉死したのに、信綱が殉死しなかったので、一人彼に悪口が集まったのであろう。同じく殉死しなかった阿部忠秋は実直な人柄で徳望があったのとは対照的である。

家康に対する尊崇

四月二十二日、死去したら遺骸を東叡山寛永寺《とうえいさんかんえいじ》に移し、その後日光東照宮にある大師《だいし》堂《どう》（天海《てんかい》を葬る慈眼堂《じげんどう》）の近くに廟所を造り葬るようにとの家光の遺言が酒井忠勝から伝えられた。家光は弟忠長《ただなが》との嫡庶の争いで、家康《いえやす》の裁定により世継ぎに決定したことから、家康に対する尊崇の観念が強く、その近くに葬られることを望んだのである。

二十三日家光の遺骸は寛永寺に移され毘沙門堂《びしゃもんどう》に安置、二十六日寛永寺を出棺、二十九日日光に着き本坊に安置された。五月六日棺は三仏堂に移され、大黒山頂に埋められた。この間五月三日朝廷は家光に太政大臣正一位《だじょうだいじんしょういちい》の追贈《ついぞう》と大猷院《たいゆういん》の諡号《しごう》を決め、十七日日光参向の勅使らによって贈官位の儀が執行された。

家康も秀忠《ひでただ》も生存のうちに将軍職を退き大御所《おおごしょ》となり、それぞれ秀忠・家光に将軍職を平穏に譲った。しかし家光は将軍在職中の死であり、後嗣の家綱はまだ十一歳の少年であり、経験したことのない危機を迎えたともいえる。

家綱を補佐する体制

四月二十一日諸大名を江戸城に集め、大老酒井忠勝が大声を発し、「公方様《くぼうさま》（家光）御他界に候へども、大納言様《だいなごんさま》（家綱）御家督《ごかとく》の事に候へば、何れも安堵《あんど》あるべし、若《も》し天下を望まれとならば、此節にて候ぞ」と言い放つと、保科正之《ほしなまさゆき》・松平光通《みつみち》が進み出て諸大名に向かい、「各々讃岐守《さぬきのかみ》（忠勝）申す旨承らるべし。此砌《みぎり》誰か天下を望む者あるべき、若し不思議の企仕る輩も候はゞ、我々に仰付らるべし。ふみつぶして御代始《ごだいはじめ》の御祝儀に仕候はん」と申すと、諸大名は平伏したという（『武野燭談』）。またこの時大奥の女房たち数千人がこぞって愁嘆し騒がしかったのを、信綱が大奥に入って大声で叱ったので泣きやんだ。井伊直孝《いいなおたか》・酒井忠勝・松平信綱・阿部忠秋らが協力して家綱を補佐する様を示している（『徳川実紀《とくがわじつき》』第四篇）。なお四月二十四日大奥女房三七〇〇余人に暇が出され、のちに彼女らに一万二三〇四両が与えられた。そして六月三日直孝・忠勝・信綱・忠秋ならびに松平乗寿《のりなが》が大奥を巡視し不要の建物をことごとく壊している。こうして改革の手がまず大奥に及んだ。

霊廟構造

家光の法会《ほうえ》が終わった六月十八日、総奉行《そうぶぎょう》に酒井忠勝を命じて日光大猷院廟の造営がなされ、大工頭《だいくがしら》木原杢允義久《きはらもくのじょうよしひさ》は薙髪《ちはつ》して供奉《ぐぶ》し、霊廟構造を命じられた。承応《じょうおう》二年（一六五三）四月二日上棟、四日に入仏がなされ、四月二十日家綱により御廟（大猷院廟）領三六三〇石八斗六升九合の寄進《きしん》がなされた。

二　由比正雪の乱

松平定政の遁世

慶安四年（一六五一）七月九日夜三河刈屋《みかわかりや》城主松平能登守定政《のとのかみさだまさ》が長子吉五郎定知《さだとも》と一緒に、突如東叡山最教院《さいきょういん》に入って髪をおろして遁世《とんせい》し、衣を墨染めに変えて「能登入道不《ふ》白《はく》」と号し、井伊直孝・阿部忠秋の下へ各々封事《ふうじ》を捧げた。

定政の封事

これは前日自邸に増山弾正忠正利《ましやまだんじょうのちゅうまさとし》・中根大隅守正成《なかねおおすみのかみまさなり》・宮城越前守和甫《みやぎえちぜんのかみまさよし》・牧野《まきの》織《おり》部《べ》成常《なりつね》・石谷《いしがい》十蔵貞清《さだきよ》・林道春信勝《はやしどうしゅんのぶかつ》の六人を招き、御馳走したのち、各々方に頼みたいことがあると口を切った。前代家光のご恩を蒙ったこと海山にも比べ難い。今幼君に仕え心力を尽くそうと思うが、執政《しっせい》たちの補佐の様を見るに早や世は乱れると思い、井伊直孝・阿部忠秋へこのことを申し上げようと、結局直孝の下へ行き話をして封事を出した。直孝は老中らと開封してみると、定政二十より四十二歳までの夢に見た歌などを書き連ね、お尋ねのことがあれば召しに従うとのことであった。

この時榎本《えのもと》弥左衛門が「心よりふる天が下、人を改めず我を改むべし、一念有り一念無し」という定政の夢想を、宮城越前守が物語るのを聞き写している。七月九日定政の振る舞いの時、弥左衛門の謡の師匠大塚屋久兵衛も呼ばれて謡を二つ三つ謡って帰ったと記す（『榎本弥左衛門覚書《おぼえかき》』「万之覚《よろずのおぼえ》」）。

定政は兄で伊予《いよ》松山城主松平隠岐守定行《おきのかみさだゆき》に頼み、妻も帰し、中根正成・石谷貞清・牧野成常らについて直孝に消息《しょうそく》を送り、自ら天徳大居士と号し、諷諫《ふうかん》の言葉などを少し書き載せ、所領《しょりょう》の地二万石および邸宅、居城刈屋に蓄えた武器・雑具をことごとく献上しようとて、父子四人ばかり法衣《ほうい》の下に刀を差し銅鉢を持ち、松平能登入道に物を賜れと言いながら江戸の町を托鉢《たくはつ》して回ったので、江戸の人たちは驚いた。

定政は松平定行の前代定勝《さだかつ》の六男で、元和《げんな》六年（一六二〇）秀忠《ひでただ》に初見、寛永十年（一六三三）小姓、能登守に叙爵、同十一年小姓組組頭となり七〇〇〇石を領し、慶安二年二月二十八日刈屋の城を賜り一万三〇〇〇石を加えられ二万石を領していたのである。

定政の処分

十三日井伊直孝邸に町奉行石谷貞清・作事奉行牧野成常が能登入道不白のことで会議し、翌日直孝は登城した。十八日松平定行を召して弟能登入道の所行は狂気の致すところとして定行に預けられ、二人の子は定行の心に任せ、刈屋の城は収公せられ、水野監《けん》物《もつ》忠善《ただよし》・丹羽《にわ》式部《しきぶ》少輔《しょうゆう》氏定《うじさだ》に在番を命じ、所領を没収されて伊予国松山に蟄居《ちっきょ》となった（『徳川実紀』第四篇・『寛政重修諸家譜』）。

反乱計画の密告

慶安四年七月二十三日夜由比正雪《ゆいしょうせつ》らによる反乱計画が発覚した。その日正雪ら牢人《ろうにん》の一団が幕府に反乱を企てていると信綱に密告があり、一味の陰謀が露顕した。密告をしたのは信綱の家臣奥村権之丞《ごんのじょう》時澄《ときずみ》の弟八左衛門とその従兄弟にあたる奥村七郎右衛門幸忠《ゆきただ》であった。さらに同じ日林理左衛門知古《ともひさ》という者が幕臣の大沢尚親《なおちか》を通じて信綱に訴えてきた。このほか福島正則《まさのり》に仕えていた牢人の田代次郎右衛門信久《のぶひさ》や、幕府の御弓師栗林藤四郎も密告したことが知られる。

しかし実際にはどのような計画があり、密告者がどのようにしてその情報を入手したかはあまり明らかではない。同日に多数の密告者が出ているので、江戸にいた丸橋《まるばし》忠《ちゅう》弥《や》あたりの口から洩れたのかもしれない。丸橋忠弥は槍の名人で、江戸のお茶の水付近で武芸の道場を開いていた。張本《ちょうほん》の正雪も近くの神田連雀《れんじゃく》町《ちょう》の裏店《うらだな》を借り、旗本や大名家臣に兵学を講じていたが、前日の七月二十二日に腹心九人を連れて江戸を出発、駿府《すんぷ》へ向かっており、すでに江戸にはいなかった。

なお由比正雪は老中奉書や人相書《にんそうがき》には「由井正雪」と書かれるが、自筆とされる書状に「由比正雪」の署名が見られるので、本書では由比とする。

丸橋忠弥書付写

由比正雪の記述

豊橋大河内家文書に「丸橋忠弥書付写」という冊子がある。表紙左下の記述によると、享保三年（一七一八）四月奥村五郎兵衛所持の覚書より書き認めた由とのこと。奥村五郎兵衛は「従古代役人以上寄帳」に載せる初代奥村権之丞幸久の三男奥村五郎兵衛久次かその二代利之のいずれかであろう。二人とも者頭を務める。奥村幸久は寛永十四年（一六三七）時点で四〇〇〇石の使番を務めている。密告した奥村権之丞時澄は寄帳に記載がないが幸久の子と思われる。なお権之丞の家はのちに断絶している。

この書付写によれば、奥村八左衛門と七郎右衛門は七月二十日に大岡源右衛門の所で、田代次郎右衛門は去年丸橋忠弥と知り合い、忠弥から計画の大要を話され、二十三日付丸橋忠弥書状では、三人に知行一〇〇〇石ずつを与え、西国への路銀を渡すので起請文を書くようにとのことであった。抱え主を明らかにしないのを不思議に思い相談したのが奥村権之丞だったのである。そして二十七日付で忠弥から謀反人の首謀由比正雪以下の組織・名前・人数と計画が記されている。

反乱計画の大略

この反乱は確かなことはわからないが、まず江戸で丸橋忠弥が蜂起し、大風を待って江戸城二丸の塩硝蔵《えんしょうぐら》を爆発させるとともに各所に放火、江戸の水源に毒を流して市中を混乱させ、城内に侵入して将軍を奪い、急登城する老中らを討ち、同時に京坂に分散してひそかに借家していた仲間のうち、大坂では吉田初右衛門・金井半兵衛らが市中を焼き、蔵屋敷《くらやしき》の米を奪い大坂城に立て籠もる。京都では熊谷三郎兵衛・加藤市右衛門らが旗揚げして二条城を乗っ取り、正雪は駿河久能山《くのうさん》に拠り金蔵の金銀を入手して駿府城を攻略、将軍を擁立して天下を指揮する計画であった（進士慶幹『由比正雪』吉川弘文館・人物叢書、一九六一年）。

捕り手の派遣

幕府は直ちに江戸の町奉行石谷十蔵貞清に命じて捕り手を派遣、自宅にいた丸橋忠弥を捕らえた。塩硝蔵の下奉行の河原十郎兵衛も塩硝蔵にいたところを捕らえられた。

二十三日幕府は正雪が駿河にいると聞き、新番頭駒井右京親昌《こまいうきょうちかまさ》を駿府に派遣し、老中から駿府城代らへ宛てた書状を持たせて反乱を阻止するとともに、正雪らの逮捕を命じた。親昌は道中を急ぎ、正雪らを追い抜き二十五日の未《ひつじ》の下刻（午後三時ごろ）に駿府に着き、駿府城代大久保忠成《ただなり》の屋敷に入り、正雪一行逮捕の手筈を相談した。一行一〇人が駿府に到着したのはその日の晩であり、彼らは茶町の梅屋に泊まった。その夜のうちに駿府町奉行落合道次《おちあいみちつぐ》配下の与力《よりき》・同心《どうしん》に梅屋投宿が判明し、役人側は梅屋周辺を固める一方、道中旅人の疵改《きずあらた》めと称して奉行所へ出頭するよう要求した。これに対し正雪は紀州家《きしゅうけ》の家臣で病気中と称し、宿までの検使《けんし》の出張を要求した。町奉行側は当初より生け捕りにするつもりであったために交渉は再三にわたったが、正雪らは逃れ得ぬことを悟り、翌二十六日の明け方正雪以下八人が自刃《じじん》し、残る二人は逮捕された。

これより前七月二十四日には、井伊掃部頭《かもんのかみ》直孝の屋敷で信綱が丸橋忠弥のことで会議を行っており、そして箱根の関を固めて行旅を検査するよう小田原城主稲葉美濃守《みののかみ》正則に下知《げち》している（『徳川実紀』第四篇）。

由比出生説

由比正雪は新井白石《あらいはくせき》が駿河の由比の紺屋《こんや》の子と述べて由比出生説があるが（『白石先生手簡』）、別に駿府宮ケ崎《みやがさき》辺に両親や知り合いが多く住んでいたところから駿府出生説が有力である。捕らえられた父は岡村弥右衛門といい、弟や伯父なども岡村姓であるから、正雪の本姓は岡村であろう。ちなみに正雪が幼いころ駿府の臨済寺《りんざいじ》にいたとの記録もある。また幼少のころ興津《おきつ》の清見寺《せいけんじ》で僧となり、のちに江戸に出て楠木流《くすのききりゅう》の兵法を学び、やがて兵学の塾を開いたともいう。『白石先生手簡』には、神田連雀町の裏店に五部屋ほどの家を借り、二部屋を住居、三部屋を手習いの教室に宛てて生計を立てていた。そして旗本や大名家中に兵学を講じていたようで、弟子からは兵法の大家として尊敬されていた。正雪の首塚とされるものが菩提樹院《ぼだいじゅいん》（静岡市葵区沓谷）にあり、正雪の縁につながる女が安倍川《あべがわ》の河原にさらされた正雪の首を盗み、菩提樹院に葬ってもらったとの伝承がある（『静岡県史』通史編3・近世一）。

慶安事件への対応

七月二十七日付の信綱・松平乗寿・阿部忠秋から内藤忠興《ただおき》宛の連署奉書は、由比正雪の乱（慶安事件）の発生と対応を知らせるものである。すなわち江戸において牢人どもが申し合わせ徒党を企てている由、訴人があって、丸橋忠也（忠弥）・河原十郎兵衛・長山六郎右衛門を捕らえ穿鑿《せんさく》したところ、その与党のうち由井（由比）正雪という者が行方知れずとなっているので、穿鑿を遂げ不審者は留め置き注進するようにとのことで、人相書が添えられている。

人相書

年四十あまりで、がっそう（兀僧＝総髪）、髪を剃っているかもしれず、背は小さく、額短く髪は黒く唇は厚い。目はくりくりとしている。

翌々二十九日の同じ三人の老中から忠興宛奉書は、正雪は自殺したが一味の金井半兵衛が逃亡して行方知れずになっているので捕らえるように命じている。付属の人相書に

正雪の書き置き

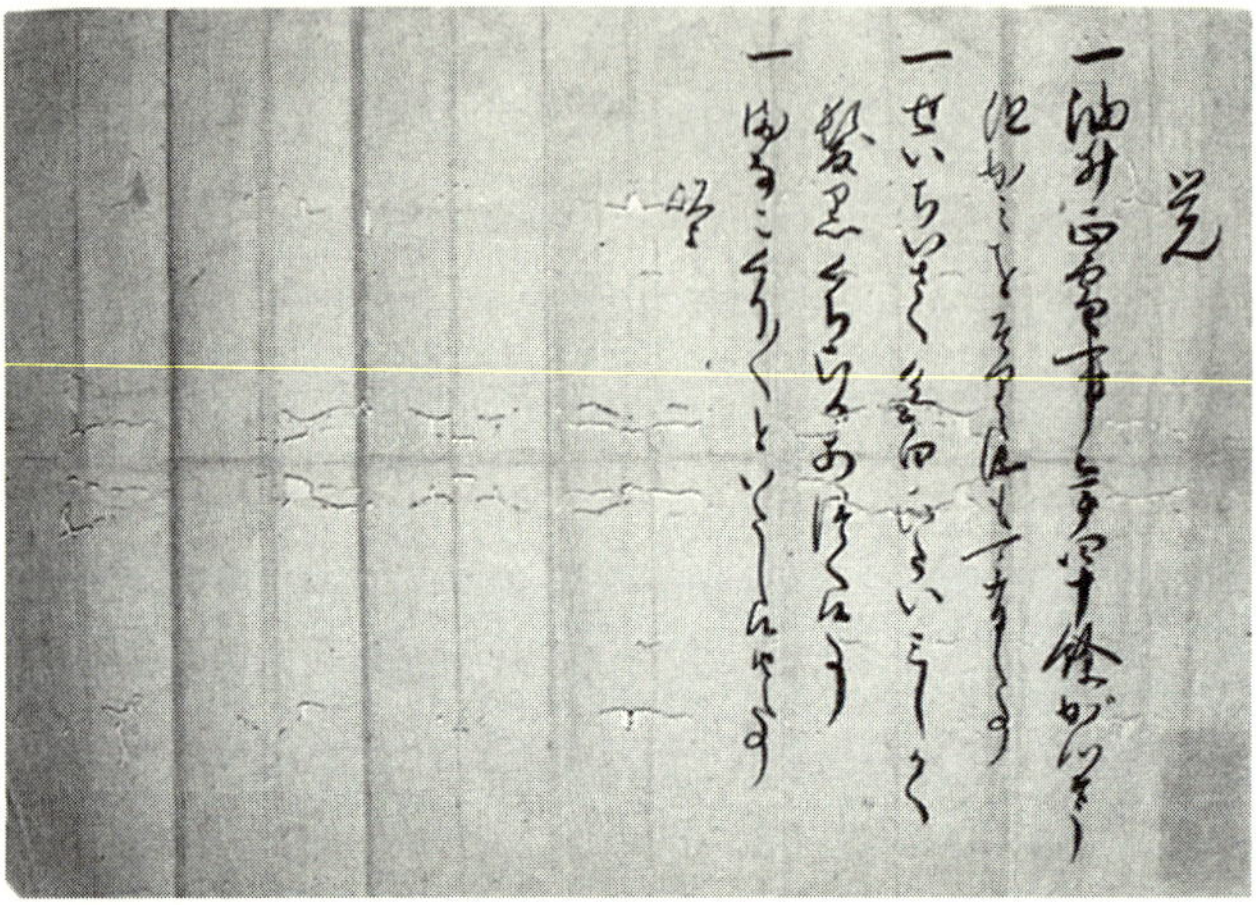

由比正雪人相書（明治大学博物館所蔵）

慶長４年．ほかに金井半兵衛の人相書もある．

は、年齢は三十ばかりで顔は長く色黒で背が高くすらりとして目は二重、生国は大坂で言葉は柔らかに少しなまりがあり、上髭《うわひげ》があり髪は黒く大髻《おおたぶさ》とある（明治大学博物館所蔵内藤家文書）。

正雪の死体の傍らには七月二十六日付の書き置きが残されており、その内容は、天下に対してはいささかの微忠の志があり、決して謀反《むほん》を謀ったのではないこと、幼主のとき執政の人たちの補導は道を得ていない、天下の政道は無道なので下民は困窮しており、これを改めんとしたものである。松平定政の諫言《かんげん》を狂気として処置するなど幼主のためにならない。よって人数を集めたのであり、酒井忠勝ら君側《くんそく》の姦臣《かんしん》を遠流《おんる》にすべきこと、天下の為を志すなど、あらぬことを書き連ねてあった。紀伊《きい》大納言徳川頼宣《よりのぶ》の名を借りたのは衆人を誘う謀計のためで実際は無関係であることが述べられている。この遺書は「由比正雪召捕次第《めしとりしだい》」（『改訂史籍集覧』第十六）をはじめ多くの書に掲げられているが、榎本弥左衛門も「万之覚」にこれを写している（『榎本弥左衛門覚書』）。

事件の処理

正雪の自刃と前後して主謀の人物が自刃あるいは逮捕され、二十九日には一味の牢人五七人が逮捕された。三十日には駿府で正雪の首が獄門《ごくもん》にかけられ、八月十日には品川鈴が森で丸橋忠弥および二人は磔《はりつけ》、その余二六人も磔、七人は死刑に処せられ、正雪以下駿府で自殺した七人は安倍川原で梟首《きょうしゅ》された。同日川越広済寺《こうさいじ》でみやけ（三宅か）右近《うこん》、その子六太夫とその弟藤十郎は腹を切ったが、六太夫が忠弥と組んだからとも榎本弥左衛門が「万之覚」で記しているが、彼の記述以外に史料はない。八月十三日中間《ちゅうげん》頭《がしら》大岡源右衛門宗茂《むねしげ》父子が佐渡《さど》に遠流《おんる》されている。忠弥に宅地を貸し置き、そのうえ牢人ら群集しても訴えず、所属の者に逆徒《ぎゃくと》に加わった者があった故とある。これについても弥左衛門が記しているが、大岡を大川と誤記し日にちもずれている。九月十八日には正雪の父母・妻・兄弟らが駿府で処刑になった（『徳川実紀』第四篇）。

忠長改易後の駿府城

　ところで駿府城は寛永九年徳川忠長が改易《かいえき》されて以後幕府が直轄する城となり、駿府城代や定番を置いたほか、加番という大名や旗本が一年交代で守衛に当たっていた。その兵力は相当なものであり、それを逆用することもできたかもしれない。正雪は駿府の町に放火し、その騒ぎに紛れて金銀や武器を奪い取り、久能山に籠城するつもりであったともいわれている。久能山には家康を祀る東照宮があり、社領三〇〇〇石一六か村が寄進されていた。神主榊原氏《さかきばらし》はうち一八〇〇石を支配しているが、その支配は極めて苛酷で社領農民を苦しめていた。挙兵によって正雪はこれら農民が反乱に呼応することを期待していたようである。七月二十四日付の老中から駿府城代に宛てた書状にも、久能の庄屋で榊原氏によって追放された者二人が正雪の一味に加わっているから捕らえよとの文言がある。久能山領で農民と榊原氏との対立があったのは事実のようである（尾藤正英『日本の歴史・元禄時代』小学館）。

褒賞を賜う

　同年八月十四日この事件を訴えた牢人林理左衛門知古に五〇〇石、信綱家臣奥村権之丞時澄の弟八左衛門某、従弟七郎右衛門幸忠《ゆきただ》、浪人田代次郎右衛門信久《のぶひさ》に三〇〇石ずつを賜い、四人とも御家人《ごけにん》に召し加え、また弓師藤四郎には蔵米一五〇俵を加えて二〇〇俵にされ、別に銀一〇〇枚を下され賞した。奥村権之丞時澄は信綱家臣なので信綱より五〇〇石を加恩、別に時服《じふく》二領・黄金一〇枚を賜った（『徳川実紀』第四篇・『寛政重修諸家譜』）。

七月二十四日夜丸橋忠弥を弓師藤四郎の案内で召し捕らえた同心二四人が、のちに小姓組番頭久世《くぜ》大和守《やまとのかみ》広之《ひろゆき》・書院番頭牧野佐渡守《さどのかみ》親成《ちかしげ》出座で家綱の御前で褒美銀・刀・脇差《わきざし》・時服を下されている。その同心の名として疋地《ひきじ》六左衛門・堀江喜左衛門・辻小兵衛・原兵左衛門・神谷金太夫・羽田長右衛門が記される（『日本随筆大成』別巻3、大田南畝《なんぽ》「一話一言《いちわいちげん》」）。

余類を捕らえる

七月二十九日夜、相模国《さがみのくに》丹沢山御林見守道より来て村民の家に宿した渥美《あつみ》次郎右衛門・芝原亦左衛門・同七郎兵衛および僕従甚三郎ら由比正雪・丸橋忠弥らの余類を、八月一日に愛甲郡《あいこうぐん》煤ケ谷村《すすがやむら》の村民らがからめ捕って、代官坪井次右衛門に注進した。九月賞として米三〇〇俵を賜り、かつ鉄砲四二挺を許可せられ、山林に猟することを余業としたとある（大日本地誌大系『新編相模国風土記稿』）。

『慶安太平記』の挿話

ところでこの事件を題材とした実録本『慶安太平記《たいへいき》』があり、河竹黙阿弥《かわたけもくあみ》が脚色した歌舞伎の脚本では、正雪の陰謀に参加した丸橋忠弥が、醜態に紛らせて江戸城の堀の深さを測り、松平伊豆守に見とがめられる場面での生酔いの台詞が有名である。もちろん事実ではない。

徳川家綱画像（財団法人徳川記念財団所蔵）

家綱将軍宣下

由比正雪の乱が一段落した慶安四年八月十八日家綱の将軍宣下《しょうぐんせんげ》が行われたのである。家康・秀忠・家光の三代の将軍がいずれも上洛して京都で将軍宣下を受けたのに対し、江戸在府のままで宣下を受けた。これを可能にしたのは、幕府が積み上げてきた安定した対朝廷政策の成果であった。

牢人追放を協議

十二月十日井伊直孝・保科正之に大老酒井忠勝や老中らが白木書院《しらきしょいん》に集会して政治を議した。忠勝が言うには、去るころ正雪・忠弥らの一党が非望の企てをなし、騒擾に及ぼうとしたが、露顕して静謐に及んだ。しかしながら天下の牢人たちが府下に群居する故こうした事件が起きるのであるから、府下の牢人らをことごとく追放すれば永世静謐の基になろうと。正之と信綱はこれに賛意を表わしたが、これを聞いて阿部忠秋は、忠勝の意見は理由がなくはないが、畢竟《ひっきょう》国家の法令はこのような狭いものではいけない。府下は諸大名が集まる地であるから、どこかへ仕官する便宜も求めて牢人たちは府に集まるのである。しかるに牢人を追放すれば彼らは出身の路を失い、進退窮まれば山賊・強盗をして良民に危害を企てるも計り難い、として反対した。直孝はこれを聞いて、忠秋が申すことは道理がある。正雪らが行為に懲りて牢人を追い払い彼らを飢餓させたとあらば、天下後世に恥ずべきことであると言ったので、忠勝・信綱も感服してこの議は取りやめになった（『徳川実紀』第四篇）。

紀州藩主頼宣

　慶安五年二月十七日紀州頼宣は印章を改めた。正雪が頼宣の印を詐謀《さぼう》したからである。正雪の自害が江戸に伝わってから、そう日数をおかず頼宣の喚問が行われたとみられる。酒井忠勝の下に正雪の遺品の中から見つけた頼宣判物《はんもつ》と称するものを届けた者がおり、一見した忠勝は早速紀州邸に駆けつけ頼宣にそれを見せ、偽書に疑いないから焼いてしまった方がよいとして引き破り火にくべてしまった。側で聞いていた加納《かのう》という少年が座を外して切腹し果てたという。印章保管の責任を取り頼宣に及ぶことを防いだのである（「武野燭談」）。この頼宣判物について尾張《おわり》・水戸《みと》両家は謀書《ぼうしょ》と断じ、頼宣には井伊直孝・忠勝・信綱らから説明があり阿部忠秋から書状の披露があった。頼宣は、私のことなら何も心配はいらないが、外様《とざま》大名であったなら疑心暗鬼からとんでもない騒動が持ち上がるところだったと言ったので、一座の者は感じ入り、頼宣の態度を褒めぬ者はなかったという（進士慶幹『由比正雪』）。

改易・減封対策

由比正雪の乱（慶安事件）は幕府の転覆を謀る大規模な反乱計画ではなかった。しかしその根底には牢人問題があり、この事件を契機として、幕府はそれまでの牢人および大名・旗本に対する取り扱いを改めた。町奉行石谷貞清をはじめとする幕府の諸役人らは、牢人の再仕官の斡旋に積極的に乗り出すとともに、同年十二月十一日、幕府は五十歳未満の大名・旗本の末期養子《まつごようし》を許可し、牢人の発生源となっていた改易・減封《げんぷう》への対策を進めた（『徳川禁令考』前集第四）。そしてその後も寛文三年（一六六三）当主が十七歳以下の場合でも養子を認め、天和三年（一六八三）には五十歳以上の者にも吟味のうえで養子を許可するようになり、跡継ぎがないことを理由とする大名・旗本の改易は激減するのである。

承応事件

慶安五年九月十三日幕府は老中殺害の企てにより牢人別木《べつぎ》（戸次）庄左衛門らを捕縛した。同月十八日年号が承応と改められたので、この事件を承応事件という。すなわち十三日夜信綱の下へ普請奉行城《じょう》半左衛門朝茂《ともしげ》の家人《けにん》永嶋刑部左衛門嘉林《ながしまぎょうぶさえもんよしもと》が訴人《そにん》したことに始まる。別木のほか林戸《はやしど》右衛門・三宅平六・藤江又十郎・土岐《とき》与左衛門という牢人が無頼の悪少年をかたらって党を結び、この五日から芝増上寺《しばぞうじょうじ》で行われている二代将軍秀忠夫人崇源院《すうげんいん》二十七回忌の法会《ほうえ》が十五日に終わるのを待って、風烈しい夜寺のほとり二、三か所に火を放ち、寺に乱入して金銀を奪い取り、その時には消防の指揮を執るために出馬するであろう老中らを物陰より鉄砲で討ち取り、そうなれば府内は大騒動になるから、その虚に乗じて天下の変をうかがわんというものであった。嘉林は土岐与左衛門の弟一角を養子にしているところから、強いて反乱に参加するよう勧誘されたので、同意した旨答えて即時注進に及んだという。

謀反人の処罰

これを聞いた信綱は速やかに登城し、増上寺にいた阿部忠秋を呼び迎え、酒井忠勝が日光山に赴こうとしているのを引き留め、老臣会議を催して自ら行って神尾元勝《かみおもとかつ》・石谷貞清の両町奉行に謀反人の追捕《ついぶ》を命じた。二人は人数を引き連れ、別木らの居住する芝札の辻ならびに土岐・三宅らが止宿する増上寺門前に押し寄せたが、彼らの抵抗により捕り手に負傷者が出たものの土岐を除く全員を逮捕した。翌十四日彼らの拷問が始まり、十五日阿部忠秋の家中で別木らとかねて交際のあった山本兵部《ひょうぶ》（山本勘助の孫という）が徒党の一味であると訴える者があり捕らえられた。十六日先に逃走した土岐与左衛門が増上寺の裏で自殺を図りまだ息のあるところを訴人があって召し捕られた。また取り調べの進むなかで、備後《びんご》福山城主水野勝俊《かつとし》家中で兵学の師である石橋源右衛門が、別木らによってこの計画の張本人と名指された。十九日評定所《ひょうじょうしょ》における取り調べの結果、石橋は別木らから挙兵の方法を尋ねられたのちに陰謀を打ち明けられ、二、三百人の連判状《れんばんじょう》を示されて加担を求められたが、それに応じなかったことが判明した。二十一日捕縛された謀反人らは磔、一族らは皆死刑となった。十月十日にはその親戚も浅草で死罪に行われている（『徳川実紀』第四篇）。

石橋源右衛門は謀反を知りながら訴人しなかったことが咎められて主謀者と同罪になり、山本兵部は陰謀の内容を知らなかったことで罪は免じられたが、主君忠秋の命によって切腹に処せられた。

二十八日信綱に訴人した永嶋嘉林は賞として幕府から五〇〇石の知行を与えられて御家人に列した。

慶安事件と承応事件

ところで、従来この事件は牢人救済を目的とした由比正雪の乱と同工異曲のものと考えられてきたが、尾藤正英は正雪の政治的な反乱計画とはかなり性格を異にし、むしろ不平分子による強盗に近いものであったと思われるとしている（『日本の歴史・元禄時代』）。

この反乱計画は信綱ら幕閣首脳の迅速なる指揮を得て未発に終わり、幕政には支障を来さなかったのである。幕府はさらに十月二十六日江戸市中に散在する牢人らの居所を調査し、貸し与えている者は寺社奉行・町奉行・代官に届け帳簿に登録することを命じている（『徳川実紀』第四篇）。

堀田正信の無断帰国

万治三年（一六六〇）十月八日下総国佐倉城主堀田正信《まさのぶ》が保科正之・老中阿部忠秋に所存を上書し、幕府に無断で佐倉に帰国した。上書の内容は、幕閣の失政を非難、旗本の困窮を論じて、自分の所領を返上して交換に旗本の救済を願うものであった。十一日上使として堀田備中守正俊《びっちゅうのかみまさとし》・喜多見《きたみ》久大夫《きゅうだゆう》重勝《しげかつ》・安藤惣兵衛を佐倉に遣わし、居城を退去すべき旨を伝え、正信は直ちに同国守谷《もりや》に移った。十一月三日その上書を家綱が台覧して、暇を請わず封地に行きかつ申すところも用いるものなく、よって厳重の沙汰《さた》に及ぶべきところ、父正盛の功績を思い所領を没収し実弟の信濃国《しなののくに》飯田藩主脇坂安政《わきさかやすまさ》に預けられた。慶安四年家光に殉死した正盛の跡を襲った正信は、積極的に家臣団を拡大して武備の増強を誇り酒井忠勝にたしなめられたと伝え、領内における苛酷な年貢増徴は正信改易の事実と結び付いて「佐倉惣五郎《そうごろう》」の伝承を生んだ。父のように幕政に参画できない焦燥感が武断的な藩政として現われたのであろう。子の正休《まさやす》に蔵米一万俵を賜り堀田の家名を相続させた。この時の老中筆頭は信綱なので非難の対象とされたであろう。

三　明暦の大火

明暦三年（一六五七）正月十八日江戸では未明より北西の風が烈しく、土煙を上げて先も見えず、夜が明けてもなお夜のようであった。昼後本郷丸山本妙寺より出火、去年より日照りが続き、冬より春にかけて全く雨が降らなかったので井水も涸れて消防の便を失い、一瞬のうちに大火となった。駿河台《するがだい》・鷹匠町《たかじょうまち》辺の大名・旗本の屋敷を焼き払い、鎌倉河岸《かまくらがし》まで達し、西風が強くなって、一石橋《いっこくばし》・鞘町《さやまち》辺へ飛び火し伝馬町《てんまちょう》に及んだ。

伝馬町牢屋の奉行石出帯刀《いしでたてわき》は牢獄にて未決の囚人どもを焼死させるに忍びず、鎮火後戻ることを条件に解放したが、逃げる彼らが浅草門を出るのを見て、驚いた門の守衛は扉を閉じたので逃げてきた男女は門を出ることができず、泣きながら仕方なく溝に飛び入り、遅れて焼死する者が多数に上ったという。この日の火災は、北は柳原《やなぎはら》、南は京橋、東は佃島《つくだじま》・深川・牛島新田、民家の少ない田園地帯で延焼はやんだ。このころは消防の組織も未熟であり、消火の方法は破壊消防が主で、火が迫るとそれもできずに延焼に任せ、海岸や川端あるいは田園地帯まで焼いてやっと火は止まったのである。

榎本弥左衛門難を逃れる

この日三十三歳の川越の塩商人榎本弥左衛門は、伯父榎本彦右衛門と一緒に江戸堀江町二丁目の塩河岸にいて、少し遅く逃げようと油断していて、浅草見付まで長持《ながもち》・葛籠《かご》や人が一杯で逃げられず、大小刀や着物を三枚も着ていたが二枚まで焼け、すでに焼け死ぬと思ったとき運よくへっついを見つけ、鍋置きに白地（生土の陶器）が一つあるのをかぶり、へっついを楯に取って助かった。彦右衛門も瓶を見つけその中に頭を入れさせて助けた。「熾《おき》の中より掻《か》き出したというのはこのことだ」と書いており、苦労の末二十二日に川越へ帰っている（『榎本弥左衛門覚書』「三子より之覚」）。

家綱は夜中二丸櫓に上り火事の様子を眺め、消防の輩に心を入れ尽力するよう申し渡した。

広がる被害

翌十九日大風はなおやまず、砂塵を吹き上げていた。市中では男女が号泣して昨日焼死した死体を探しあぐねていたが、午刻（正午）小石川《こいしかわ》鷹匠町より火が起こり、たちまちに広がり、北は駒込、南は江戸城外郭まで及び、暮方には風が回って郭内《くるわない》の大名屋敷を焼き、数寄屋橋《すきやばし》内外・日本橋・京橋・新橋、その他の橋々も落ちたのでここで死ぬ者もあった。この火は南の海岸で鎮火したが、また夜中に麹町《こうじまち》の民家から出火してそのあたりの士民の家を焼き、雉子橋《きじばし》・一橋・神田橋まで広がり、風は北に返して大名小路の大名屋敷を一宇も残さず焼き、西丸下桜田に至り、それより火は二筋に分かれ、一筋は通町、一筋は愛宕下より芝浦までことごとく灰燼に帰せしめた。市民は前日の火事で家財道具を車長持などに積んで逃げ出したが、これらが道路に放置されていて逃げ道を塞ぎ、死者を多くしたのである。

これより先水戸徳川家や徳川綱重《つなしげ》・綱吉《つなよし》の屋敷、本理院《ほんりいん》・天樹院《てんじゅいん》の邸宅も全焼、北風烈しく黒煙を吹きかけ、本丸に火炎が降るようになって、天守二重目の銅窓の戸が内より開き、火を吹き込み天守閣が火に包まれて、富士見櫓にも移った。

女中の西丸避難の逸話

人数を増強して西大手・山里・吹上《ふきあげ》・外桜田の防火に当たらせ、家綱は近習《きんじゅう》のみを供奉して西丸に移り、大奥の女房たちも留守居らが引き連れて先に西丸に移っていた。信綱は本丸の女中を西丸に移動させるのに、表御殿をよく知らぬ大奥の女中が出口に迷って焼け死ぬことのないよう、各部屋の畳を一畳ずつ裏返して目印とし、女中はそれを辿って無事に本丸を脱したという(「元延実録《げんえんじつろく》」)。

将軍動座を評議

その後も火が盛んで炎が雨のように降り来るので、酒井忠勝は家綱に自分の別荘に移るよう、信綱は東叡山に、井伊直孝は赤坂の屋敷に動座あって譜代の衆を集めて厳重に守護するようと評議したのに対し、阿部忠秋は皆の所存と異なり、軽々しく外へ動座すべきでなく、たとえこの御所が回禄に及んでも、山里の庭へお渡りになれば空地が広大で何の危険もない。非常に際して反乱の挙動があれば、一、二の大名や御家人に命じて誅戮《ちゅうりく》するのに何の困難もない。もしどこかへ動座あるには、忠秋はこのところを離れないと申すと、家綱は忠秋の申す条は尤《もっと》もである。自分はどこにも行かない、と言ったので各々の論は定まった。

大火の被害

二十日朝風が静まり大雪が降り出したので、一昨夜より火を避けて焼け野に座していた市民には凍死する者が少なくなかった。

この両日の大火で、江戸城の本丸・二丸・三丸をはじめ諸大名の屋敷五〇〇軒、士民の家屋は数えるに暇もなく、神社・仏閣三〇〇余所、倉庫九〇〇〇余、橋梁六〇、町家八〇〇町（あるいは五〇〇余町）、道程を縦横に計れば二二里八町ことごとく焼野が原となり、歴世の旧記・武具・宝物珍具の多くはこの時の災害を免かれたものは稀で、開府以来いまだかつてない災害であった。

振袖火事

さてこの火事の原因は諸説あるが、別名「振袖《ふりそで》火事」といわれるように振袖にまつわる話が伝えられる。すなわち麻布《あざぶ》の質屋遠州《えんしゅう》屋《や》の一人娘梅野が菩提寺《ぼだいじ》本妙寺に参詣の途次すれ違った美少年に恋い焦がれ、同じ模様の振袖をつくって忍びつつ過ごすうち、明暦元年正月十六日十七歳で焦がれ死んだので、遠州屋は梅野の棺に振袖をかぶせ野辺《のべ》送《おく》りを済ませ、振袖は本妙寺に納めた。住職はこれを古着屋に売ったが、翌年梅野の命日に当たる日に上野の紙商大松屋の娘で十七歳の葬式に再びこの振袖が納まった。また売り飛ばすと次の年の同月同日に本郷の麩屋《ふや》の娘いく（十七歳）の葬式に三度同じ振袖が本妙寺に納まったのである。あまりの妄執の恐ろしさに住職は怖じ気をふるい、明暦三年正月十八日に大施餓鬼《おおせがき》を修して振袖を火に投じたところ、一陣の竜巻が舞い下がり、火がついた振袖を本堂に吹き上げ燃え上がらせたというのであるが、この話は史料には表われないものなので、後世のつくり話であろう。

その他の説

当時最も広まったのは不逞《ふてい》牢人による放火説で、六年前の由比正雪の乱の残党が報復のために火を放ったとか、思い切った江戸の都市改造のために幕府が放火を仕かけたとかあるが、事実としては確認できない。

火元本妙寺のその後

一方、火元は改易や移転等の処罰が加えられるのに、本妙寺は何の咎めもなく、三年後客殿・庫裏《くり》が、六年後本堂が旧地に再建され、一〇年後は日蓮宗勝劣派《しょうれつは》の触頭《ふれがしら》に昇格している。本来の火元は北西に隣接する老中阿部忠秋の屋敷であり、事の重大さにより本妙寺が汚名を背負って幕府を助けたという説がある（田中伸『庶民の文化―江戸文化と歴史への道標―』富士書房、一九六七年）。そして火元引き受けを命じた老中は阿部忠秋ではなく信綱ではなかったか、信綱の指示であればこそ本妙寺は火元とされながらも移動も命じられず罰も受けず、触頭昇格という出世コースを歩むことができたのではなかったかとの説もある（黒木喬『明暦の大火』講談社現代新書、一九七七年）。

人心の安定を図る

大火の翌日信綱は関東中に触を出して、今度の江戸で大火が起こり御城まで焼失したが別条はない。こういうことは幾度も起こりうることで聊《いささ》かも気遣うことなく、田畑の耕作を油断なく仕付けるよう、小十人組の与頭《くみがしら》衆《しゅう》を遣わしたので、民間は安堵して農業に励んだという（「信綱記」）。同日書院番森川小左衛門と小姓組川村善次郎が大坂に向けて発ち、道中各所で将軍の無事を告げ人心を鎮め、同時に京都・奈良・長崎・日光・駿府・山田・豊後《ぶんご》府内に将軍安泰を報じる飛脚《ひきゃく》も派遣した。こうして人心の安定を図ったのである。

水戸頼房と内談

また大火の翌日、水戸頼房が老中に内談ありとして招請された。その趣旨は火事のことで心許なく思い、水戸より隠密に人数を召し寄せ御用に立てようというのであった。信綱は今度の火事は天災で、これからも何度か火事があろうが、天下に気遣いのことはいささかもない。第一諸色払底して高値で庶民が迷惑しているとき、江戸の人数減少の仕置きこそ然るべきに、隠密に人数を集めると江戸居住の諸人難儀するので、江戸に差し置く衆を居城へ遣わすのが尤もであるといい、江戸詰番の諸大名に暇を遣わしたのである（「家乗附録」聞書・「信綱記」）。

粥施行

幕府は内藤帯刀忠興・石川主殿頭《とのものかみ》憲之《のりゆき》・六郷《ろくごう》伊賀守《いがのかみ》政晴《まさはる》・松浦《まつら》肥前守《ひぜんのかみ》鎮信《しげのぶ》の四大名に粥を施行《せぎょう》するよう命じ、正月二十一日から九日まで府内六か所で行われ、日本橋より南は内藤忠興と石川憲之が、北は六郷政増と松浦鎮信が担当した。米は一日に一〇〇〇俵ずつ使ったといわれる、しかし飢えに苦しむ市民が多かったので粥施行は二月二日まで続行し、以後隔日に給して十二日に終了した。また浅草の米蔵が焼けたので、市民に焼け米を放出している。

参勤免除

二月九日松平越後守《えちごのかみ》光長《みつなが》はじめ大名一七人に参勤《さんきん》を免した。この時のことであろうか。紀伊頼宣が信綱を呼び、江戸がこのような災害で人心も図りがたい。たとえ在封していてもことごとく呼び寄せたいのに、諸大名の過半を期日を待たずに国許に就封せしめ、あるいは参勤を免除することは如何《いか》にも心得がたい。かつまたこういうことは我々に議せられるべきに、信綱一人で決めたのはよくないと非難した。

信綱はこれを聞いて、「このようなことを方々と議すると、何かと長談義に日を費やし無益のことです。後日お咎めがあれば信綱一人の落度にしようとの覚悟でこのように計らいました。今度の大災害で諸大名の邸宅も類焼して居所もないので、就封させて江戸を発足すれば、品川・板橋から先は家があり、上より居宅を下されたも同じことです。また府内の米蔵はすべて焼けたので、大名が大勢の人数で在府すれば食物に事欠き、飢民も多くなるでしょう。よって江戸の人口を減少させれば飢民を救う一端となります。万一この機に乗じ逆意の徒があっても、江戸で騒動を起こされるより地方で起こせば防ぐ方策もあろうかとこのように致しました。」と言うと、頼宣は手を打って感嘆したという。

飢民救済

その後信綱は府内の米を増やして飢民救済の手段があるとして、旗本の人々に時価の倍にして金を渡したので、これを聞いた諸国から、江戸に米を搬送して利益を得るのはこの時なりとして米を送ってきたので、ほどなく府内に米が充満して民衆は飢餓を免れたという。

恩貸・賜金の制

九日この火災によって居宅が焼失した武士たちには、恩貸ならびに賜金《しきん》の制《せい》を設け、大名に対しては石高九万九〇〇〇石より八万六〇〇〇石までは銀三〇〇貫目、八万五〇〇〇石より一万石ごとに銀を下げ、一万五〇〇〇石より一万石までは銀一〇〇貫目の恩貸として、翌年より一〇年のうちに返納するものとした。また九九〇〇石以下一〇〇石まで細かい区分により七二五両から一五両まで賜金を、蔵米取り九五俵には一一両二分、以下は五俵ごとに金二分を減じ、月俸のみの者は一口を米五俵として金を賜い、市井には銀一〇〇万貫目が下された。また三月三日には大奥の増山《ますやま》の方《かた》に一〇〇〇両、梅・近江《おうみ》の二人の局《つぼね》に一〇〇両ずつ、かの・さし両局に七〇両ずつ、表使三人に三〇両ずつ、総女房に八六四両を賜っている。

金銀賜与の体制

これらの賜金などのことについて巷説があり、何者かの次のような落書を『徳川実紀』が載せている。

吝《しわ》き雅楽《うた》　心づくしの　豊後どの　江戸にはつんと　伊豆はよかろふ

雅楽は酒井忠清、豊後どのは阿部忠秋、伊豆は信綱だが、忠清はケチとされ、忠秋は褒められている。「伊豆はよかろふ」は「居ずばよかろう」と読むのであろう。信綱もいなければよいとけなされている。

なお幕府の金蔵はすべて焼亡したので、速やかに金を受け取りたいと思う者は大坂で渡し、大坂に金が少なければ銀をもって渡し、一〇〇〇石以下の者は駿府で銀を渡すことにした。遅くてもよいという者には後日江戸で渡すことを令している。信綱と阿部忠秋は駿府の松平丹後守重信《たんごのかみしげのぶ》らに宛て、白銀一万貫を小分けにして五日置きに運ぶこと、宰領《さいりょう》は駿府在番の書院番のうち二人を宛てることを命じている。そして一度に一四〇貫ぐらいの銀子が一〇貫目入りの箱に詰めて運ばれ、大坂からもほぼ同じような方法で輸送された。二月十八日大坂ならびに駿府から銀を取り寄せたので参着次第江戸で渡すとし、賜銀の輩は金奉行を宛所として草案のまま手形《てがた》を書いて出し、貸与の輩も金奉行宛に手形を出すこと、一〇〇〇石以下は駿府、以上は大坂で銀を賜与するので、速やかに受け取ろうとする者は、駿府では城代・城番・町奉行所宛、大坂では町奉行・金奉行を宛所にして手形を整え、裏に印記を受けよと令した（『徳川実紀』第四篇）。

天守金銀の回収

ところでこの大火によって江戸城天守閣下の穴蔵に貯蓄されていた家康以来の莫大な金銀や非常用の銀分銅は罹災し、天守閣の石垣の間にまで溶流してしまったのである。石垣を崩して回収し、四月七日には落成した金蔵に焼損した金銀をとりあえずすべて納めた。「銀座々人手帳」によれば、翌万治元年（一六五八）四月十五日から三年八月十九日まで、江戸城三の丸吹所で焼爛した金銀を吹き替え、金高一七〇万両・判金一万五〇〇〇枚・金分銅二〇・銀分銅一二八に吹き分けた。分銅は万治分銅といい銀分銅はほかに焼け残りが七八あったので合わせて二〇八になったことが記される。そしてこれら天守金銀は寛文《かんぶん》元年（一六六一）七月には金にして合計三八四万七一九四両三歩とある（大田南畝「一話一言」）。

焼死者埋葬

二月二十九日このたびの大火で焼死した男女一〇万八〇〇〇余人の死骸を本所牛島新田に埋葬し、大きい塚を営み、増上寺方丈貴屋《きおく》に法事を修させたとあるが、回向院《えこういん》の過去帳には二万二人とあり、実際は五万人ほどと見るのが妥当とされる。伝えるところでは、正月二十四日保科正之が増上寺へ代参に行ったとき、ここかしこに焼け爛れた死骸が道端に積み重ねられて貴賤男女の区別もつかないのを見て驚き悲しみ、人を遣わして浅草門の辺まで焼け野原を見回らせたところすべてこのようであった。正之は大いに憂い捨て置き難いとて早く埋葬し祭祀すれば仁政の一端になろうと老臣らが会議し、牛島に五〇間の地を定め、府内の船主らに死骸を運ばせ埋葬させた。また寺社奉行松平出雲《いずもの》守勝隆《かみかつたか》に沙汰して、貴屋に命じて法事を営ませた。のちに貴屋は小石川智光寺《ちこうじ》の自心《じしん》をここに移住させ、恵心僧都《えしんそうず》手作りの阿弥陀《あみだ》を本尊とし寺を営むと、公儀《こうぎ》よりも土地を増加し建築費を出して五〇〇〇坪余の境内となり一大伽藍《がらん》となった。今の回向院がそれである（『徳川実紀』第四篇、浅井了意《りょうい》「むさしあぶみ」—『日本随筆大成』第三期、吉川弘文館）。

大規模な都市改造

大火後急速に江戸の復興が計られ、大規模な都市改造がなされた。二月の中ごろから小屋が建てられて商売が営まれ、三月に入ると粗末ながら通りに面した町屋も形をなしてきた。その後幕府の救済資金を受けて本建築が始まり、十月には町並みの軒を揃えて再建された。

江戸府内地図の作製

幕府は正月二十七日大目付北条安房守《あわのかみ》氏長《うじなが》と新番頭渡辺半右衛門綱貞《つなさだ》を担当として江戸府内の地図の作製に着手した。これは市街整備に役立っただけではなく、のちの「寛文図」板行の原形にもなった。

江戸城再建

江戸城の再建は諸大名に助役を命じ、一万石につき一〇〇人の人夫を出させて石垣工事から始められ、万治元年十月十二日本丸石垣の成功により行賞があった。それが完了すると、本丸御殿の造営が開始された。助役は伊予宇和島の伊達大膳大夫《たいぜんだいふ》宗利《むねとし》ら一〇大名で、役夫は一万石当たり五〇人で、万治二年八月に完成した。九月一日諸大名が調《ちょう》度《ど》を献上し、家綱は五日に西丸から移徙した。酒井忠清・信綱・阿部忠秋・稲葉正則の四老中と総奉行久世広之らが従った。明暦三年七月に家綱と婚姻した浅宮も本丸に入り、この日から御台所《みだいどころ》と称された。

江戸城の再建に当たって江戸の空に聳《そび》えていた天守閣は再建されなかった。軍事的には利益を失った天守閣に貴重な労力や資金を費やすべきではないとの保科正之の主張により建造が中止されたのである。それでも天守台だけは加賀前田綱紀の助役で九月に築造がなった。

万治三年になると焼失した外郭の門も完成し、堀端の土手には松が植えられた。そして外堀に当たる神田川の和泉橋《いずみばし》から牛込《うしごめ》までの拡張掘削工事すなわち、小石川堀普請が仙台伊達綱宗の助役でなされた。しかし綱宗は所行放縦《しょぎょうほうじゅう》として突如逼塞《ひっそく》を命じられ、二歳の亀千代《かめちよ》（綱村《つなむら》）に家督を継がせ、一門の伊達兵部《ひょうぶ》宗勝《むねかつ》と田村右京《うきょう》宗良《むねよし》を後見とし、伊達六二万石のうちから宗勝に一関《いちのせき》三万石、宗良に岩沼三万石が分知された。いわゆる伊達騒動の発端である。幕府は工事をそのまま引き継がせ、水路拡張・土手築造・新道造成など大工事で、翌年三月完成したが莫大な費用を要した。

屋敷割替

大火後かつてない規模の武家の屋敷割替《わりかえ》が行われた。旗本・御家人は罹災の有無にかかわらず、屋敷移動は寛文元年までの五年間に一三〇八人に及んだ。江戸城内にあった家綱の弟綱重・綱吉や御三家の上屋敷はすべて城外に移され、その跡は防災用の空地の吹上の苑とされた。そして武家屋敷の移動は連鎖反応式に拡大していったのである。すなわち万治元年以後、幕府は大名や旗本に下屋敷を与えたが、記録に残る数は一二六家に達し、麻布・白金・品川など災害に際し予備邸の機能が発揮できる地域が多かった。

大火前からの埋め立て地の築地も完成し、二四六人以上の御家人が移住している。大番衆も四谷番町に移り住み屋敷町に変わっていった。万治三年四谷大木戸で玉川上水から分かれる青山上水が開通するとこの方面の宅地化が進んだ。また万治年間から行われていた隅田川以東の開発が進み、本所に屋敷を拝領する者が多くなった。大火前あれほど豪華を誇った大名屋敷は倹約令《けんやくれい》の影響ですっかり地味な造りに変わり、屋根を瓦葺きにすることさえ万治三年にようやく許可になったほどである（黒木喬『明暦の大火』）。

寺院の移転

大火後幕府は郭内に残っていた寺院を外堀の先か新開地に移動させた。東西本願寺や霊巌寺《れいがんじ》、吉祥寺《きちじょうじ》を移したほか、神社では神田明神は移転こそ命じられなかったが、社殿は再建されず、寛文元年幕府の援助を受けてようやく復興が成り、山王社は三宅坂から溜池上へ移転、本所方面では開発が進んで亀戸天神《かめいどてんじん》が起立した。

市街の防災化政策

市街の防災化政策としては道路の拡張が計られ、支柱のある庇《ひさし》は支柱のない釣庇とされ、下水溝には蓋が付けられた。また府内各地には広小路や火除地、植溜が造られ、防火堤が神田白銀《しろがね》町から柳原までと日本橋から江戸橋までの二本の高い土手が築かれた。

大火の際屋根から瓦が落下して多数の怪我人が出たという理由で町家の瓦葺きが禁止された。瓦屋根が許されていたのは倉庫だけで、幕府は茅葺《かやぶ》き・藁葺きの屋根は土を塗るよう再三通達している。寛文元年には新規に藁葺きや茅葺きを禁止し、今後は板葺きにするようにとの触を出した。手桶や半切桶を準備させるなど消火設備を整えさせた。明暦四年正月・二月にもしきりに火事が起こり、江戸町中裏店まで穴蔵を掘り、おおかた江戸の一〇分の一は穴になったと、榎本弥左衛門も「万之覚」で記している。地下に穴蔵を掘って貴重品を入れておき、火事の時は身ひとつで逃げるようにしたのである。

定火消の創設

幕府は万治元年九月定火消《じょうびけし》四組を創設し、旗本秋山十右衛門ら四人を火消役に任命、各組には与力六騎・同心三〇人が属していた。火消屋敷は麴町・飯田町・小川町・お茶の水など江戸城が延焼の危険のある地域に置かれた。定火消はその後も増員されて寛文二年には一〇組になり、幕府の消防力は大いに改善された。

浅草の発展

浅草には明暦三年だけでも三四の寺院が転入し、同時に門前町《もんぜんちょう》も移ってきた。万治二年幕府は寛永寺・増上寺・伝通院《でんつういん》と並んで浅草の知楽院《ちらくいん》にも寺地を貸して建築することを禁じたが、門前町の繁栄による市街地化を止めることはできなかった。浅草寺門前町屋住民が町奉行支配下に入ったのもこのころである。浅草の発展は吉原の移転によるところが大きい。大火後の四月八日町奉行神尾備前守元勝《びぜんのかみもとかつ》・石谷左近将監《さこんしょうげん》貞清、勘定頭曽根源左衛門吉次が日本堤から大門まで検分して杭を立てた。六月十四、五日の両日奉行所の指示で遊女が一斉に移住し、翌十六日江戸中の風呂屋は遊女を置くことを厳禁された。八月上旬新吉原の普請は完成した。

両国橋の架橋

幕府は江戸城防衛のために隅田川には橋をかけなかった。大火後本所の開発が進むと架橋の必要に迫られ、寛文元年両国橋がかけられた。橋名は武蔵・下総両国の境界であったことに由来している。これによって下町の民衆には避難通路が用意され、浅草橋の悲劇は避けられることになったのである。その後橋の袂《たもと》や近辺は江戸の代表的な盛り場となっていく。

両国橋の東本所の田畑は万治元年ごろから接収され、翌年には本所を東西に直流する竪川とこれに直交する横川などの人工の川を開削して排水工事が行われ、揚げ土を利用して埋め立てられたが泥土が不足がちであった。これらの作業は万治三年三月二十五日に本所奉行に就任した徳山五兵衛重政《しげまさ》と山崎四郎左衛門重政が担当し、初期の開拓地は小名木川《おなぎがわ》以北で竪川と横川で四地区に区画された。本所の武家屋敷の飲料として万治二年亀有上水が引かれ、寛文元年ごろからは武家屋敷が続々と建設されるようになった。

幕府財政の窮乏

大火の復興には多額の金銀を要し、幕府財政の窮乏をもたらした。すなわち本丸再建に九三万四三四七両余・米六万七八九三石を要したほか、万治元年の大火も含めて大名拝借金・旗本恩賜金や銀一万三〇〇〇貫の江戸町人給与銀があったが、駿府より銀一万貫、大坂より金七万両・銀五万貫など一〇三万両余を江戸に回送してこれに宛て、天守金銀には手を触れないで済んだ。けれども寛文五年甲府綱重七万両、七年館林綱吉七万両、八年尾張家一〇万両の拝借金があり（『竹橋余筆別集』巻一〇）、延宝六年（一六七八）・七年にも甲府・館林への金米の下賜があるなど収支が償わなくなり、延宝四年には二〇万両余の財政不足を生じたので、同年金分銅七、翌年銀分銅四〇を潰して貨幣とし、奥金蔵（天守金銀）にも手を付け始めたのである。

支出増

大火復興に多額の金銀を要したことが財政窮乏の主たる原因であるが、ほかにも寛永以後技術的限界により金銀採掘量が激減し、貿易も不振であるのに、旗本子弟の新規召し抱えや寛文五年・六年の役料創設などによる支出増も要因としてあった（大野瑞男『江戸幕府財政史論』吉川弘文館、一九九六年）。

なお明暦の大火の復興に当たっては、信綱の老中としての意見や活躍が目立つのである（黒木喬前掲書）。

第九　信綱の死と余慶

一　信綱の死とその子女

信綱の死

寛永《かんえい》末期から万治《まんじ》期までの幕政において指導的地位にあった老中《ろうじゅう》松平信綱は、寛文《かんぶん》二年（一六六二）三月十六日に死去した。

それより前万治四年（寛文元年・一六六一）正月二十日元鷹匠町より出火、居宅を半焼、将軍からの拝領物を焼失し、翌二十一日夜着二領・蒲団一を拝戴した。同年六月二十七日願いの如く因幡守信衡《いなばのかみのぶひら》（のちの信興《のぶおき》）と青山大膳亮《たいぜんのすけ》幸利《ゆきとし》女《むすめ》との縁組が仰せ出された。十二月十五日には川越城米三〇〇〇石を返納している（「大河内家譜《おおこうちかふ》」二）。

最後の老中奉書加判

さて第七でも述べたが、信綱の老中奉書加判《ほうしょかはん》の最後と思われるのは、寛文元年と推定される十二月二十二日酒井忠清《ただきよ》・信綱・阿部忠秋《ただあき》・稲葉《いなば》正則《まさのり》連署《れんしょ》で土佐国《とさのくに》高知の山内忠《やまうちただ》義《よし》宛の尾張《おわり》殿姫卒去使者差し越しを内容とするものであろう（『山内家史料』忠豊公記一編、大野瑞男「近世前期老中奉書の研究—松平信綱加判奉書を中心に—」）。尾張家直姫《なおひめ》は万治元年に生まれ、寛文元年十一月二十二日死去しているのでこれを指すものと思われる。これが信綱最後の加判奉書で、翌二年には病気のためか一切連署・加判していない。

病中の信綱

信綱は寛文二年正月十八日病気により出仕しなかった。病中は名代《みょうだい》として輝綱《てるつな》が登城して御機嫌を伺い、輝綱が故障あるときは伊勢守秀政《いせのかみひでまさ》（のち信定《のぶさだ》）が伺った。

土佐国中村山内修理大夫忠直《しゅりたいふただなお》書状によると、信綱は十九日より小用がつかえ久志本式部《くしもとしきぶ》の薬を用いのち水戸清庵《みとせいあん》が療治して小用が通ったとある。二十六日の忠直書状では、信綱は病気が再発、何と思ったのか老中へ暇乞いし遺言まであったとのこと。二十七日土佐国高知山内忠豊《ただとよ》宛に信綱が同名隠岐守《おきのかみ》の頓死《とんし》見舞い書状を送っているが、病臥の故印判使用を免されたいと印文「松」の印を用いている。二月六日の忠直書状では、食事も一日に六〇目ほどで方々より見舞いの使者が夥《おびただ》しく、ひとしお大病の由伝えている。二月十四日の山内忠義書状では、信綱の病気が再発し気遣いな様子、公方様《くぼうさま》（家綱《いえつな》）のために本復を願い、信綱がいないと火の消えたのも同然で、祈禱のため伊勢へ代参を遣わし、春木大夫《はるきたゆう》に頼んで大神楽《だいかぐら》を上げ、一万度のお祓い大麻熨斗《たいまのし》代を代参の者に渡し、春木大夫の書状を添えるよう申し遣わしている。三月に入り使者がこれを信綱邸に持参したが、信綱は常のごとく何も納めず、慰めに眺める花をも受納しないとのこと、親類から来るどんな軽い音物《いんもつ》をも受けないので、昼夜信綱に付き添っている家老の小畠《こばたけ》助左衛門が心安いので叶わざる用事があるとこれを持参して会い、明朝まで預かることになった。助左衛門は白洲《しらす》に裸足《はだし》で降り手をついて慇懃に挨拶したとのことである（土佐山内家宝物資料館所蔵「山内家御手許文書」）。

上使のお尋ね

これより前正月二十一日上使として大久保出羽守忠朝《でわのかみただとも》をもってお尋ねがあり、その後しばしば恩問を蒙った。二十七日上使久世大和守広之、二十九日上使本多土佐守忠隆、二月十日上使久世広之をもってそれぞれお尋ねがあった。二十四日因幡守信衡（のちの信興）をもって一角を拝戴、信衡に親筆の書をもって数条のお尋ねがあり、信綱は病に衰えていたが悉く答えている。そして三月一日上使中根大隅守正盛を下され、数原清庵の薬を服すよう命があった。三月三日家綱の真筆の書をもって万肴の恩賜があり、八日家綱が高田辺で放鷹の時居邸の前を通り、松平民部少輔氏信をもって尋ねて自ら獲た鴈を賜った。十二日病気により御数奇屋方支配をゆるされる。十五日にも上使牧野長門守成由をもってお尋ね、茶・菓子を下され、信綱危篤のよしを聞き、若年寄土屋但馬守数直を遣わしている（『徳川実紀』第四篇・「大河内家譜」二）。

阿部忠秋を私宅に招く

この十五日に信綱は江戸城に人を遣わし、阿部忠秋に対して、自分は今明日を限りと思うので、少々話したいことがあるから、退出の砌《みぎり》私宅へお出でをお待ちすると申し遣わした。忠秋は心得たる由を返事、やがて信綱宅へ着くとそこには甲斐守《かいのかみ》輝綱をはじめ子息や一門の面々がことごとく集合していた。忠秋が入り来たる由を案内すると、信綱はそれを聞いて近習《きんじゅう》に助けられて起き上がり、肩衣《かたぎぬ》を肩にかけ袴《はかま》を畳みながら膝の上に置き、寝所を下りて畳の上に座して忠秋を招き入れ、「病気故不礼は御免ください。貴殿を招いたのは別儀ではない。貴殿と私は若年より大猷院《だいゆういん》殿（家光《いえみつ》）へ奉公し、軽き者を過分の取り立てに預かり、大禄を賜るのみならず、先祖に抽《ぬき》んで四位《しい》に叙せられ侍《じ》従《じゅう》に任じられ、君恩の忝いこと言い難いことである。二人は心を合わせて天下の政道を行った。それにつき互いに道理を論じ是非を争い、声を高め顔面を赤くしたことが多かったので、世上では貴殿と私と不仲であると沙汰《さた》していると聞く。重恩の主君のために忠節を尽くそうとする貴殿と私が位を争って不快になろうか。世上の人は貴殿と私との心底を知らないからである。自分は死んでも貴殿が残り、公儀《こうぎ》の為天下の政道には聊《いささ》かの思い残すことはない。今日申すことは公用ではなく私の頼み事である。死後愚息輝綱のことを偏に頼み、播州《はんしゅう》（播磨守正能《はりまのかみまさよし》、忠秋養子）同然に思い諸事遠慮なく意見し指南《しなん》を頼みます」。

忠秋に輝綱のことを頼む

次に輝綱を呼び、「只今その方を忠秋殿に委細頼み置いた。以後は親と思い諸事諫言《かんげん》に背いてはならない。もし背いたならば七生の間勘当する」と申し渡した。

忠秋はこれを聞いて、「貴殿は大猷院殿御七夜の時台徳院《たいとくいん》殿（秀忠《ひでただ》）より小姓《こしょう》に付けられ、私は御宮参りの時付けられた。その後は一緒に生い立ち水魚の思いをなす朋友である。たとえ輝綱が無頼とても全く疎意はあるまじく、まして今の頼みをや。少しも心を残すことはなく、正能も同意するでしょう。輝綱も何事によらず心置きなくお聞き下さい。」と落涙した。信綱は手を合わせて悦び、忠秋は退出した（「玉埃録」阿部正靖氏所蔵・学習院大学保管阿部家文書）。

信綱の遺言

信綱は寛文二年三月十六日夕刻に老中在職のまま六十七歳で死去した。死に臨み遺言して、島原の戦功を感賞して下された書をはじめ家光・家綱両代にわたる多数の手書をことごとく焼いて袋に入れ納棺せよとのこと。幼主家綱の時由比正雪《ゆいしょうせつ》の乱、明暦《めいれき》大火への対応など残らず信綱一人から出たことではないが、天下こぞって毀誉褒貶を信綱一人に指すことは名誉の致すことであると。十七日上使若年寄久世大和守広之をもって賻《ふ》銀《ぎん》二〇〇枚を賜り、御台所《みだいどころ》よりも賻銀一〇〇枚を賜った。十八日武蔵国岩槻《むさしのくにいわつき》平林寺に葬られ、松林院殿乾徳全梁《けんとくぜんりょう》大居士《だいこじ》と号した。

五月十日遺物貞宗《さだむね》の刀・伯耆肩衝《ほうきかたつき》の茶入（先年家光より拝領）を献上し、御台方へ定為筆『古今和歌集《こきんわかしゅう》』を献上した。翌三年輝綱は平林寺を新座郡野火止に移し、信綱の墓も移転した（口絵参照）。以後同寺は大河内松平氏の菩提寺となっている（『寛政重修諸家譜《かんせいちょうしゅうしょかふ》』「大河内家譜」三）。

遺領分知

四月十八日遺領七万五〇〇〇石は嫡子輝綱が継いだ。そして同日輝綱の弟たち伊勢守信定に常陸国新治郡《ひたちのくににいはりぐん》のうちにおいて新墾田五〇〇〇石、因幡守信興に武蔵国埼玉郡のうちにおいて新墾田五〇〇〇石、頼母堅綱《たのもかたつな》に同郡のうちにおいて新墾田一〇〇〇石が分知された。合わせて新墾田一万一〇〇〇石である（『寛政重修諸家譜』）。

信綱の子どもたち

松平信綱は一二人の子福者であった。長女千万、長男輝綱、二男吉綱《よしつな》、二女亀、三男某（伊織《いおり》）、四男信定、五男信興、三女久満《くま》、四女多阿《たあ》、六男堅綱、五女百《もも》、六女八の六男六女である。このうち多阿までの母は井上主計頭正就《かずえのかみまさなり》の女であり、彼女が寛永十三年（一六三六）三月六日に死去しているので（土佐山内家宝物資料館所蔵山内家御手許文書）、以下の子女の母は家女である。三男伊織と六女八は早世したが、ほかはみな成人した（「大河内家譜」二）。

長女千万

長女千万は出羽《でわ》鶴岡城主酒井忠当《ただまさ》に嫁し、忠義《ただよし》を生んだ。忠義の妻は寸和《すわ》といい、信綱長男輝綱の女《むすめ》である。忠義は信綱の外孫、その妻は孫娘となる。信綱の忠義後見もこのような縁戚関係によるのである。

長男輝綱については次節で述べる。

二男吉綱

二男吉綱は元和《げんな》九年（一六二三）に生まれ、慶安《けいあん》三年（一六五〇）六月四日に二十八歳で死んだ。

二女亀

二女亀は下総《しもうさ》古河《こが》城主土井利隆《としたか》に嫁したがのち離婚した。利隆の父は老中のち大老《たいろう》の利勝《としかつ》である。三男某（伊織）は寛永十年七月二十四日六歳で早世している（「大河内家譜」二の記述のまま）。

四男信定

四男信定は寛永四年に生まれ、家綱に付属、正保《しょうほう》二年（一六四五）四月二十一日従五位下《じゅごいげ》伊勢守に叙任、寛文二年四月十八日父の遺領常陸国新治郡のうちで新墾田五〇〇〇石を分かたれ、元禄《げんろく》十年（一六九七）十二月五日致仕し、享保《きょうほう》元年（一七一六）十二月八日九十歳で死去している。以後この家は五〇〇〇石の旗本として存続した。

五男信興

五男信興は寛永七年に生まれ、同十八年八月九日家綱に付属し小姓となり、慶安四年八月十六日従五位下美濃守《みののかみ》に叙任した。承応《じょうおう》元年（一六五二）十一月七日廩米《りんまい》一〇〇〇俵を賜り、明暦三年（一六五七）九月二十八日因幡守に改めた。万治三年（一六六〇）十一月二十五日小姓組番頭に進み廩米一〇〇〇俵を加えられた。寛文二年四月十八日信定と同じく父の遺領武蔵国埼玉郡のうちで新墾田五〇〇〇石を分与され、十二月二十七日それまでの蔵米二〇〇〇俵も合わせられた。寛文七年正月二十五日側衆となり、二月十日より舞々猿楽者を支配する。延宝《えんぽう》七年（一六七九）七月十日若年寄となり、下総国のうちで新恩五〇〇〇石を賜りすべて一万二〇〇〇石を領した。八年十二月二十六日御鷹御馬のことを承る。天和《てんな》元年（一六八一）四月二日御腰物方《おこしものかた》御数寄屋方を支配、七月二十二日下総国結城《ゆうき》・常陸国真壁《まかべ》二郡のうちで五〇〇〇石を加えられ、二年二月十九日奏者番《そうじゃばん》に移り、常陸国新治・筑波《つくば》・信太《しだ》三郡のうちで五〇〇〇石を加賜され、二万二〇〇〇石となり土浦城を賜った。貞享《じょうきょう》四年（一六八七）十月十三日大坂城代となり、摂津国《せっつのくに》嶋上・嶋下・川辺・東成、河内国《かわちのくに》若江・河内・茨田《まんだ》・讃良《ささら》、下野国都賀郡《しもつけのくにつがぐん》等のうちで一万石の加恩あり、三万二〇〇〇石を領した。元禄《げんろく》三年十二月二十六日京都所司代《きょうとしょしだい》に移り従四位下《じゅしいげ》侍従に昇った。閏八月十二日京都で六十二歳で没した。信興には嗣がなく、その跡は輝綱六男の輝貞《てるさだ》が継いだ。この家は八万二〇〇〇石となり、上野国《こうずけのくに》高崎で廃藩を迎える。

三女久満は秋元泰朝《あきもとやすとも》の二男忠朝《ただとも》に嫁している。四女多阿は病弱で嫁すことなく尼となっている。六男堅綱は寛永十八年に生まれ、寛文二年四月十八日父の遺領武蔵国埼玉郡のうちで新墾田一〇〇〇石を分かたれ、寛文五年六月二十六日二十五歳で死んだ。五女百は肥前《ひぜん》平戸《ひらど》城《じょう》主《しゅ》松浦《まつら》棟《たかし》に嫁している。六女八は明暦三年六月二十三日五歳で早世している（「大河内家譜」二）。

二　信綱の徳風余慶

信綱の遺領

寛文二年（一六六二）三月十六日信綱が卒すると、翌十七日家綱の上使として老中稲葉正則が喪を弔い、哀惜の仰せを伝えた。四月十八日酒井忠清宅に輝綱とその弟らを招き、嫡子輝綱には父信綱の願いのごとく川越藩領七万五〇〇〇石のすべてを賜った。この日輝綱の弟伊勢守秀政（信定）と因幡守信衡（信興）には新墾田五〇〇〇石ずつ、頼母堅綱には新墾田一〇〇〇石が分かち与えられた。

長男輝綱

長男輝綱は元和六年（一六二〇）八月九日武蔵国に生まれ、幼名主殿《とのも》といい、母は井上政就の女である。幼少の時家光に拝謁し、寛永九年（一六三二）塞袖、七月二日信綱の願いによって板倉重宗《しげむね》の八女との縁組が仰せ出され、婚姻は同十六年九月五日に行われた。寛永十一年六月二十日父とともに家光の上洛に供奉《ぐぶ》して江戸を出発した。十二年二月三日前髪を取り、十二月二十八日従五位下甲斐守に叙任した。十四年十月十六日家光が父信綱邸に渡御《とぎょ》の時国重《くにしげ》の刀を賜っている。

島原の乱に従軍

島原の乱に際して父に従って城攻めに臨んだ。その従軍日記「嶋原天草日記」（『続々群書類従《ぐんしょるいじゅう》』第四）がある。寛永十五年の二月二十七日諸軍の原城攻めに臨み、馬験《うまじるし》を陣中に留め、ひそかに指物《さしもの》を携えて、従弟天野長三郎長重《ながしげ》および家臣三騎・歩卒二人を率いて城近いところに至り、白幣の指物を差し挟んで急に城壁を登ろうとし、従兵もこれを支えた。信綱は家臣らを遣わし再三これを止めたが聞かず、家臣岩上角之助が羽織を制して止めたので、輝綱は怒って斬ろうとした。角之助は主命を守って死を致すも戦って死するも義において一つとして強いて支え、とかくのうちに従軍も馳せ集まり、井上筑後守政重《ちくごのかみまさしげ》も来て制するので。仕方なく輝綱は陣中に帰ったという。

信綱在世中の輝綱の事績

この後の信綱在世中の輝綱の事績についてみよう。慶安元年（一六四八）四月日光山参詣に父とともに従い、承応元年（一六五二）六月十三日父信綱大猷院殿御霊屋造立のことを承ったとき、父に代わって監督したことを賞せられ、時服六・羽織一を拝領している。三年正月十三日台徳院殿二十三回忌法会の時も父に代わって承り、明暦二年（一六五六）仙波《せんば》東照宮外遷宮《げせんぐう》により暇を賜って川越に行き、万治三年（一六六〇）十一月二十日東叡山大猷院殿御霊屋ならびに慈眼大師《じげんだいし》廟塔《びょうとう》修補のことをこれも父に代わって監督し、時服・羽織を賜っている。このように父の代理を務めることが多かった。

白熊・黒熊の毛

先に家康から正綱が賜った白熊・黒熊の毛を信綱に与えられていたが、信綱の死後黒熊は正綱の子正信に返し、白熊は持槍《もちやり》の飾りとして代々伝えた。寛文十一年十一月二十日仙波東照宮ならびに三芳野《みよしの》天神社修造の助役をし、この日家臣が物を賜っている。寛文十一年十二月十二日輝綱は五十二歳で卒し、同三年彼の願いによって岩槻から野火止に移した平林寺に葬られ、仁叟玄勇智光院《じんそうげんゆうちこういん》と号した（『寛政重修諸家譜』「大河内家譜」三）。

一四通の信綱自筆書状

大河内松平家文書の中に一四通の信綱自筆書状があり、うち三通は嗣子輝綱（甲斐守）と二男吉綱（三左衛門）連名に宛てたものであるが、あとはすべて輝綱宛である。なお最近（二〇〇九年）某古書店の古書目録に松平信綱書状が載せられているが、八日（年月不詳）付「松平かいの守（輝綱）」宛「いつ（信綱）」自筆書状である。

このうち五通は寛永十八年と推定される五月から六月の書状で、口絵に掲載した五月十三日付の一通は江戸の輝綱・吉綱に宛てたもので、信綱が日光山東照社奥院廟塔の普請奉行を勤めるよう命を受け、十二日江戸発駕、同日夕刻川越に着き、十三日朝日光に向かった。信綱はこの時同時に江戸城二丸の普請奉行も勤めており、留守中は輝綱らが父に代わってこれを監督している。これ以降のものはいずれも日光からで、二十六日の書状は廟塔地形ができたこと、六月十三日の書状は、千代姫《ちよひめ》（家光長女、のち尾張光友《みつとも》室）の病気全快祝儀の樽肴準備を阿部忠秋・阿部重次の指図を得て進上するよう、二丸普請の手伝いも長期にわたるので二倍の扶持《ふち》を下さる上意であることが記される。また十一月十七日の書状は大姫（水戸頼房《よりふさ》女・家光養女）の産月（十五日出産）で参上すべき忠秋・重次の十四日付の奉書が、十七日上洛帰途の桑名《くわな》から熱田《あつた》の船中に参り、二十二、三日ごろあるいは二十五日時分江戸に到着と挨拶せよ（口絵）などの記事がある。ほかに金額を記した自筆の紙が二通ある。これ以外の信綱書状は自筆の「贈従三位《ぞうじゅさんみ》松平信綱公消息《しょうそく》」五二通を除いては他大名などに宛てた右筆書きのもので、老中奉書と同類のものである。

病弱な輝綱を気遣う

また輝綱は病弱なところがあったらしく、信綱の願いにより慶安元年九月箱根塔ノ沢《はこねとうのさわ》あるいは熱海《あたみ》温泉に浴し、三年閏十月草津、承応二年六月五日病気により塔ノ沢、翌三年四月十七日から五月二十三日までも塔ノ沢に行っている。この書状にはふき出物により方々の湯に「ゆるゆる入湯あるべく」というような文言が何か所かに記される。

学究的な性格

輝綱は父と対照的に政治向きのことはほとんど関与しなかった。戦術・砲術・騎馬術や航海術など軍学兵術に関するものに興味をもち、その工夫をした記録類が大河内家に残されている。このほか薬学の研究もあり、特にヨーロッパ式の経緯度入りの地図を自ら作成したものもある。このように輝綱は学究的な性格であった。奢りがましいことを嫌ったので家中も質素で、衣服も木綿《もめん》・麻を用いた。

輝綱遺領の分知

寛文十二年二月九日嫡子《ちゃくし》信輝《のぶてる》が輝綱の願いのように遺領七万五〇〇〇石のうち七万石を賜り、五〇〇〇石は弟輝貞に分かち与えた。信輝は輝綱の四男で、万治三年四月八日武蔵に生まれ、最初諱《いみな》を晴綱《はるつな》といったが、兄主殿・惣左衛門・勘解由《かげゆ》が早世したので嫡子となった。同年七月十八日願いによって井上正任《まさとう》の女との縁組を命じられ、延宝七年（一六七九）七月二十五日に娶っている。寛文十二年十二月二十八日従五位下伊豆守に叙任、延宝元年十一月十五日塞袖、四年二月二十八日前髪を取った。同八年晴綱を信輝と改めている。貞享元年（一六八四）八月六日初めて帰城の暇を賜って九月二十五日川越へ赴き、十一月二十八日願って帰府している。

下総古河へ転封

信輝は元禄七年（一六九四）正月七日川越城を転じて下総国古河城七万石に移された。古河城は松平信之《のぶゆき》の居城であったが、乱心の故領知が没収されたのである。川越城は柳《やなぎ》沢保明《さわやすあき》（吉保《よしやす》）に賜い、二月二十四日大島雲八郎義也《よしなり》・近藤源兵衛用久《もちひさ》が監する川越城を柳沢保明に渡し、二十七日前田利慶《としよし》在番の古河城を受け取った。三月一日付で川越城米三〇〇〇石を柳沢家中が信輝家中より受け取り、五六年に及ぶ大河内松平家の川越支配は終焉した（『寛政重修諸家譜』「大河内家譜」四）。

信輝の評価

ところで元禄三年現在の全国大名の評判記ともいうべき『土芥寇讎記《どかいこうしゅうき》』（金井円校訂、人物往来社、一九六七年）という本があり、その最後の謳歌《おうか》評説《ひょうせつ》に、信輝の前後の行跡を見れば善智で邪智がないと言っているが、「此ノ将耳遠キハ、何ヨリ大将之疵《きず》ナリ。聾ズンバ、祖父信綱ノ役儀ナリ共、勤メラルベキ程之器量ナルニ、可惜也。」と信輝の耳遠きことを惜しんでいる。彼は武芸を尊び、父輝綱時代より断絶なく、家士もまた武芸に励む人が多かった。公儀を大切にし、忠を専らと心がけると世上謳歌したという。

信綱忠勤の余慶

川越・忍《おし》・岩槻・佐倉など江戸に近い諸城はすべて老中を据え、余人が在城することは稀であった。信綱没後、輝綱相続の時、所替えがあるだろうと風聞があったのにそれがなく、輝綱が卒し信輝が幼少で家督を承けたので必ず所替えがあると家臣らも思っていたがそのことがなかった。これひとえに信綱徳風の余慶か、彼の忠心が上に通じてのことであろうか。世人が評して言うには、「譬《たとい》祖父信綱之忠勤ヲ上ニ思《おぼし》食《め》サルルト雖《いえど》モ、当伊豆守（信輝）其ノ器ニ非ズンバ、争カ《いかで》御膝下之城ニ差置セラルベキヤ。」と。信輝が聾者で老中となれない大名であるにもかかわらず、川越在城が続くのは全く祖父信綱の忠勤の余慶であったといえよう。しかしながら、『土芥寇讎記』が成立してほどなく、元禄七年信輝は川越を転じて下総国古河に移されたのである。

三　信輝旧領高の問題

正保四年の加増

信綱が六万石から七万五〇〇〇石に加増されたのは正保四年（一六四七）七月五日のことである。『武蔵田園簿』によると、「松平伊豆守知行《ちぎょう》」の合計は武蔵国総計は六万五九一九石一斗九升七合であり、七万五〇〇〇石との差額は九〇八〇石八斗三合である。この差額は万治三年（一六六〇）「川越・騎西《きさい》・羽生・府中子ノ御物成《ものなり》納覚」（高崎市立図書館所蔵『無銘書』）の「（常陸）府中領」の「先高」と数的に合致するので、少なくとも信綱の死までは所領の変動はなかった訳である。

寛文印知

寛文四年（一六六四）、大名には四月五日付で将軍家綱の名で領知の判物《はんもつ》・朱印状《しゅいんじょう》・目録が頒給され、一〇万石以上ないし四位以上には判物が、それ以外には朱印状が発給《はっきゅう》され、家光以前はまちまちに発給されていたものを、代替わりに伴って一斉に発給されたので、翌年の公家《くげ》・寺社宛発給を含め寛文印知《かんぶんいんち》という。この時二一九人の大名が江戸城において直接にまたは名代をもって受領したが、輝綱は七万五〇〇〇石の領知朱印状と目録を六月三日に受け取っている。内訳は第五の一を参照されたい。

五代綱吉の大名宛領知判物・朱印状・目録は貞享元年（一六八四）九月二十一日付で一斉に頒布された。寛文四年との違いは埼玉郡が五三村から八か村減って四五村となっていることで、輝貞への分知五〇〇〇石に相当する。

引き渡し領分の高に問題

元禄七年（一六九四）正月七日、信輝は川越を転じて下総国古河城を賜り、川越城は柳沢保明（吉保）に賜った。しかしここに柳沢保明に引き渡した領分の高に問題が起こったのである（大田南畝《なんぽ》『竹橋《ちっきょう》余筆《よひつ》』一「松平伊豆守旧領高覚」）。

信輝の旧領高

信輝の旧領は、貞享元年綱吉の領知朱印状受領の時、領知目録の下帳を仕立てたが、川越城付は高四万五六九八石八斗五升、騎西領は二万四三〇一石一斗五升、合計七万石となっている。この拝領高の中に、川越城付六二三五石五升二合、騎西領四七六四石九斗四升八合、計一万一〇〇〇石の新田ならびに検地《けんち》出高が含まれていたのである。

武蔵野開発の進展

その理由は、武蔵野の開発が進み、新田高が一万一〇〇〇石できて信綱領に含まれたが、信綱死去の寛文二年遺領七万五〇〇〇石は嫡子輝綱が相続し、拝領高以外の川越領の新田高を、輝綱の弟信定に五〇〇〇石、信興に五〇〇〇石、堅綱に一〇〇〇石分与されることが許された。しかし新田は悪地で年貢率の低い下免《げめん》で難渋するため、常陸国府中領・武蔵国羽生領両方の知行高一万二八〇〇石余を物成詰で一万一〇〇〇石の積もりに渡し、拝領本高減少分を川越城付・騎西領の新田ならびに検地出高を高割で入れ、信綱の拝領高七万五〇〇〇石が減らないように処置したのである。なお大河内家文書「川越・騎西・羽生・府中子ノ御物成覚」では常陸国府中領・武蔵国羽生領の合計は一万三〇三二石一斗五升となっている。

記載のない常陸国新治郡

ところで、寛文印知で輝綱に発給された領知朱印状・目録には、正保四年に父信綱が加増された常陸国新治郡（府中領）は全く記載されていない。羽生領は騎西領と同じく埼玉郡に属するので一目してはわからないが、『武蔵田園簿』に記載される松平伊豆守知行の外田ケ谷・道地・荒川・串作・志多見《したみ》・下ノ・明願寺の七か村は領知目録に見当たらず、羽生領の村々と思われる。領知目録にあって『武蔵田園簿』に記載のない村は、葛梅・所久喜・六万部の三か村で、葛梅村は上内村枝郷、所久喜村は慶安三年（一六五〇）江面村より分村し、六万部村は慶安四年上清久村より分村したので、騎西領に属する。

信綱の遺領相続時に拝領高分与

したがって寛文二年輝綱が信綱遺領相続の時、新田高に代えてひそかに拝領高を三人の弟に分与したことは明らかであり、「寛文二寅ノ物成納覚」では、寛文二年の取米は川越・騎西のみで、府中は種借の利しか記されず、翌年の「寛文三卯之年御入用之帳」では府中領の記載が全くなくなってしまうことから、さらにはっきりと立証されるのである（豊橋大河内家文書）。

信綱一代の急激な開発

なお、寛文四年五月の「武蔵国河越領高辻并田畠記帳」（大河内家文書）は寛文印知の翌月であり、拝領高に対する新田・検地出高入れのなされた結果であろうと思われる。この帳簿記載の村名は領知目録の村名と一致し、郡高も同じであるが、村ごとに高・田畑反別が記され、ほかに開発地の高反別もある。この開発高合計は二万二五五五石八斗四升二合と拝領高の実に三〇％にも上り、信綱一代の急激な開発が読み取れる。

柳沢吉保への引き渡し

さて柳沢吉保へ領地引き渡しに当たって、元禄七年現在の川越城付領から新田ならびに検地出高入を引き、一万一〇〇〇石を加えた五万四六二石七斗九升八合を本高とし、騎西領高には新田高等を一切入れず、本高一万九五三六石二斗二合として、都合七万石の積もりに郷帳を仕立てて差し出すことを幕府勘定所《かんじょうしょ》に伺ったが、勘定所は新田出高入を川越領だけで処理することは、今後新規に高直しをすることになるので用い難く、結局貞享朱印状高のまま川越・騎西両所の高に新田高を入れることになったのである。

なお転封命令の後川越城を預かった上使大島雲八郎は、右の分知・新田高の処理について書き上げさせているが、幕府へは上申しなかった由である（豊橋大河内家文書「武蔵国河越領武蔵野新田開発之覚」）。

異例な違法行為による大名分家

大名の領地のうち拝領高もしくは新田高の一部を分与して成立する、いわゆる大名分家旗本の例は多くある。しかし、ここに記した事例の問題点は、寛文二年の分知に際して新田高分知を秘密裡に本高（拝領高）分知にしてしまったことで、異例な違法行為であったことであり、しかも同四年の領知朱印状発給は、将軍権力がこれを容認したことである。また元禄七年に一万一〇〇〇石の本田高を川越領だけで処理しようとしたことで、公認された高の変動を考慮したが、当然幕府の否定するところとなった。そしてこれらのことにより、次の藩主柳沢吉保の領地は実質的に減少したのである。しかし本田高入を川越領のみで処理すれば、実高はさらに四七〇〇石以上減少するのであるから、その分被害は少なくなったといえよう。

信輝旧領の石高

こうして柳沢吉保は元禄七年二月郷村を受け取ったが、信輝旧領川越城付領（入間・新座・比企・高麗郡のうち）として高四万五六九八石八斗五升の全部と、騎西領（埼玉郡のうち）のうちの一部一二か村高六一五四石八斗九升三合であった。

なお信輝旧領では、川越城付領に一万四四三八石四斗二升二合、騎西領に九四一九石七斗一升、計二万三八五八石一斗三升二合の新田・検地出高が拝領高のほかにあり、別に高一六八九石二斗七合は武蔵野新田高一万一〇〇〇石のうちであるが、貞享二年の他領との争論で、評定所の裁許《さいきょ》により荒秣場とされた土地である（『竹橋余筆』一）。

四　その後の大河内松平家

信輝

元禄七年（一六九四）下総国古河に転じた信輝は、翌八年五月十日弟輝貞邸に綱吉が渡御の時その邸に候し、堆朱《ついしゅ》の硯箱を賜り、銀の丁子釜《ちょうじがま》を献じている。そののち輝貞邸渡御の時しばしば賜物があり、また江戸大火のとき田安御蔵・浅草御蔵の防御をし、駿府城の修復の助役をしている。宝永《ほうえい》六年（一七〇九）六月十八日致仕し、享保十年（一七二五）卒し、歳六十六、天遊宗見神龍院《てんゆうしゅうけんしんりゅういん》と号した。室は井上正任の女である。

信祝

次の信祝《のぶとき》は元禄十年十二月十八日従五位下甲斐守に叙任、宝永六年六月十八日封を襲い、二十一日伊豆守に改めた。正徳《しょうとく》二年（一七一二）七月十二日古河を改め、三河国《みかわのくに》吉田に移された。四年九月六日奏者番、享保十四年二月二日大坂城代に転じて従四位下に昇り、十五日吉田を改め遠江国《とおとうみのくに》浜松城を賜る。十五年七月十一日老中となり、十二月十五日侍従に進んだ。延享《えんきょう》元年（一七四四）四月十四日病気により職を辞すが許されず、十八日卒した。六十二歳、泰叟道雲万松院《たいそうどううんばんしょういん》と号す。室は酒井雅楽頭忠挙《ただたか》の養女である。

信復

信復《のぶなお》は享保十八年十二月十八日従五位下左衛門佐に叙任、延享《えんきょう》元年六月四日遺領を継ぎ、十日伊豆守に改めている。寛延《かんえん》二年（一七四九）十月十五日浜松を改めて再び吉田に移され、明和《めいわ》五年（一七六八）九月二十二日吉田で死去した。年五十、天叟文孝謙光院《てんそうぶんこうけんこういん》と号した。

信礼

信礼《のぶうや》は宝暦元年（一七五一）十二月十八日従五位下甲斐守に叙任、明和五年十一月十六日遺領を継いだ。十七日伊豆守に改め、六年十月一日奏者番となるが、翌七年六月二十二日三十四歳で死去した。仁峯宗恕慈雲院《じんほうそうじょじうんいん》と号す。室は本多正珍《まさよし》の養女。

信明

次の信明《のぶあきら》は明和七年七月十二日遺領を継いだ。安永《あんえい》六年（一七七七）十二月十八日従五位下伊豆守に叙任、天明《てんめい》四年（一七八四）十月二十四日奏者番となり、同八年二月二日側用人《そばようにん》に移り、同八年四月四日老中となり、なお当分奥向きのことを勤めるよう命じられた。五月朔日従四位下に叙せられ、十二月十六日侍従に進んだ。寛政《かんせい》二年（一七九〇）十一月琉球《りゅうきゅう》使節参府応接《しせつさんぷおうせつ》の任に当たる。同四年十月三日願いにより奥向き御用兼帯を免され、九年八月三日それまで月番勤めであった勝手掛を以来信明一人で勤めるべきの仰せを蒙る（『寛政重修諸家譜』「大河内家譜」第八）。同十年二月聖堂再建と四月日光山霊廟の修造の事務に当たる。享和《きょうわ》三年（一八〇三）十二月二十二日病気により辞したが文化《ぶんか》三年（一八〇六）五月二十五日老中に再任して首座となり、現職のまま同十四年八月十六日に没した。死去は二十八日付として届けた。乾翁元徳瑞龍院《けんおうげんとくずいりゅういん》と号す（「大河内家譜」第八）。

松平定信の協力者

彼の天明八年の老中就任は、前年家斉《いえなり》の将軍就任とともに開始された寛政改革において、老中首座松平定信《さだのぶ》の信任を得てその協力者の役割を担ったことを意味する。寛政五年七月二十三日定信が蝦夷地《えぞち》対策で意見が分かれ孤立して退任したあとは、信明が老中首座となり改革の基調を継承して活躍し、寛政の遺老の一人といわれた。家斉の奢侈《しゃし》を戒めたり、その近臣らの規律を正したりした逸話が伝えられる。

幕府財政を担当

彼が担当した財政については、勘定奉行中川忠英《ただてる》が享和年間に信明に差し出したと推定される、慶安四年（一六五一）から寛政十二年に至る「御取箇辻書付《おとりかつじかきつけ》」などがあり、信明が最初の老中を辞職する前に、寛政改革の結果を検証すべく作成を命じたものであろう（大野瑞男『江戸幕府財政史料集成』上巻、吉川弘文館、二〇〇八年）。また別に「向山誠斎雑記《むこうやませいさいざつき》及雑綴」に載せる文化《ぶんか》十四年十月勘定奉行服部伊賀守貞勝《はっとりいがのかみさだかつ》・古川山城守氏清《やましろのかみうじきよ》が恐らく実質的に財政を担当していた老中格水野出羽守忠成《ただあきら》に提出したと推定される「御繰合《おくりあわせ》」（「御繰合之儀ニ付取調候趣申上候書付」）という書付は、寛政元年より文化十二年に至る二七年間の毎年の収納高・入用高・差引余不足・臨時収支の費目と金額を記すが、ほぼ信明老中在職中の財政記録である（同下巻）。

信順

信順《のぶより》は文化十四年十月十六日遺領を賜る。二十一日伊豆守に改め、文政《ぶんせい》元年（一八一八）八月二十四日奏者番、同八年五月六日寺社奉行加役、天保《てんぽう》二年（一八三一）五月二十五日大坂城代となりかつ従四位下に叙せられる。同五年四月十一日京都所司代に任じられ侍従となり、同八年五月十六日老中に任ぜられたが、同年八月五日病気により辞職、同十三年十二月十三日病身のため隠居、同十五年三月二日没、十日付で卒去の届けを出す。乾《けん》道元性承天院《どうげんせいしょうてんいん》と号す（「大河内家譜稿」九）。

信宝

信宝《のぶたか》は天保十三年十二月十三日襲封、翌日隼人正《はやとのかみ》を伊豆守に改めた。同十五年十月十七日没。実はこれよりのちの十一月二十日信宝に嗣子がなく、松平兵庫頭信敏《ひょうごのかみのぶとし》の嫡子信時《のぶとき》を婿養子とすることを許され、家督を賜ったのである。義関文礼寛量院《ぎかんぶんれいかんりょういん》と号した（「大河内家譜稿」十）。

信璋

信璋《のぶあき》（信時）は信宝の末期《まつご》に及んで養子となり、弘化《こうか》元年（一八四四）十二月二十九日遺領を継ぐ。同三年十二月十六日従五位下伊豆守に叙任、嘉永《かえい》二年（一八四九）七月二十七日没。

実は嗣子がないので養父信宝の女を養女とし、越前鯖江《えちぜんさばえ》藩主間部《まなべ》下総守詮勝《あきかつ》の二男理三郎詮信《あきのぶ》を婿養子として、死去は九月二十四日付として届けた。心庵宗林万機院《しんあんそうりんばんきいん》と号す（「大河内家譜稿」十二）。

信古

信古《のぶひさ》（詮信）は信璋の末期養子となり、嘉永二年十一月十五日遺領を相続した。十二月十六日従五位下伊豆守に叙任、同六年三月晦日奏者番の勤仕《きんじ》を命じられ、安政《あんせい》六年（一八五九）二月十三日寺社奉行加役、文久《ぶんきゅう》二年（一八六二）六月晦日大坂城代となり従四位下に叙せられ、元治《げんじ》二年（一八六五）二月十五日まで勤仕した、明治二年（一八六九）六月十七日版籍《はんせき》奉還《ほうかん》、十九日豊橋藩と改称したが、同四年七月十四日廃藩となる。この間石高は七万石、江戸城の詰間は雁間詰、葬地は武蔵国新座野火止平林寺である。また明治になって松平から本姓大河内に戻している（「大河内家譜稿」十二）。

大河内正信の一族

信綱の養父正綱《まさつな》に元和《げんな》六年（一六二〇）実子左門《さもん》が生まれ、信綱は別に一家を立てることを決意し、正永《まさなが》を信綱に改めたことはすでに述べた。左門のちの利綱《としつな》は寛永十三年（一六三六）十二月二十九日従五位下佐渡守《さどのかみ》に叙任したが、正保元年（一六四四）六月十七日父に先立ち死去した。慶安元年六月二十二日正綱が死去し、利綱の弟正信が同年七月二十日遺領相模国甘縄《さがみのくにたまなわ》二万二一〇〇石余のうち二万石余を領し、新墾田を合わせて三〇〇〇石の地を弟季綱《すえつな》（のち正朝《まさとも》）に分与した。正信は元禄三年四月二十七日致仕し、嫡子正久《まさひさ》が同年四月二十七日襲封し、新墾田三〇〇〇石を弟正基《まさもと》に分かち与えた。同十六年二月十日甘縄を転じて上総国大多喜《おおたき》城《じょう》に移された。以後正貞《まささだ》・正温《まさはる》・正升《まさのり》・正路《まさみち》・正敬《まさたか》・正《まさ》義《よし》・正和《まさとも》・正質《まさただ》と大多喜二万石を継いでいる（『寛政重修諸家譜』）。

信興・輝貞

一方、信綱の五男信興は常陸国土浦城主となり、京都所司代まで昇ったが、元禄四年閏八月京都で没した。信興の死去に際して嗣子がまだ決まってなかったので、彼の勤仕を思し召し、元禄四年九月二十五日輝貞を養子とし遺領の相続がなされた。輝貞は輝綱の六男で、寛文五年（一六六五）に生まれ、同十二年二月九日輝綱の遺領のうち五〇〇〇石を分かたれ、信興の遺領を継ぐと采地《さいち》は収められた。綱吉の御側に進み、元禄五年二月二十三日土浦を改め下野国壬生《みぶ》城を賜い、七年八月二十七日柳沢保明（吉保）に副えて諸事の沙汰を命じられ側用人とされ一万石を加賜、十二月九日従四位下に昇り、右京《うきょう》大夫《たゆう》に改める。八年五月十日一万石を加えられ、壬生を転じて上野国高崎城に移された。これよりのち居邸に綱吉の渡御は二三度に及び、柳沢吉保に次いで綱吉の寵愛を受け、吉保の養女を室としている。十四年正月十一日一万石を加増、十二月十一日侍従に進んだ。宝永元年十二月二十六日また一万石の加増がありすべて七万二〇〇〇石となった。

綱吉が死ぬと六年正月十七日務を免された。七年五月二十三日越後国村上城に移されたが、享保二年正月十一日これよりのち溜間に候し、所司代・城代のように拝謁すべき旨吉宗《よしむね》の命があった。そして二月十一日村上を転じて旧領に復し再び高崎城を賜った。同十五年七月十一日老中格とされるが加判には及ばざる旨仰せを蒙る。延享二年十二月十一日辞職を請い致仕した。

輝規とその子孫

次の輝規《てるのり》は信綱四男信定の十男で輝貞の養子となり、その跡を継いだ。次の輝高《てるたか》は奏者番・大坂城代・京都所司代を経て老中になり、明和八年十二月十五日一万石を加えられ八万二〇〇〇石となり、本家の石高を凌ぎ以後石高も城地も変更がなかった。輝高以後は輝和《てるやす》・輝延《てるのぶ》・輝承《てるよし》・輝徳《てるあきら》・輝充《てるみち》・輝聴《てるとし》・輝声《てるな》と継いで廃藩に至った。この間輝延も奏者番・寺社奉行・大坂城代から老中に昇っている（『寛政重修諸家譜』）。

『大河内家譜』

さてここで『寛政重修諸家譜』と並んで信頼に足る編纂物の「大河内家譜」（『豊橋市史』第六巻）について触れよう。これは最初松平信輝によって全一巻として作成されたが、その後松平信祝によって本格的な家譜編纂が行われた。享保十九年藩祖 源 頼政《みなもとのよりまさ》より信輝までの四巻ができ、寛延年間に信祝、安永年間に信復・信礼の代が順次成立し、宝暦末頃に至って完成をみた。その編目は、序目、一・自清和《せいわ》到久綱、二・信綱、三・輝綱、四・信輝、五・信祝、六・信復、七・信礼となっている。これらの浄書本は国文学研究資料館受託の大河内家文書の中に現存する。

次いで松平信明について享和三年までのものが「大河内家譜八」として編まれ、信明

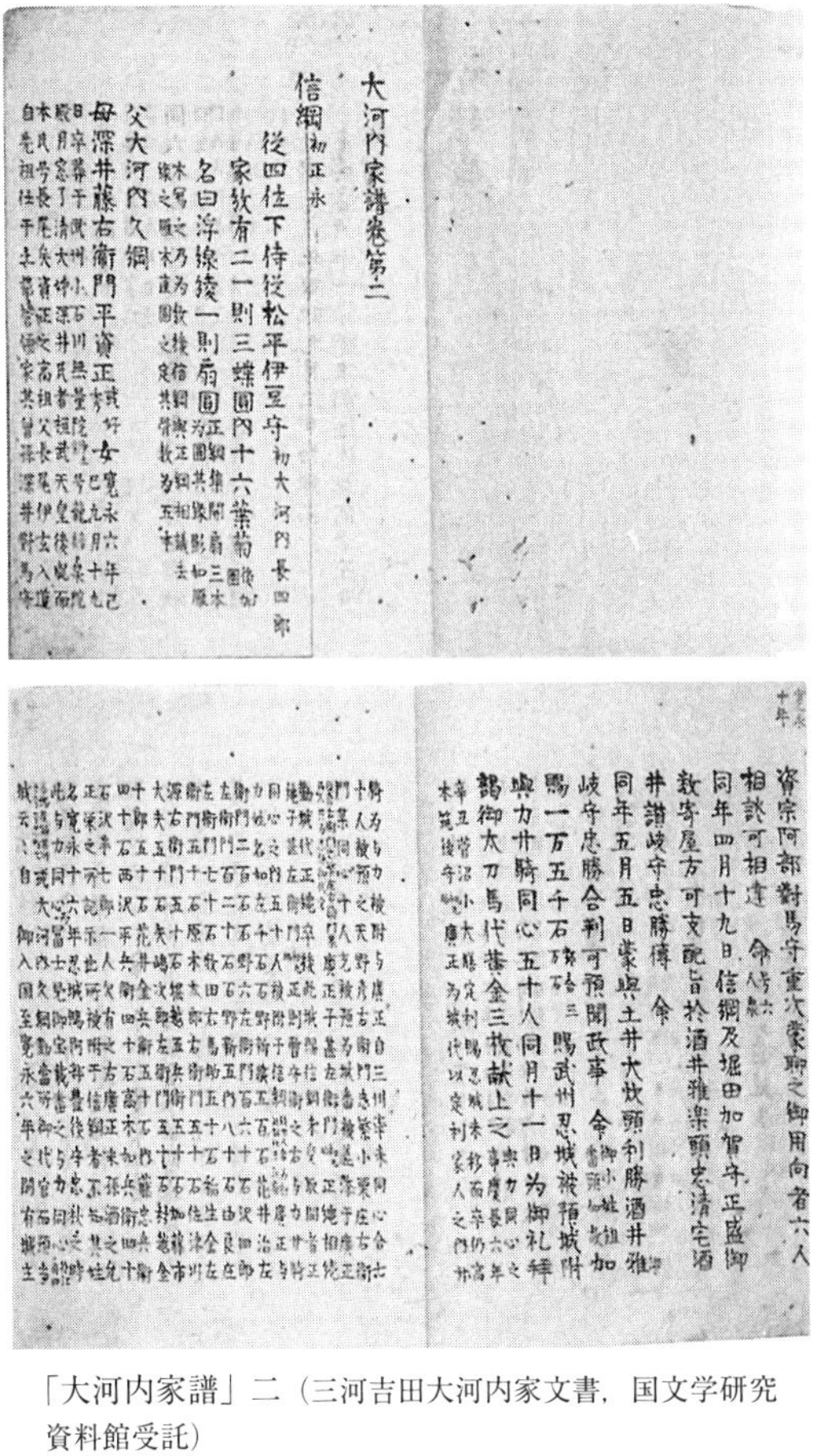
大河内家譜巻第二
信綱 初正永
従四位下侍従松平伊豆守 初大河内長四郎
父大河内久綱
母深井藤右衛門平資正女

「大河内家譜」二（三河吉田大河内家文書，国文学研究資料館受託）

全12巻のうち信綱の冊．信輝ついで信祝による家譜編纂，享保19年成立．

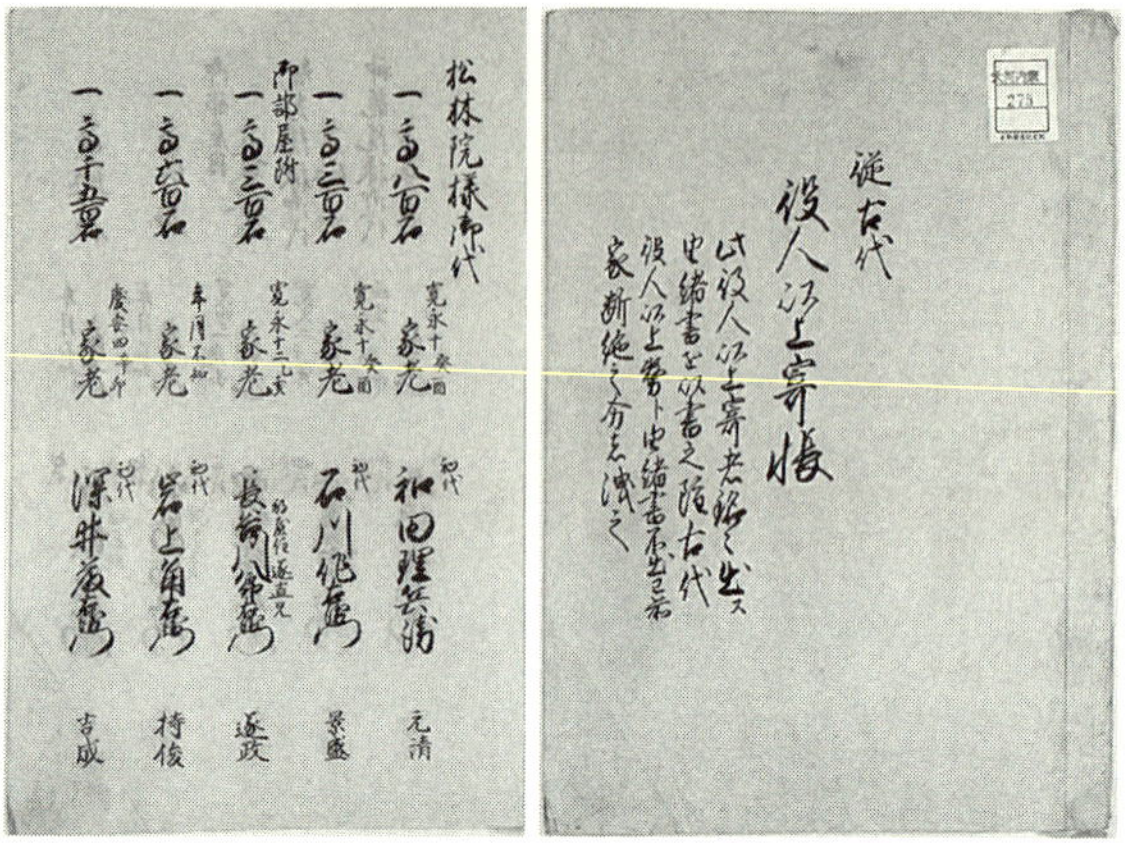

「従古代役人以上寄帳」(三河吉田大河内家文書，国文学研究資料館受託)

明和２年頃成立.

の死後の文政年間に信明一代の記録ができあがった。この両書の原本は焼失して現存しないが、浄書本とは異なる「大河内家譜」とともに、写本が豊橋市民文化会館に所蔵されている。このほかに「大河内家譜稿」として信復から信古までの家譜の草稿があり、その編目は、六・信復、七・信礼、八・信明、九・信順、十・信宝、十一・信璋、十二・信古となっている。八を除く「大河内家譜」「大河内家譜稿」は大河内元冬氏が所蔵し、国文学研究資料館に寄託している。ほかに「大河内支流譜」「大河内家譜附録」「源三位余裔譜」「別録」がある。そして「大河内家譜」一〜十二は『豊橋市史』

第六巻に収載されているのである。

「従古代役人以上寄帳」

このほか大河内家文書には明和二年ごろ成立した「従古代役人以上寄帳」(『川越市史』史料編・近世I)があり、『豊橋市史』第六巻にはこれと同名の豊橋市の和田肇氏所蔵のものが収載されている。これは大河内松平家の初代信綱以降信古までの役人以上の名簿で、寛永八年から明治二年に至る二三八年間の役人が、俸禄・就任年月・役格・家累代・前姓・名乗が年代順に詳記してある。天保初期の写しで以後は書き足している。

五　明治以降の大河内家

子爵に叙せらる

版籍奉還・廃藩《はいはん》置県《ちけん》によって旧大名家は解体され、明治二年(一八六九)公家・諸侯を統一して華族《かぞく》が創設され、四年皇室の藩屛《はんぺい》として位置付けられた。十七年華族が制度化され、五《ご》爵制《しゃくせい》が定められ、五〇四家が爵位を得た。大河内一族の三家(三河吉田・上総大多喜・上野高崎)はともに子《し》爵《しゃく》に叙せられた。

大河内正敏

豊橋藩主大河内信古《のぶひさ》ののちは信好《のぶよし》・正敏《まさとし》・信定《のぶさだ》そして現在の当主元冬氏に至るが、この間特筆すべきは正敏であろう。正敏は大多喜大河内家の正質《まさただ》の長男として明治十一年に生まれ、信好の養子となり、同三十一年信好の妹一子《かずこ》と婚姻、同四十年に亡くなった信好の家督を継いだ。信好は維新後暴落した東京の土地を買い、豊かな資産を築いていた。実父正質が明治天皇の馬御用掛をしていた関係で幼少より明治天皇に可愛がられ、学習院初等科の時大正天皇の学友に選ばれ宮中で過ごした。

東京大学工学部造兵科を卒業、ドイツ・オーストリアに留学し、東大工学部造兵科教授、貴族院議員となり、大正六年（一九一七）理化学研究所を設立、のち三代目所長に就任、戦後戦犯容疑で巣鴨拘置所に収監、のち釈放されたが、同二十七年死去した。

理化学研究所

理化学研究所は高峰譲吉《たかみねじようきち》らが国民科学研究所構想を唱え、渋沢栄一《しぶさわえいいち》らが後ろ盾になり、大正四年三十七回帝国議会で理化学研究所創立が決議された。翌々六年渋沢栄一を設立総代として、皇室下賜金・政府補助金・民間の寄付金を基に財団法人として東京市本郷区駒込に設立された。発足当初から資金難に悩まされ、この危機を打開するために正敏が所長に選ばれた。正敏は研究員制度を導入、主任研究員には大幅な自由裁量を与え、帝国大学の教官と兼務でもよく、研究室を大学に置くことも自由で、全国の大学から優秀な人材が集まった。主任研究員が予算と人事権を握り、自主的にテーマを決めて活性化したが、財政の困窮を招いた。正敏は「理研ヴィタミン」などの工業化を計り、昭和二年（一九二七）発明・発見の特許の成果を工業化するため理化学興業を設立、関係六十数社の理研コンツェルンを形成しその総帥となった。主任研究員としては、鈴木梅太郎・寺田寅彦《とらひこ》・中谷《なかたに》宇《う》吉郎《きちろう》・長岡半太郎・嵯《さ》峨《が》根《ね》遼吉《りょうきち》・池田菊苗《きくなえ》・本多光太郎、ノーベル物理学賞受賞の湯川秀樹・朝永《ともなが》振《しん》一郎《いちろう》、理研サイクロトロンの仁科芳雄ら著名な学者たちを輩出し、日本の物理学界をリードした学者たちが名を連ねている。戦後正敏の公職追放によりコンツェルンは解体された。そして昭和二十八年株式会社科学研究所、三十八年特殊法人理化学研究所、そして独立行政法人理化学研究所となって現在に至っている（大河内眞『大河内一族』ほか）。

正敏の子

正敏には信威《のぶたけ》・信敬《のぶひろ》・信敏・信定・信秀の男子五人がおり、正敏の没後は信定が家督を相続、現在はその長男元冬が跡を継いでいる（敬称略）。

おわりに

執筆を終わるに当たって松平信綱について歴史的評価を与えてみよう。

将軍への奉仕

信綱の生涯の大部分は、家光《いえみつ》・家綱《いえつな》二代にわたる五九年に及ぶ将軍への奉仕であった。特に家光との関係は、小姓に付けられて以来四七年に及んだのである。

幕藩体制の確立に尽力

信綱は最初は土井利勝《としかつ》・酒井忠勝《ただかつ》らに次いで阿部忠秋《ただあき》らと老中《ろうじゅう》として、「武家諸法度《ぶけしょはっと》」の改定、参勤交代《さんきんこうたい》制の制定、軍役の制定、老中制の確立、島原の乱の鎮圧、「鎖国《さこく》」体制の完成に貢献し、寛永《かんえい》飢饉を克服した。家光死後は幼い家綱を補佐して、由比《ゆい》正雪《しょうせつ》らの慶安《けいあん》事件を処理し、明暦《めいれき》の大火《たいか》の復興を果たし、幕政の確立に努力した。彼は柳川一件《やながわいっけん》の処理にも関与し、島原の乱後もポルトガル船の来航禁止や沿岸警備体制の整備など対外関係にも努力し、「鎖国」の完成にも大きな役割を果たしたのである。

信綱は外様《とざま》大藩などの意向を承けて将軍との取次《とりつぎ》を務め、その的確な指南によって萩藩や庄内藩などの存立を助け、大名をまさに幕府の藩塀《はんべい》として位置付け、幕府＝将軍を中心とした藩が確立できるよう、すなわち幕藩体制の確立を意図したといえる。

細やかな藩政の展開

また二三年余にわたって、川越藩主として藩政の確立をもたらした。

信綱の実父大河内《おおこうち》金兵衛久綱《ひさつな》は代官で地方奉行《じかたぶぎょう》も勤め、養父正綱《まさつな》は勘定頭《かんじょうがしら》を勤めたように、その影響か彼も計数に大変明るかった。忍《おし》・川越の藩領村に出される毎年の年貢割付状《ねんぐわりつけじょう》は、年月日の下に信綱の黒印が捺されるだけでなく、継目印《つぎめいん》や訂正印さえも小形の信綱印が捺される。すなわち個々の領村の年貢等にまで気遣いをするとともに、老中として常に江戸城ないし江戸屋敷にいながらも領分支配にも気を配っていたのである。領村を支配する代官らから国家老の和田理兵衛を通じて、江戸の信綱に指示を仰ぎ、逆に信綱から国元へ指示や返答がなされ、きめ細かな藩政が展開した。

家光の評価

家光は「いにしへよりあまたの将軍ありといへども、我ほど果報の者はあるまじ、右の手は讃岐《さぬき》、左の手は伊豆《いず》」(「空印言行録」)といって、酒井忠勝と信綱が幕府の確立に大きく寄与したことを褒めている。その忠勝は阿部忠秋に「信綱とは決して知恵比べをしてはならない。あれは人間と申すものではない」とその知才に驚嘆している。また家光も「伊豆守のごとき者をいま一人持ったならば心配はないのだが」と信綱への信頼の情を小姓の三好政盛《みよしまさもり》に語っている。

徳川家を支える者

家光が死んだとき、堀田正盛《ほったまさもり》や阿部重次《しげつぐ》らが殉死し、追い腹をしない信綱に批判が集まったが、信綱は「二君にまみえず」とは、違う家に仕えることを指し、前代に御恩を蒙っている皆が殉死したら誰が徳川家《とくがわけ》を支えるのかと反論したのである。

信綱の才知

信綱は家光の小姓のころから「知恵」に勝れ、数々の逸話を残している。しかも知恵だけでなく、家光・家綱に対する限りない忠節心がそこに現われている。

しかし信綱の人望は今一つのところがあり、「才あれど徳なし」ともいわれた。信綱は茶の湯も謡いや舞い、碁将棋なども好まなかった。閑の時には心安い者たちを集め、理屈話をし公事沙汰《くじさた》のことを問答して慰みとし暮らしたといわれる。

阿部忠秋の評価

よき同僚の阿部忠秋は、何事によらず信綱が言うことは早い。自分などは後言いで、了簡がないわけではないが、二つ三つのうちいずれにしようかと決断し兼ねているうち、信綱の申すことは了簡のうちにあると、その才知のほどを褒めている(「事語継志録《じごけいしろく》」)。また信綱は下戸で酒をたしなまかったが、忠秋は上戸であった。ある時信綱が忠秋に向かい、上戸は酒を飲むといきり立ち武闘もする様子に見えるが、酒を飲まぬ時は馬鹿馬鹿しく気抜けし薄どん(薄ぼんやりの意か)に見えると言うと、忠秋は上戸の酒を飲まぬ時の顔色は薄どんに馬鹿馬鹿しく見える。とりも直さず下戸の顔色と同じことだと答えている（『玉埃録』）。

川越藩政の確立

また松平信綱が川越藩主の時代に実施した施策は、寛永大火後の川越城再建と城下町整備、喜多院《きたいん》・仙波東照宮《せんばとうしょうぐう》の再建、新河岸舟運の開設、治水事業、慶安総検地《そうけんち》、野火止用水の開削と武蔵野開発、そして勧農政策を挙げることができる。すなわち、新田開発・治水などによって農民の生産条件を安定させるとともに、検地によって水田地帯などの小農民の自立を体制的に確認し、同時に城下町川越と周辺市場の構造を農民の分業関係に基づく必需物資交換の場として再編成したのであって、川越藩政の確立にも大きく寄与したのである。

「小江戸」川越

川越は江戸に最も近い城下町の一つで、川越街道や新河岸舟運によって江戸との交通・運輸が頻繁になされ、城下町商業も発展した。中心街に並ぶ蔵造りの店舗群は、古き江戸の町並みを彷彿させ、「小江戸」と呼ばれる。今残る本丸御殿や由緒ある周辺の寺社とともに観光客を集めるが、その基礎を創ったのは松平信綱であるといっても過言でなかろう。川越の都市的発展は大正十一年（一九二二）十二月埼玉県で最初の市制を布いたことでも理解される。

松平信綱は川越市民や周辺の民衆にとっても、最も記憶される藩主であったのである。

松平信綱関係系図（ゴチックは大名、═は養子）

頼政〈源氏〉─兼綱─頴綱〈大河内氏〉┄秀綱

秀綱─久綱─信綱
　　└正綱
久綱─重綱─信久─信相─久豊─豊貫─久雄

正次〈松平（長沢）氏〉═**正綱**═**信綱**

信綱
├千万〈出羽鶴岡酒井忠当妻〉
├**輝綱**─**信輝**─**信祝**─**信復**─**信礼**─**信明**
│　└輝貞
├吉綱
├亀〈下総古河土井利隆妻〉
├某〈伊織〉
├信定─信望═信直─信睦═信譲═信敬
├**信興**═**輝貞**═**輝規**─**輝高**─**輝和**〈上野高崎〉
└久満〈秋元泰朝二男忠朝妻〉

多阿（尼）

堅綱＝信義＝信連＝信応＝信成＝信行

百（肥前平戸松浦棟妻）

八

信順―**信宝**＝**信璋**＝**信古**―信好＝正敏―信定―元冬

正信―**正久**―**正貞**＝**正温**―**正升**―**正路**〈上総大多喜〉

正朝＝為政―正億＝正方＝正愛＝正卜

老中一覧

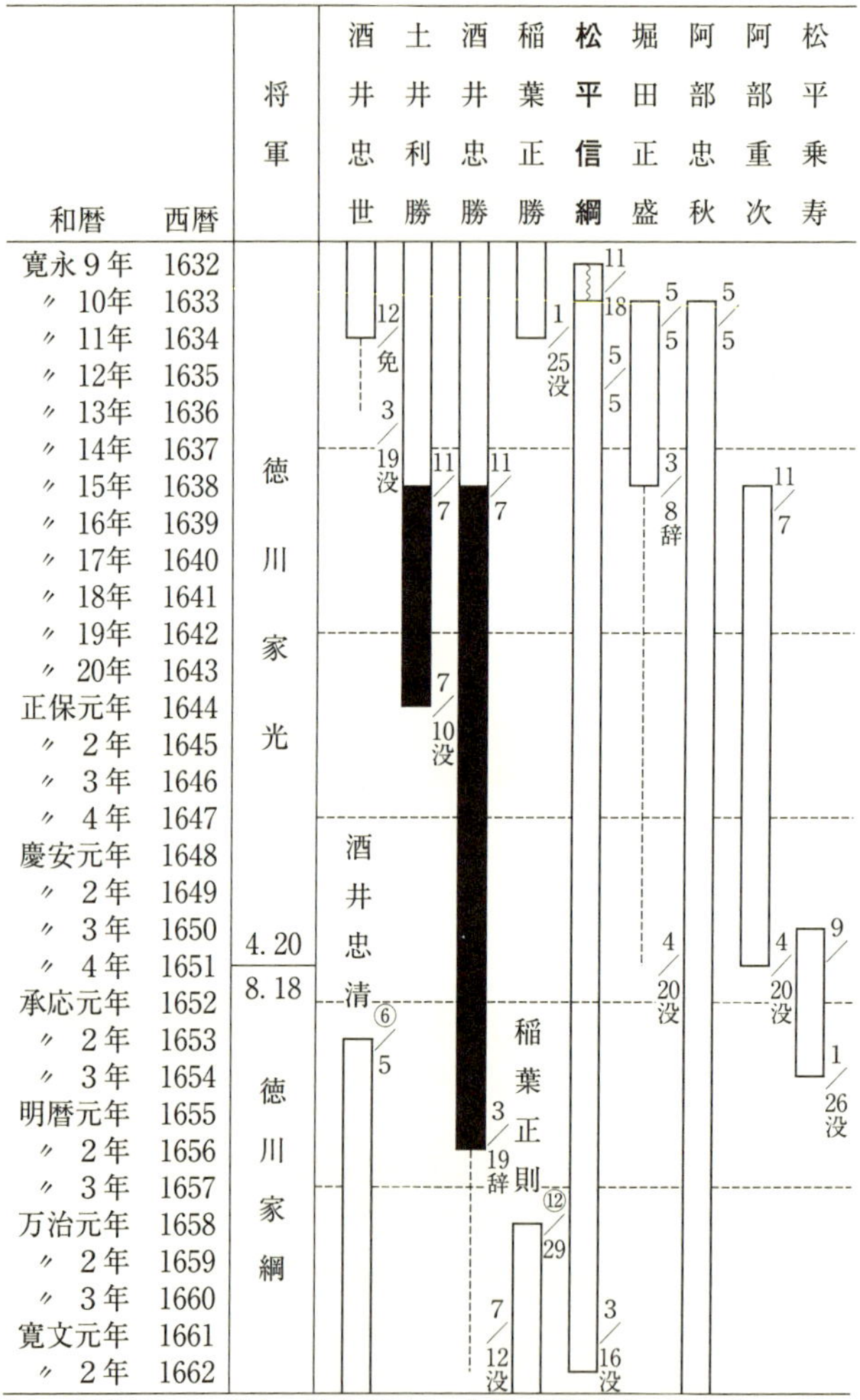

注）白棒グラフ＝老中，黒棒グラフ＝大老，波線入り＝老中並，-----＝役後無役．寛永10年に老中を退任した青山幸成・内藤忠重・永井尚政はこの表から除いてある．

略年譜

年次	西暦	年齢	事蹟	参考事項
慶長元	一五九六	一	一〇月晦日誕生（一説二九日）幼名長四郎また三十郎・諱正永	
二	一五九七	二		六月慶長の役始まる
三	一五九八	三		八月一八日豊臣秀吉没〇一一月二〇日朝鮮より撤退完了
五	一六〇〇	五		五月三日徳川家康会津上杉景勝攻めを命じる〇九月一五日関ヶ原の戦い
六	一六〇一	六	叔父松平正綱の養子となる	一月東海道に伝馬制〇五月伏見に銀座設置
八	一六〇三	八	九月三日初めて秀忠に拝謁〇一一月五日正綱に従い伏見で家康に謁す	二月一二日徳川家康征夷大将軍に任ぜられ江戸幕府を開く
九	一六〇四	九	七月二五日家光に小姓として奉仕、合力米三人扶持を賜う	七月一七日家光誕生〇この年諸街道に一里塚を築く
一〇	一六〇五	一〇	二月三日二人扶持を賜り五人扶持となる	四月一六日徳川秀忠征夷大将軍に任ぜられる
一一	一六〇六	一一		一二月八日慶長通宝鋳造、永楽銭通

				用停止
慶長一二	一六〇七	二二		七月三日家康駿府城に移徙
一四	一六〇九	二四		二月二六日島津家久琉球出兵○七月七日琉球を島津氏所管
一五	一六一〇	二五	二月三日袖を塞ぐ○この年より翌年まで病気	
一六	一六一一	二六	一一月一五日前髪を取る	三月二六日家康二条城で豊臣秀頼を引見
一八	一六一三	二八	一月二八日井上正就女を娶る	
一九	一六一四	二九		一〇月一日～一二月二〇日大坂冬の陣
元和元	一六一五	三〇		四月六日～五月七日大坂夏の陣、豊臣氏滅亡○閏六月一三日一国一城令
二	一六一六	三一		四月一七日家康死去
三	一六一七	三二		四月八日家康霊柩を日光移葬
六	一六二〇	三五	一月二〇日采地五百石を賜う○一二月下旬正綱実子左門生まれる○この年信綱と改める	三月浅草米蔵を建てる
九	一六二三	三八	六月一五日小姓組番頭、三百石加賜○七月家光上洛に供奉、京都で従五位下伊豆守に叙任	七月二七日徳川家光征夷大将軍に任ぜられる
寛永元	一六二四	三九	五月一六日千二百石を加え都合二千石となる	一一月二八日徳川和子中宮となる
二	一六二五	四〇	一〇月八日榎本弥左衛門忠重生まれる	この年日光杉並木植樹開始
三	一六二六	四一	七月一二日家光上洛に供奉	閏四月二七日人身売買禁止

四	一六二七	三二	一月五日相模国高座・愛甲郡のうちで八千石加増、一万石となる○この年一橋門内に屋敷を賜う	
五	一六二八	三三		一〇月二八日江戸近郊鷹場令
六	一六二九	三四	九月一九日母深井好秀女死去	七月二五日玉室・沢庵ら配流（紫衣事件）○一一月八日後水尾天皇譲位
七	一六三〇	三五	五月一七日上野国白井・阿保村で五千石加増	
八	一六三一	三六		六月二〇日奉書船制度開始○この年糸割符を五か所とする
九	一六三二	三七	四月一三日日光社参供奉○一一月一八日年寄並勤仕なお小姓組番頭を兼ねる	一月二四日徳川秀忠没○一〇月二三日徳川忠長を改易
一〇	一六三三	三八	二月二九日谷中に下屋敷を賜う○三月二三日六人衆となる○四月一九日御数寄屋方支配○五月五日奉書加判（老中）、武蔵国忍城三万石を賜い、忍城の与力・同心を預けられる○一六日近江水口御殿の地を検する命○一八日来年の上洛の路次御殿の修補・供奉輩の旅宿沙汰を命じられる○一一月密旨を受け上総国佐貫に至る、喜多院境内に東照社建立	二月一六日軍役人数割制定○二八日奉書船以外の海外渡航禁止○三月二三日六人衆設置○五月五日松平信綱・堀田正盛・阿部忠秋老中に任ず○一二月六日忠長高崎で自殺
一一	一六三四	三九	六月家光上洛に輝綱を伴い供奉○二七日上洛途中駿府において番士の行軍を指揮○閏七月二九日従四位下に叙せられる○九月一三日日光社参に供奉	一月二五日老中稲葉正勝没○三月三日年寄・六人衆の分掌を定める○七月二三日家光上洛○二六日大坂・

				堺・奈良の地子銭を免除○閏七月一六日五万石以上・城主に家光の領知朱印状発給○二三日江戸城西丸火災○八月四日譜代大名の妻子を江戸に置く○一二月老中酒井忠世罷免
寛永一二	一六三五	四〇	六月二日安宅丸船遊びの時国俊の刀を拝領○一〇月六日板橋辺遊猟の士卒隊伍を分かつべく阿部忠秋と赴く○二九日小姓組番頭兼務を免ぜられる○一二月三日先に駿府城火災により同地に赴き監督	三月一一日国書改竄事件（柳川一件）裁決○一一月一五日老中月番制
一三	一六三六	四一	三月二八日家光日光社参の留守命○一二月一二日日光に赴き朝鮮信使参拝の作法を司る○二四日帰府ののち礼曹書・土宜方物を贈り信綱も返翰音物を与える	一月八日諸大名に江戸城改築を命じる○四月一〇日日光東照社大造替完成○一二月一三日朝鮮通信使家光に謁見
一四	一六三七	四二	九月一八日家光の遊覧に備え阿部忠秋と踊りを興行○一〇月一日鷹場内御殿茶屋巡察○一六日家光信綱邸に渡御○一一月二七日キリシタン一揆討伐命○一二月三日嫡子輝綱を伴い江戸を出発○十六日戸田氏鉄とともに大坂に至る	八月一五日江戸城本丸改築竣工○一〇月二五日島原の乱起こる○一一月九日板倉重昌・石谷貞清を派遣
一五	一六三八	四三	一月二日肥前国寺井に至る○一九日オランダ船原城攻撃○二月二七日鍋島勝茂の兵抜駆け○二八日一揆勢誅伐、細川忠利天草四郎の首を送る、川越	一月一日板倉重昌戦死○三月八日堀田正盛老中辞任○五月二日諸大名の隣国出兵の禁緩和、五百石以上の商

			大火○三月一日原城を破却一揆勢を梟首○四月三日松倉勝家・寺沢堅高を小倉に招き、勝家は森長継に預け、堅高は天草四万石を削る○五月一二日帰府○一三日家光に拝謁報告○一一月七日阿部忠秋・阿部重次とともに大番・寄合等の指揮命○一二月喜多院再建○この年寺尾河岸成立	船建造許可○九月一三日キリシタン宗門厳禁、訴人に褒美○一一月七日土井利勝・酒井忠勝を大老に阿部重次を老中に任じる
一六	一六三九	四四	一月五日武蔵国川越に六万石で転封○四月二三日川越への暇を賜う○八月一四日江戸城本丸火災により営作奉行○二三日忠秋・重次とともに大奥厨房のことを承る	七月四日ポルトガル船来航禁止○八月一一日江戸城本丸炎上
一七	一六四〇	四五	四月日光社参に供奉	四月五日江戸城本丸完成、家光移徙○六月一八日ポルトガル使節船を焼き乗組員を斬首
一八	一六四一	四六	五月一一日日光東照社修造奉行○八月二一日先に二丸普請助役の家臣等褒賞○一〇月三日日光造営落成褒賞	五月一七日平戸オランダ商館を長崎出島に移す
一九	一六四二	四七	八月三日家綱誕生を賀し御膳を献ず○九月六日崇源院十七回法会奉行○二九日日光相輪橖建立により日光を検す	五月八日前年よりの飢饉により諸国に巡察使派遣決定
二〇	一六四三	四八	七月朝鮮信使来聘○九月八日即位を賀す家綱の使として京都に赴く命○一〇月一日東福門院御所で	三月一一日田畑永代売買を禁止

正保 元	一六四四	四九	仰せを述べる○三日明正上皇御所に行幸、鳳輦に扈従○二七日参内龍顔を拝す○一一月一日勅答を承る○四日侍従に進む	七月一〇日大老土井利勝没○一二月二五日国絵図・郷帳作成を命じる
二	一六四五	五〇	二月二六日品川御殿にて訴訟の裁断○四月二九日日光山に至り普請地を検す	一一月一一日東照社に宮号授与
三	一六四六	五一	四月三日実父大河内久綱死去○二五日喪を解く	三月一〇日日光例幣使開始○四月一七日伊勢奉幣使再興
四	一六四七	五二	七月五日常陸府中・武蔵羽生領で一万五千石加増、七万五千石○この年騎西領を検地	六月二四日ポルトガル船二隻長崎に来航、九州諸藩包囲○八月通商拒否帰帆させる
慶安 元	一六四八	五三	一月台徳院十七回法会奉行○四月日光社参に供奉○六月二二日養父正綱死去○この年川越領を検地	
二	一六四九	五四	一月二五日信綱「三芳野天神縁起」を奉納○八月三日杖を賜わる○二九日伊豆国熱海温泉に浴す暇を賜わる○一〇月一日玄猪の餅を賜い阿部忠秋奉書をもって送る	二月若年寄を廃止
三	一六五〇	五五		九月松平乗寿西丸老中に任命
四	一六五一	五六	四月家光不予、営中伺候寄託の命を蒙る○六月九日東叡山大猷院霊屋造立助役、輝綱監督○七月二	四月二〇日徳川家光没、堀田正盛・阿部重次ら殉死○五月六日家光を日

			三日家臣奥村時澄ら由比正雪・丸橋忠弥ら徒党の謀計を訴える（慶安事件）○九月二五日川越氷川神社祭礼創始○一〇月一七日日光大猷院廟に参拝の暇を賜う	光山に葬る○七月九日刈谷藩主松平定政出家○二三日丸橋忠弥ら捕縛○二六日由比正雪ら駿府で自殺○八月一八日徳川家綱征夷大将軍に任ぜられる
承応 元	一六五二	五七	六月一三日東叡山霊屋落成褒賞	九月一三日別木（戸次）庄左衛門らを捕縛（承応事件）
二	一六五三	五八	一月信綱、椎名兵庫に命じ多賀町時の鐘鋳造○七月一九日日光霊屋参拝の暇を賜う○八月野火止新田開発	閏六月五日酒井忠清老中上首に任ぜられる
三	一六五四	五九	一月一三日台徳院二十三回法会を承り病気により輝綱勤仕命	一月二六日老中松平乗寿没○六月二〇日玉川上水完成
明暦 元	一六五五	六〇	三月二〇日野火止用水完成○一〇月三日朝鮮信使来聘の時酒井忠勝とともに使を承る	四月二四日糸割符廃止、相対貿易とする
二	一六五六	六一	七月三日川越仙波東照宮正遷宮名代	三月一九日酒井忠勝大老辞任
三	一六五七	六二	一月一九日江戸大火で居邸・別荘延焼○二月二九日万人塚（回向院）建立を承る○四月大猷院七回忌法会奉行	一月一八日・一九日江戸大火（明暦の大火）江戸城本丸・二丸焼失○吉原遊郭を移転
万治 元	一六五八	六三	九月一〇日崇源院三十三回法会奉行○この年「松林院様御代分限帳」作成	六月二四日明人鄭成功援兵を要請、幕府拒否○九月八日定火消設置○閏一二月二九日稲葉正則老中就任

万治 二	一六五九	六四	七月一六日阿部忠秋と鬮を引き修補奉行に当たり暇を賜う○八月一二日禁裏へ献上○一五日東福門院より召され後水尾法皇に拝謁、質問に謹答○一一月二〇日東叡山大猷院廟・慈眼大師廟塔修補助役、輝綱・家臣ら褒賞	八月三日江戸城本丸御殿竣工○九月五日家綱本丸移徙
三	一六六〇	六五		六月一八日火薬庫への雷火により大坂城破壊○一一月三日幕政批判の上書を呈した佐倉藩主堀田正信を改易
寛文 元	一六六一	六六	一月二〇日居邸焼亡○二一日寝具賜与○二月七日文房具八丈縞を賜わる	一月一五日京都大火○二〇日江戸大火
二	一六六二	六七	一月病に臥す○一二日病気により御数寄屋方支配免除○三月一六日死去、松林院殿乾徳全梁大居士と号す○一八日武蔵国岩槻平林寺に葬る	二月二二日若年寄再置○五月一日京都大地震○七月一二日酒井忠勝没
三	一六六三		平林寺を武蔵国野火止に移し信綱墓も移葬	五月二三日武家諸法度を改定、殉死を禁止

主要参考文献

一　史料・自治体史

『新訂寛政重修諸家譜』第四　続群書類従完成会
黒板勝美編　新訂増補国史大系四〇・四一『徳川実紀』第三・四篇　吉川弘文館
川越市市史編纂室編『川越市史』第三巻〔近世〕　川越市　一九八三年
川越市市史編纂室編『川越市史』史料編近世Ⅰ〔藩政史料編〕　川越市　一九七八年
川越市市史編纂室編『川越市史』史料編近世Ⅱ〔町方史料編・寺社史料編〕　川越市　一九七七年
川越市市史編纂室編『川越市史』史料編近世Ⅲ〔村方史料編〕　川越市　一九七二年
埼玉県編『新編埼玉県史』通史編3・近世1　埼玉県　一九八八年
埼玉県編『新編埼玉県史』資料編10〜17・近世1〜8　埼玉県　一九七九—九〇年
豊橋市史編集委員会編『豊橋市史』第六巻　豊橋市　一九七六年
榎本弥左衛門著・大野瑞男校注『榎本弥左衛門覚書』（東洋文庫）　平凡社　二〇〇一年

二　松平信綱

中村彰彦『知恵伊豆と呼ばれた男　老中松平信綱の生涯』　講談社　二〇〇五年
藤野　保「松平信綱と阿部忠秋」（北島正元編『江戸幕府―その実力者たち―（上）』）　国書刊行会　一九八三年
大野瑞男「近世前期譜代藩領農村の特質―川越領を中心に―」（寳月圭吾先生還暦記念会編『日本社会経済史研究』近世編）　吉川弘文館　一九六七年
大野瑞男「近世前期川越藩政の基調―松平信綱の農政の性格―」（『地方史研究』一〇六）　一九七〇年
大野瑞男「関東における譜代藩政の成立過程」（『関東近世史研究』一五）　一九八三年
大野瑞男「近世前期老中奉書の研究―松平信綱加判奉書を中心に―」（『東洋大学文学部紀要史学科篇』二七号）　二〇〇二年
大野瑞男「老中奉書と老中制度」（大野瑞男編『史料が語る日本の近世』）　吉川弘文館　二〇〇二年
大野瑞男「大河内松平家と江戸幕府日記」（『日本歴史』六七七号）　二〇〇四年

三　幕政

山本博文『寛永時代』　吉川弘文館　一九八九年
山本博文『幕藩制の成立と近世の国制』　校倉書房　一九九〇年
山本博文『鎖国と海禁の時代』　校倉書房　一九九五年
藤井譲治『江戸幕府老中制形成過程の研究』　校倉書房　一九九〇年
藤井譲治『徳川家光』（人物叢書）　吉川弘文館　一九九七年
藤野保『徳川幕閣・武功派と官僚派の抗争』（中公新書）　中央公論社　一九六五年
藤野保編『徳川幕閣のすべて』　新人物往来社　一九八七年
進士慶幹『由比正雪』（人物叢書）　吉川弘文館　一九六一年

四　島原の乱

岡田章雄『天草時貞』（人物叢書）　吉川弘文館　一九六〇年
海老沢有道『天草四郎』　人物往来社　一九六七年
助野健太郎『島原の乱』　東出版　一九六七年
煎本増夫『島原の乱』　教育社　一九八〇年
鶴田倉蔵編『原史料で綴る天草島原の乱』　本渡市　一九九四年

神田千里『島原の乱・キリシタン信仰と武装蜂起』（中公新書）　中央公論社　二〇〇五年
大橋幸泰『検証島原天草一揆』（歴史文化ライブラリー）　吉川弘文館　二〇〇八年
桑田忠親他編『島原の乱図・戦国合戦図』　中央公論社　一九八八年

五　図録

『女帝明正天皇と将軍家光―松平信綱とその時代―』　埼玉県立博物館　一九九七年
『徳川三代の時代と川越』（開館10周年特別展）　川越市立博物館　二〇〇〇年
『伊奈町史別編　伊奈氏一族の活躍』　埼玉県伊奈町　二〇〇八年
『徳川三代と忍藩』（市制施行60周年記念　第23回企画展）　行田市郷土博物館　二〇〇九年

著者略歴

一九三一年生まれる
一九五八年東京大学大学院修士課程修了
文部省史料館研究員・国文学研究資料館教授・
東洋大学文学部教授を経て、
現在　東洋大学名誉教授、博士(文学)

主要著書

江戸幕府財政史論　榎本弥左衛門覚書　史料が
語る日本の近世(編著)　江戸幕府財政史料集成
上・下(編)　川越市史(第三巻)

人物叢書　新装版

松平信綱

二〇一〇年(平成二十二)九月一日　第一版第一刷発行

著　者　大野瑞男《おおのみずお》

編集者　日本歴史学会
代表者　笹山晴生

発行者　前田求恭

発行所　株式会社 吉川弘文館
東京都文京区本郷七丁目二番八号
郵便番号一一三—〇〇三三
電話〇三—三八一三—九一五一〈代表〉
振替口座〇〇一〇〇—五—二四四
http://www.yoshikawa-k.co.jp/
印刷＝株式会社 平文社
製本＝ナショナル製本協同組合

ISBN978-4-642-05258-0

『人物叢書』(新装版)刊行のことば

人物叢書は、個人が埋没された歴史書が盛行した時代に、「歴史を動かすものは人間である。個人の伝記が明らかにされないで、歴史の叙述は完全であり得ない」という信念のもとに、専門学者に執筆を依頼し、日本歴史学会が編集し、吉川弘文館が刊行した一大伝記集である。

幸いに読書界の支持を得て、百冊刊行の折には菊池寛賞を授けられる栄誉に浴した。

しかし発行以来すでに四半世紀を経過し、長期品切れ本が増加し、読書界の要望にそい得ない状態にもなったので、この際既刊本の体裁を一新して再編成し、定期的に配本できるような方策をとることにした。既刊本は一八四冊であるが、まだ未刊である重要人物の伝記についても鋭意刊行を進める方針であり、その体裁も新形式をとることとした。

こうして刊行当初の精神に思いを致し、人物叢書を蘇らせようとするのが、今回の企図である。大方のご支援を得ることができれば幸せである。

昭和六十年五月

日本歴史学会

代表者　坂本太郎